湖南软件职业技术大学校本教材

体育与健康

主　编▶杨惠燕　张　程
副主编▶刘文青　姚　烨　胡　斌　黄　柳
编　委▶杨文涛　肖　光　王石鑫　阮志雄

西安电子科技大学出版社

内 容 简 介

本书依据《〈体育与健康〉教学改革指导纲要》(2021)，严格遵循 “健康知识 + 基本运动技能 + 专项运动技能”的体育教学模式，结合体育工作实际情况和高职学生的自身需求，基于课程理念组织编写而成。

本书分为基础理论篇和运动技能篇。基础理论篇主要围绕体育与健康的关系进行讲述，详细介绍了健康的定义、体育运动与健康的关系、科学健身的基本知识、大学生体质健康测试与评价，以及发展体能的训练方法。运动技能篇主要内容为田径、篮球、足球、排球、羽毛球、乒乓球、武术、长拳、太极拳、八段锦、舞龙、啦啦操、瑜伽等现代及传统运动项目的运动技能和方法。

本书可作为高等职业院校体育课程的教材，也可作为体育运动爱好者的自学用书。

图书在版编目（CIP）数据

体育与健康 / 杨惠燕，张程主编 . -- 西安：西安电子科技大学出版社，2023.8
ISBN 978 – 7 – 5606 – 6996 – 0

Ⅰ. ①体… Ⅱ. ①杨… ②张… Ⅲ. ①体育②健康教育 Ⅳ. ①G8②R193

中国国家版本馆 CIP 数据核字 (2023) 第 154514 号

策　　划　杨丕勇
责任编辑　宁晓蓉
出版发行　西安电子科技大学出版社（西安市太白南路 2 号）
电　　话　(029)88202421 88201467　　邮　　编　710071
网　　址　www.xduph.com　　电子邮箱　xdupfxb001@163.com
经　　销　新华书店
印刷单位　西安创维印务有限公司
版　　次　2023 年 8 月第 1 版　2023 年 8 月第 1 次印刷
开　　本　787 毫米 ×1092 毫米　1/16　印张　17.25
字　　数　408 千字
印　　数　1 ～ 5500 册
定　　价　49.80 元
ISBN 978 – 7 – 5606 – 6996 – 0 / G
XDUP 7298001-1

前　言

大学生的健康关系到国家和民族的未来，在高等职业院校大力开展体育运动、增进大学生的身心健康，是贯彻落实“体育强则中国强”的时代战略和全面建设体育强国的必然要求。

为全面落实习近平总书记在全国教育大会上提出的“帮助学生在体育锻炼中享受乐趣、增强体质、健全人格、锤炼意志”的育人目标，深入贯彻《关于全面加强和改进新时代学校体育工作的意见》的精神，我们依据《〈体育与健康〉教学改革指导纲要》（2021），结合我校体育工作实际情况和高职学生的自身需求，编写了本书。

本书严格遵循“健康知识＋基本运动技能＋专项运动技能”的学校体育教学模式，基于课程理念组织编写。在教材内容的编排上，为了增强大学生的体育意识，促进其“终身体育”观念的形成，同时又力求体现教材的创新性、实践性和时代性，对运动项目进行了精选和重组，突出体质健康理论和科学健身方法，以便同学们自主选择、科学锻炼。

本书的特点体现在三个方面：

第一，紧紧围绕高职院校人才培养方案，结构科学合理，内容与时俱进，语言通俗易懂，项目特色突出，具有很强的针对性和实用性。

第二，所有章节体育项目的配图、练习视频基本上由本校体育课教学团队和学生演示，采用统一标准制作，尽可能将运动特色、技术要领形象直观地展示给广大师生，做到准确、实用、易学。

第三，以学生为中心，针对相关教学内容，每个章节都设计了 1 ～ 2 个课程思政点，旨在提高学生对体育课程的认知水平，加强学生的思想道德修养。

本书的编写团队由湖南软件职业技术大学人文素质教学部体育教研室杨惠燕、张程、刘文青、姚烨、胡斌、黄柳、杨文涛、肖光、王石鑫、院志雄组成。杨惠燕、张程担任主编，刘文青、姚烨、胡斌、黄柳担任副主编。全书共十三章，第一、二、七章由姚烨编写；第三章由杨惠燕编写；第四章由院志雄编写；第五章由肖光编写；第六、九章由胡斌编写；第八章由张程编写；第十章由王石鑫编写；第十一章由杨惠燕和杨文涛编写；第十二章由刘文青编写；第十三章由黄柳编写；附录部分由黄柳、杨惠燕编写。院志雄负责第一、二章的定稿和校对，张程负责全书总纂，杨惠燕负责最后统稿。

由于理论水平与教学经验有限，书中不妥之处在所难免，恳请专家同仁批评指正，也欢迎广大师生提出宝贵意见，以便日后修订完善。

编　者

2023 年 3 月

目录

基础理论篇

运动技能篇

基础理论篇

第一章 体育运动促进健康

学习目标

- 了解体育运动的功效
- 了解体育运动常见的运动生理反应与处理方法

课程思政点

生命在于运动

法国思想家伏尔泰曾经说过："生命在于运动"。体育锻炼对于人体健康起着重要的作用。体育锻炼不但能够增强体质，还可以促进心理健康发展，因而体育与健康紧密相连。

骨骼的生长发育需要不断地吸收营养物质，体育锻炼能促进血液循环和增加对骨骼的血液供应，同时，体育锻炼中的各种动作，也具有促进骨骼生长的良好刺激作用。科学的体育锻炼会使肌肉体积增大、肌肉中脂肪减少、肌肉毛细血管增多，使身体显得丰满而结实。

另外，体育锻炼可促使大脑清醒，提高学习效率。体育运动能增加对大脑的供血，改善大脑血糖和氧的供应，促进脑细胞的新陈代谢，提高大脑皮质的活动能力，还可以提高神经活动的兴奋性、灵敏性和反应性，提高对某些植物神经和脏器活动的控制能力。

体育运动还能提高机体的免疫功能。相关研究材料表明：长期坚持进行长跑的人，其血清免疫球蛋白增多，免疫调节功能增强，自然杀伤细胞活性增强，这有利于提高机体应激能力，增强机体对疾病的免疫力和病后康复力，并能推迟人体衰老的生理过程，从而达到防病治病，延年益寿的效果。

体育运动与皮肤健康也相关。体育运动可增强皮肤的血液循环，促使血管横断面积扩大，以利血液流至肢体末端，增加皮肤毛细血管的血流量，使皮肤得到更多营养，增加吸氧与排汗能力，活跃皮肤的新陈代谢。运动时血氧含量升高，全身细胞包括皮肤细胞都获得了更多的氧和营养物质。运动能提高皮肤温度，有利于加快皮肤中胶原纤维的合成速度，促进皮肤细胞储存水分，防止皮肤干燥起皱，使皮肤显得水灵饱满，细腻润泽。

每天锻炼一小时，健康工作五十年，幸福生活一辈子。我们每个人都应该重视并加强体育锻炼，让自己拥有一个美好的明天。

第一节　大学体育概述

生命在于科学运动，科学运动能促进身体健康。体育运动对大学生的身心健康发展起着积极的作用。

大学体育是以大学生为对象，以促进大学生身心健康为目的的教育活动，是大学教育中不可或缺的一个组成部分，是对大学生进行生活教育、人生教育的重要课程。

健康的身体是大学生学习、生活、工作的前提和基础。科学设计与实施具有一定运动强度的大学体育课程，开展丰富多彩、具有吸引力的课外体育活动和健康教育活动，对于塑造大学生强健的体魄、提高大学生体能与健康水平具有积极意义。

第二节　健康的定义

“健康”是医学中的重要概念，是人类追求的理想目标。那么，健康究竟是什么？人们常常会不假思索地说：“健康就是没有疾病。”然而，没有疾病就是真的健康吗？世界卫生组织认为，健康应包括身体健康、心理健康、社会适应能力良好和道德健康。这一健康概念更深层的意义，在于它指出不能单单把追求身体的健康看作生活的最终目的，而应将其看作争取更丰富的生活体验所应具备的必要物质条件。

要想做一个健康的人，仅有身体的强壮是远远不够的。一个人只有身体健康、心理健康、社会适应能力良好并且道德健康，才是真正的健康。

第三节　运动与健康的关系

人体是一个复杂的有机体，无时无刻不在发生化学反应，它处于不断变化中。运动可有效刺激肌纤维，使其变粗，使肌肉变得发达而有力；运动可有效促进成骨细胞的合成，让全身骨量的生成大于流失，使骨骼变得结实而坚韧；运动还可使人心情愉悦，从而释放压力。

一、运动能提高身体机能和素质

身体机能指人的整体以及各器官、系统所表现的生命活力，包括机体的新陈代谢状况和各器官、系统的效能等。身体素质是人体在运动、劳动和日常活动中，在中枢神经的调节下，各器官、系统功能的综合表现，如力量、耐力、速度、灵敏度、柔韧性等机体能力。人体的机能是在运动中发展的，经常进行体育锻炼可以促进身体各器官和系统的新陈代谢，提高身体素质，从而达到增强体质、提高健康水平的目的。

大学生长期进行科学的体育锻炼，可以有效提高心肺功能和免疫系统功能，促进骨骼生长，提高神经反应能力。

二、运动能促进心理健康

随着社会经济的不断发展和人类生活方式的不断变化，人们对健康的理解也在不断深化，人们逐渐意识到心理健康在人的整体健康中的重要性。作为促进心理健康重要手段之一的运动，也越来越受到人们的重视。体育运动能够使个体产生良好的情绪状态，能够改善个体的自我认知，提高自信心，增加社会活动的参与度。

运动可以使中枢神经系统及其主导的部分大脑皮质兴奋性增强，改善神经系统的均衡性和灵活性，提高大脑的思维能力。运动还可以调节人的身心，使人心情愉悦。人在运动时，尤其是主动从事一项自己喜欢的运动时，不但会觉得心情舒畅，还可以增强自信心和自豪感，消除不良情绪。

第四节　运动是良医

2007 年，美国运动医学学会将“运动是良医”作为一项解决全球公共卫生问题的健康促进行动正式提出。运动可以提高少年儿童的健康水平；可以降低成年人患慢性疾病的风险；可以使老年人维持较高的独立生活能力，降低跌倒和骨折的风险，预防老龄化相关疾病的发生。任何时候开始运动都不晚。

一、运动可以预防过度肥胖

过度肥胖症是体内脂肪过度堆积引发的以脂类代谢紊乱为主的代谢性疾病。发病初始阶段可能仅有脂肪的过度堆积问题，但随着时间的延长和脂肪堆积程度的加剧，便会发生代谢系统紊乱，从而引发很多疾病。预防肥胖的一个重要途径就是参与运动，通过运动消耗适量的热能，使能量摄入与消耗处于平衡状态。

二、运动可以改善不良体姿

体姿是指站立、走、坐时身体各部位的姿势。良好的体姿不仅能给人美感，还是健康的象征。大部分不良体姿是由长期的不良生活习惯造成的。不良体姿的形成是慢性的病变过程，早期症状不明显，越到后期病变速度越快，对身体产生的损伤越大。下面介绍生活中常见不良体姿的纠正方法。

（一）颈部过度前屈的自我康复锻炼

第一步：拉伸颈前屈肌。如图 1-1 所示[①]，盘腿端坐，上身挺直，视线水平看向前方，头部慢慢后仰到不能后仰为止，保持 3 秒，然后缓慢向左侧转动头部，保持 3 秒，再缓慢转向右侧，保持 3 秒，转回初始后仰位，再缓慢回到初始位置。重复动作 5 ～ 8 次，注意在后仰过程中不要张嘴。

第二步：激活加强颈后肌群。如图 1-2 所示，上身挺直，视线水平看向前方，双手交叉置于脑后保持不动，头部抵抗双手后仰，保持 3 秒。在整个过程中尽量保持手和头的位置不变。

图 1-1　拉伸颈前屈肌

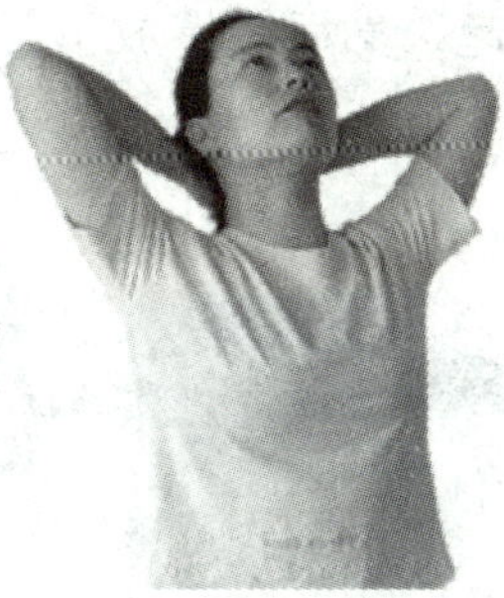

图 1-2　激活加强颈后肌群

（二）骨盆前倾的自我康复锻炼

第一步：拉伸髂腰肌。如图 1-3 所示，单膝下跪，一条腿在前，脚掌位于膝盖前方，头部直立，目视前方，背部挺直，身体微微前倾，骨盆下移，保持动作 15 ～ 30 秒。换另一条腿做同样动作。

第二步：放松背部肌肉。运动者可以自主拉伸或借助泡沫轴滚动放松。自主拉伸时，臀部坐于脚跟，双手前伸，充分收腹，如图 1-4 所示。借助泡沫轴时，可用其滚揉背部肌肉。这两种方式（一个拉伸一个滚揉）都可以有效放松背部肌肉。

图 1-3　拉伸髂腰肌

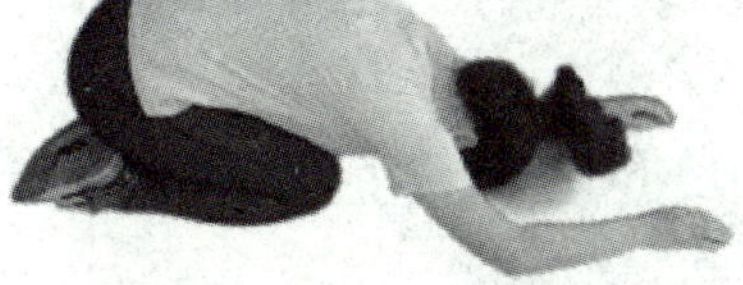

图 1-4　放松背部肌肉

第三步：激活加强臀大肌。如图 1-5 所示，仰卧，挺髋屈膝，双臂放于身体两侧，掌心向下，用力将臀部挺起。

---

① 动作示范者：黄柳，湖南软件职业技术大学人文素质教学部，体育教研室教师。

图 1-5 激活加强臀大肌

第四步：激活加强腹肌。激活加强腹肌可选择静态的平板支撑或动态的仰卧抬腿，如图 1-6 所示。平板支撑：在地板上呈俯卧姿势，手臂弯曲撑在肩膀下，身体挺直，尽可能长时间保持这个姿势。要领：肘关节与身体呈直角，用脚趾和前臂支撑身体。仰卧抬腿：身体仰卧于地面，双臂平放于身体两侧，双腿自然伸直，腰腹部收紧，背部紧贴地面，将双腿抬起，然后缓慢放下。每次可做 20 ～ 30 个。

平板支撑　　仰卧抬脚

图 1-6 激活加强腹肌

三、运动可以辅助治疗慢性病

慢性病指长期积累而成、不具有传染性的疾病，是对起病隐匿、病程漫长、病因复杂、病情迁延不愈疾病的总称。常见的慢性病有心脑血管疾病、肿瘤、糖尿病、慢性阻塞性肺疾病、骨质疏松症、慢性肝肾疾病、慢性骨关节病等。

维持健康的四大基石为科学合理的膳食结构、动静适度的合理运动、戒除损害健康的因素、始终保持积极乐观的心态，其中运动是核心。运动不仅可以维持健康状态，还可以促进机体从疾病或亚健康状态向健康状态转变。近年来，越来越多的慢性疾病通过运动进行干预，取得了不错的效果。例如，通过运动来缓解高血压、干预糖尿病、辅助治疗心脏病等。

四、运动可以促进伤病后身体功能恢复

伤病后进行适当的运动不仅能维持原有的身体机能，而且能有效促进伤病后身体功能的恢复。伤病的治疗必须遵医嘱，这里仅提供一些参考方案。

（一）踝部扭伤的运动康复训练

踝部扭伤在生活中较为常见，肌肉或韧带若非重度撕裂，一般无需手术，通常采用冷敷、制动、外敷创伤药、加压包扎、抬高患肢等方法处理。

为了促进恢复，伤者通常可以在扭伤 24 小时之后进行运动，具体情况必须遵医嘱。

扭伤早期进行运动的主要目的是促进血液循环、消除水肿。为防止扭伤侧下肢制动导致肌肉粘连，伤者可进行主动的脚趾活动，在不引起踝关节活动的前提下尽可能缓慢、大范围地活动脚趾，还可进行股四头肌的等长收缩练习，将大腿前侧肌肉用力收缩后保持 1 秒，然后放松，再用力收缩，照此往复循环，在不引起疼痛的情况下尽可能多做。

扭伤中期进行运动的目的是促进踝部正常功能的恢复，防止肌肉力量下降。除做扭伤早期的练习外，还要在护具、绷带的固定下，在不引起疼痛的情况下尽可能大角度地进行踝关节的主动跖屈、背伸活动。如可坐于床边或椅子上，双腿悬空进行左右交替的直腿抬高练习，也可让足部着地，进行前后左右移动。在不引起疼痛的前提下，从扶拐双腿站立逐步过渡到双腿站立 → 单腿站立 → 扶拐行走 → 双腿行走 → 快速走 → 慢跑 → 快跑。

扭伤后期进行运动的主要目的是促进综合运动能力和体能的恢复。伤者可进行折返跑、“8”字跑、前后左右上下跳。

（二）肱骨干骨折后的运动康复训练

肱骨干骨折伤后 1 周内是炎症期，此时骨折处被血肿和炎性组织包围，骨折处无连接，可在无疼痛的前提下轻微活动腕关节，做手指的伸展屈伸运动，促进上肢的血液循环，消除水肿。第 2 ～ 4 周是修复期，骨折处有极少连接，开始出现软骨痂，可在无疼痛范围内，以健侧手辅助做肩关节的前屈后伸、外展内收以及肩关节的钟摆运动和肘关节的屈伸运动。第 4 ～ 6 周出现并不断增加骨性骨，骨折处稳定，但骨折处力学性能不如正常骨组织，应加大肩关节及肘关节各方向主动及辅助活动的幅度。第 6 周后可开始进行肱二头肌和肱三头肌等长锻炼。第 7 ～ 12 周骨折处骨性骨开始塑形，可进行肩关节、肘关节各个活动范围内的最大角度运动，运用弹力带对肩及肘部屈肌、伸肌进行抗阻力训练，以增强力量和耐力。

第五节　体育锻炼常见的运动生理反应与处置方法

在体育运动过程中，人体的生理平衡受到暂时性破坏，经常会出现一些生理反应和运动性疾病。

一、极点与第二次呼吸

（一）极点

在进行剧烈运动的开始阶段，由于内脏器官的惰性，内脏活动满足不了运动器官的需要，会出现一系列暂时性生理机能低下，主要表现为呼吸困难、胸闷、肌肉酸软无力、动作迟缓不协调、心率剧增等症状，我们把这种机能状态称为“极点”。

“极点”产生的原因主要是内脏器官的机能与肌肉活动不相称，致使供氧不足，大量乳酸堆积，使血液 pH 值朝酸性方向偏移。这不仅影响了肌肉的兴奋性，还引起呼吸、循环系统活动紊乱，又使大脑皮质运动动力定型暂时遭到破坏。

“极点”的预防：平时加强体育锻炼，不断提高机体对运动的适应能力，延缓极点出现的时间以减轻症状。

（二）第二次呼吸

“极点”出现后，经过一定时间的调整，随着内脏器官功能的改善，机能水平达到新的动态平衡，机能低下症状明显减轻或消失，表现为人体的动作变得轻松有力，呼吸变得均匀自如，我们把这种机能的变化过程称为“第二次呼吸”。

“第二次呼吸”产生的机制是由于运动中内脏器官的惰性逐步得到克服，氧供应增加，乳酸得到逐步清除，机体的内环境得到改善，被破坏的动力定型得到恢复，于是出现“第二次呼吸”。

“极点”与“第二次呼吸”是长跑运动中常见的生理现象。“极点”来得迟早、反应强弱以及“第二次呼吸”出现的快慢等，与个人的体质状况、训练水平及运动前的准备活动等有密切关系。

减轻“极点”反应的主要措施包括：① 继续坚持运动；② 适当降低运动强度；③ 调整呼吸节奏，尤其要注意加大呼吸深度。恰当克服“极点”反应的措施有助于“第二次呼吸”的出现。

二、肌肉酸痛

在一次运动量较大的锻炼以后，或是隔了较长时间开始锻炼后，常常出现肌肉酸痛，这种酸痛不是发生在运动中或运动后即刻，而是发生在运动结束一到两天后，我们把这种现象称为肌肉延迟性疼痛。

（一）原因

肌肉酸痛是由于活动量较大或隔了较长时间再锻炼时，肌肉对收缩和放松活动未完全适应，引起局部肌纤维的细微损伤，以及部分肌纤维产生痉挛。由于这种肌纤维细微损伤及痉挛是局部的，因而就整块肌肉而言，仍能完成运动功能，但存在肌肉酸痛感。

（二）处理方法

(1) 热敷。对酸痛的局部肌肉进行热敷，促进血液循环及代谢，有助于损伤组织的修复及痉挛的缓解。

(2) 伸展练习。对酸痛部位进行静力牵张练习（不可用力过猛），保持伸展状态两分钟，再休息一分钟。重复进行几次这种伸展练习，有助于缓解痉挛。

(3) 按摩。按摩能使肌肉放松，促进肌肉血液循环，有助于损伤的修复及痉挛的缓解。

(4) 口服维生素 C。维生素 C 有促进肌肉组织中胶原合成的作用，有助于加速受损伤肌肉组织的修复，减轻和缓解疼痛。

（三）预防

要针对不同体质、不同健康状况灵活安排锻炼活动，负荷不要过大也不宜增加过猛；尽量避免长时间集中练习身体某一部位，以免局部肌肉负担过重；注意对练习时即将负荷重的局部肌肉进行更充分的热身；整理活动除了一般性放松练习外应重视肌肉的伸展牵拉练习。

三、运动中腹痛

（一）原因

人体进入运动状态后，下腔静脉压力上升，血液回流受阻，致使腹部脏器功能失调，引起腹痛；也有的因运动时呼吸紊乱、膈肌运动异常，引起肝脾膜张力性疼痛；还有的因为运动前吃得过饱，饮水过多，以及腹部受凉，引起胃肠痉挛导致疼痛。运动性腹痛多数发生在中长跑运动时。

（二）征象

运动性腹痛部位不固定，肠痉挛、肠结核一般会引起腹腔中部疼痛；食后运动疼痛常发生在腹腔上部和中部；肝脾膜张力性疼痛常发生在上腹部左右两侧。

（三）处理

采取降低运动强度、放慢跑速、按摩疼痛部位、做深呼吸等方法，可使疼痛减轻或消失。如采取上述措施无效，可停止运动。

（四）预防

合理安排运动时间，饭后至少一小时后再进行运动；运动前要做好准备活动，循序渐进。

四、肌肉痉挛

肌肉痉挛俗称抽筋，是肌肉不自主地突然性强制收缩并变得异常坚硬。

（一）原因

在剧烈运动中，肌肉快速连续性收缩，导致肌肉收缩与放松的协调交替关系被破坏，特别是局部肌肉处于疲劳状态时，更容易发生肌肉痉挛。肌肉受到寒冷的刺激，也可能引起痉挛。

（二）征象

痉挛时局部肌肉产生剧烈收缩，并变得坚韧和隆起，疼痛难忍且一时不易缓解。

（三）处理

立即对痉挛的肌肉进行牵引，如腓肠肌痉挛时，伸直膝关节，同时用力将踝关节充分背伸；屈拇肌、屈趾肌痉挛时，则用力将足趾背伸。此外可配合局部按摩，以加速痉挛缓解和消失。

（四）预防

运动前做好准备活动，对较容易发生痉挛的肌肉可事先进行按摩；冬季锻炼时要注意保暖；夏季进行剧烈运动时，应注意补充盐分；游泳下水前应先用冷水淋浴，游泳时间不宜过长；疲劳和饥饿时，不要进行剧烈运动。

五、运动性昏厥

运动中由于脑部供血不足，氧债不断积累并达到一定程度时，即可发生一时性知觉丧失，这一现象称为运动性昏厥。

（一）原因

由于剧烈运动或长时间运动，大量血液积聚在下肢，回心血流量减少，导致脑部供血不足而出现昏厥状态。另外，跑步后如立即停止不动，也可能出现“重力休克”现象。

（二）征象

全身无力，眼前一时发黑，面色苍白，手足发凉，失去知觉而昏倒。生理表现：脉搏慢而弱，呼吸缓慢，血压降低等。

（三）处理

立即让患者平卧，足略高于头部，并进行向心方向按摩，同时指压人中、合谷等穴位；如有呕吐应将患者头偏向一侧，以利呼吸道畅通。轻度征象者，由同伴搀扶慢走，进行深呼吸，即可消除症状；重度征象者经临场处理后，送医院治疗。

（四）预防

不要在饥饿情况下剧烈运动，疾跑后不要立即停下，久蹲后不要立即站起，平时加强体育锻炼，增强体质。在高温炎热季节锻炼时，适当减少运动量，缩短运动时间，避免在烈日下长时间锻炼；在室内锻炼时，应有良好的通风，并注意服用低糖含盐饮料。

六、中暑

（一）原因

在通风不良、被烈日直射的高温环境下进行体育锻炼，因体温调节功能障碍，易发生中暑。

（二）征象

轻度中暑会出现面部潮红、头晕、头痛、胸闷、皮肤灼热、体温升高；严重时，会出现恶心、呕吐、脉搏快而弱、虚脱抽搐、血压下降甚至昏迷。

（三）处理

迅速将中暑者移至通风阴凉处，解开衣领，冷敷额部，用温水擦身，并给予含盐清凉饮料或十滴水，数小时后即可恢复正常。重症者经临场处理后，送医院治疗。

七、游泳性中耳炎

（一）原因

游泳时，如果有水进入外耳道，鼓膜被泡软，会引起鼓膜破损、细菌进入中耳而引发中耳炎；游泳时如果有呛水发生，细菌也可能从咽鼓管进入中耳而引发中耳炎。

（二）征象

表现为耳内剧烈疼痛，有时还会引起头痛，也可见黄色液体从外耳道流出。

（三）处理

停止游泳运动，用生理盐水进行消毒，送医院治疗。

（四）预防

游泳时用耳塞堵住外耳道口防止水进入，若耳道灌水，可采用头偏向耳朵有水一侧，用同侧腿进行原地跳的方法，使水震动流出，然后用棉签擦干外耳道，切忌挖耳。患感冒或上呼吸道感染时应停止游泳。

第二章　科学健身与体重管理

学习目标

- 了解科学健身的基础知识
- 学会制订合理的健身计划、养成良好运动习惯
- 了解运动损伤的相关知识和处理方法

课程思政点

自律是成功的基础

作为“中国百米第一人”，苏炳添在 2020 东京奥运会以 9 秒 83 刷新了亚洲运动员在 100 米赛道上的最好成绩。从此，苏炳添成为了大家心目中的“苏神”。然而，苏神成功的背后，也和他的自律密不可分。据他的亲友说，苏炳添一直保持着良好的生活习惯，即便是逢年过节回家，也不会喝酒、抽烟，并且会控制自己的饮食。据他本人说，自己每天晚上十点就会睡觉，而当别人还在蒙头大睡时，苏炳添已经来到了田径场训练。就像他说的：“如果连自己都控制不了，那还谈什么成功？”

第一节　健身运动指南

大学生进行体育锻炼，必须要有科学的健身理念，避免因观念、方法的错误导致事倍功半，达不到预期的锻炼目标，甚至带来运动损伤或体重失控。

研究表明，人体健康与健身运动之间存在量效关系。健身运动的增加在一定程度上有益于人体健康，美国运动医学学会和美国心脏学会提出了表 2-1 所示的成年人健身运动指南。

表 2-1　成年人健身运动指南

运动频率	运动项目和内容
至少 5 天 / 周	中等强度的有氧运动 (心血管耐力运动)、负重练习、柔韧性练习
至少 3 天 / 周	较大强度的有氧运动、负重练习
3 ～ 5 天 / 周	中等强度和较大强度相结合的有氧运动练习、负重练习、柔韧性练习
2 ～ 3 天 / 周	肌肉力量和肌肉耐力练习、抗阻力量练习、柔软体操、平衡性和灵活性运动

第二节　科学健身的基础知识

一、科学健身的原则

科学健身需要遵循以下原则，这些原则既是科学健身的依据，又是评估练习效果的标准。

（一）全面发展的原则

大学生参加体育锻炼要注意活动内容的多样性和身体机能的全面提高，以促进身体的全面健康发展作为首要目的。

（二）适宜负荷的原则

体育运动并不是越多越好，安排合理适度的运动负荷，既能满足锻炼者增强体质的需求，又符合身体的实际承受能力。大学生要根据自身的条件，选择适宜的运动负荷。

（三）循序渐进的原则

体育锻炼要循序渐进，一步一步地来。例如，刚开始锻炼时可以每天跑 400 米，原地跳绳 2 分钟，一段时间后，如果觉得还有余力，就可以加快跑步速度，增加 2 分钟内跳绳的次数，还可以延长跑步距离和跳绳的时间。

（四）持之以恒的原则

体育锻炼不是一次性的，更不可能一劳永逸，需要长期坚持。大学生要有意识地培养体育锻炼的习惯，使之成为日常生活中的重要组成部分。

二、科学健身的“三部曲”

（一）第一个“三部曲”

人体从相对安静状态进入运动状态，再到结束阶段，无论是人体内脏器官的工作能力，还是人体的实际运动能力，都经历了一个由低到高并在一段时间内保持在一个较高水平，然后逐渐下降到运动前的水平的过程。因此，人们把健身的过程分为 3 个阶段，即开始阶段、基本阶段和结束阶段，这 3 个阶段即为科学健身的第一个“三部曲”。

1. 开始阶段

在这个阶段可先做 10 ～ 15 分钟的热身运动，如慢跑、徒手体操等。热身运动可以加快血液流速、升高体温、提高机体的柔韧性，使机体为后面的大量运动做好准备。然后，可以做身体各个部位的伸展运动。伸展运动应先大关节后小关节，目的是确保主要活动大肌肉群能够按先后次序获得充分伸展，使肢体活动顺畅。伸展运动分为静态伸展和动态伸展两种。静态伸展是采用缓慢的动作，固定某个姿势拉伸肌肉的练习方法；动态伸展是通过摆腿等动作有节奏、快速地使肌肉得到拉伸的练习方法。

2. 基本阶段

这一阶段是整个运动的主体部分。在这一阶段，控制运动负荷是核心问题。运动负荷的大小、持续时间的长短、自我感受疲劳的程度以及休息的时间等是影响这一阶段运动效果的重要因素，并且主动、适时评价运动负荷是保证运动效果的关键。一般根据运动后即刻心率或第二天晨脉的变化来评价运动负荷和适应性改变的程度。需要指出的是，固定时间点或有规律地测定分析心率值的变化，对于调整运动负荷、最大限度提高运动效果十分重要。基本阶段的练习时间一般控制在 30 ～ 60 分钟。

3. 结束阶段

在这一阶段应逐渐降低运动强度，可以用 5 ～ 10 分钟做一些放松性练习，如慢跑、柔软体操、放松按摩等，也可以做一些静态伸展运动。

（二）第二个“三部曲”

根据身体的适应情况和运动能力提高的情况，可以将健身分为 3 个阶段，即适应阶段、身体适应能力改进提高阶段、稳定维持阶段，这 3 个阶段即为科学健身的第二个“三部曲”。

1. 适应阶段

不同的人适应阶段的长短是不一样的，这一阶段身体会有各种不适的感觉，如肌肉酸痛、疲劳、食欲下降等。

2. 身体适应能力改进提高阶段

这一阶段，身体的不适感觉逐步减弱直至消失，完成运动时较前一阶段感觉更轻松，运动能力得到明显提高。

3. 稳定维持阶段

这一阶段，在完成相同运动负荷或同样的运动项目时，身体会出现“节省化”现象，身体的自我感觉、运动能力、技术动作都保持在一个稳定的水平。

三、科学健身的注意事项

（一）运动前注意事项

运动前非常重要的一点就是了解自己的健康状况，根据健康状况选择合适的运动项目或锻炼内容。此外，要特别注意以下事项：(1) 伤病状态下不宜运动；(2) 雷雨天避免在户外运动；(3) 运动前应摘掉坚硬的饰品；(4) 检查运动环境和运动器械的安全情况。

（二）运动中注意事项

运动中要注意以下事项：(1) 参加较长时间的运动要注意休息和补水；(2) 时刻关注自己和同伴的身体状况，出现运动不适时，应及时停止运动；(3) 如果受伤，一定要停下来，留在原地不动，及时寻求老师和医生的帮助。

（三）运动后注意事项

运动后要注意以下事项：(1) 做放松运动；(2) 及时饮水，按少量多次的原则；(3) 如果有任何不适症状，一定要及时寻求老师和医生的帮助。

第三节　科学健身计划的制订与运动习惯的养成

一、科学健身计划的制订

（一）年度健身计划

1. 健身目标

年度健身计划的健身目标属于远期目标。通常情况下，年度健身计划可以设定 2 ～ 4 个健身目标，但应注意不同健身目标间的相互关系和先后顺序。例如，一个有运动功能障碍的体重超标者，其年度健身计划中可以设定消除运动功能障碍和塑造优美身体形态两个健身目标，而且只有在消除运动功能障碍后才能较好地塑造优美身体形态，因此，前者应为前期目标，后者应为后期目标。

2. 健身形式

年度健身计划中的健身形式，根据健身目标确定大致的类别即可，但一定要以身体功能评定结果为依据。例如，想提高心肺功能和耐力素质的锻炼者，可选择以有氧运动为主的练习。

3. 运动量

运动量是健身计划的主要调整部分，因此，在年度健身计划中，运动量的设定不需要过于精确，初步确定运动频率（每周进行锻炼的次数）即可。运动频率要根据健身目标和身体健康状况而定。研究表明，每周锻炼 1 次，健身效果不蓄积，并且每次运动后会产生肌肉酸痛和疲劳，还容易发生运动损伤；每周锻炼 2 次，健身效果不显著蓄积，每次运动后的肌肉酸痛和疲劳有所减轻；每周锻炼 3 次，健身效果累积明显，每次运动后基本无肌肉酸痛和疲劳；每周锻炼 4 ～ 5 次，健身效果较理想。因此，每周锻炼 3 ～ 5 次是比较适宜的运动频率。从健身效果和超量恢复两方面考虑，两次运动的时间间隔不宜超过 3 天。

4. 注意事项

年度健身计划应遵循循序渐进原则、全面性原则、经常性原则、区别对待原则、准备活动和整理活动原则。

（二）月健身计划

1. 健身目标

月健身计划的健身目标属于近期目标。相对于年度健身计划的健身目标来说，月健身计划中应该明确规定出阶段性的目标，如提高某些关节的活动幅度、增强某组肌肉群的力量、降低多少体脂含量等。

2. 健身形式

确定月健身计划的健身形式时，要考虑三个方面的情况：一是当月的主要健身目标；二是自己的兴趣、爱好、特长及运动经历；三是运动条件和环境。锻炼一段时间后，如果发现不适合自身情况，应及时调整或更换健身形式，以保证健身目标的达成。

3. 运动量

在月健身计划中，除了应体现运动频率，还应体现运动强度，如每周进行 3 次中等强度的运动。运动强度是健身计划定量化和科学化的重要指标，也是制订健身计划过程中较困难的环节，它直接影响健身效果和运动的安全性，在健身过程中需要通过监测来确定运动强度是否适宜，较直接有效的监测方法是测量心率。

4. 注意事项

月健身计划中应指出禁忌参加的运动项目和容易发生危险的动作。

（三）周健身计划

1. 健身目标

由于健身效果的显现具有一定的生物节律性，因此周健身计划的健身目标应注意与当月健身计划的健身目标保持一致，不应因为一时未见训练成效而随意更改健身目标，但可以针对一周内几次健身训练分设不同的具体目标，例如，月健身计划和周健身计划的健身目标均为增加肌肉力量，一周内第一次训练的目标肌肉群可以设定为胸大肌，第二次可以设定为腹直肌，第三次可以设定为股四头肌等。

2. 健身形式

周健身计划中健身形式的选择应避免过于单一，通过变换健身形式，不仅可以达到较好的健身效果，还可以提高健身兴趣。例如，一个以提高心肺功能为健身目标的锻炼者，其年度健身计划中选取的健身形式为有氧运动，那么，在周健身计划中，可设计一周内第一次训练为慢跑，第二次为游泳，第三次为健身操等。

3. 运动量

设定周健身计划的运动量时，除了应包括运动频率、运动强度，还应包括运动时间，可以是一周内总的运动时间，也可以是一周内每次的运动时间。研究表明，成年人每周进行 150 分钟或每天进行 30 分钟的中等强度的运动对健康有益，但如果运动时间达到每周 600 分钟或每天 120 分钟，则可能训练过度甚至造成损伤。

4. 注意事项

制订周健身计划时，应了解一些必要的体育卫生知识，如运动后不能立即坐下或躺下，以免引起“重力性休克”或其他不适感，也不能立即吃生冷食物，不能马上洗澡等。

（四）日健身计划

1. 健身目标

无论采用何种健身形式和多大的运动量，日健身计划中的健身目标都需要明确一点，即认真执行当日健身计划。此外，根据周健身计划中的规划，可以具体设定日健身计划的健身目标，例如，当日训练的主要目标肌肉群为胸大肌。

2. 健身形式

日健身计划中需详细说明当日整个训练过程中涉及的全部健身形式，并注意与运动量之间的对应关系。

3. 运动量

日健身计划中对运动量要有确切的表述，包括运动频率、运动强度、运动持续时间、重复组次数及间隔时间等。在以增强力量或柔韧性为主的健身计划中，必须注明重复组次数及间隔时间，因为不同的重复组次数和间隔时间的组合会产生不同的锻炼效果。

4. 注意事项

日健身计划中需指明训练量区间范围的界定标准、靶心率以及需停止运动的指征等。

二、运动习惯的养成

（一）开始规律运动

大多数人都知道运动对健康有益，但总是挤不出运动时间。因此，对大多数人而言，规律运动最难的是养成习惯，而不是运动本身。

锻炼者在开始运动的前 2 ～ 4 周应该做的事情是“找到”或“挤出”运动时间。所选择的运动项目可以是走、慢跑、跳绳、低强度的球类运动等。

（二）逐渐改变

锻炼者在开始阶段可选择低强度的有氧运动，如走、慢跑等，每次 10 ～ 30 分钟，每周 3 次。两周后，可增加运动时间、距离和速度，以便能持之以恒。在循序渐进的锻炼过程中，精力会更加充沛、体力更好、信心更足，进而可加快锻炼进程。不提倡突然加大运动负荷的激进做法，因为强度太大、进展过快容易导致肌肉疼痛甚至损伤。

（三）设定目标

激发动力并持续保持它的关键在于设定目标。大学生应根据自己的情况，设定具体的、可测量的、可实现的运动目标，并找准实现这些目标的途径。

第四节 体重的控制与管理

一、体重控制的原理

人体能量摄取与能量消耗之间的关系分为能量负平衡、能量正平衡和能量平衡 3 种。若能量摄入小于能量消耗，则为能量负平衡，此时摄取的能量不能满足机体的需要，身体组织会分解释放能量以供机体所需，从而使体重下降；若能量摄入大于能量消耗，则为能量正平衡，此时摄取的能量超过机体的需要，多余的能量会储存于体内，特别是以脂肪的形式储存起来，使体重增加，体脂增多。健康成年人通常能保持能量平衡，体重稳定不变。

二、体重控制的方法及注意事项

保持体重恒定应遵循“能量平衡”原理，即以能量消耗与能量摄入保持动态平衡为前提来控制饮食量和运动量。

如果要减轻体重，减重计划应确保能量消耗大于能量摄入。可采用控制饮食 + 运动的方法，因为控制饮食可以减少能量的摄入，而运动可以促进能量的消耗。

饮食方面，要注意平衡膳食，减少热量摄入。选择低热量、营养素全面的食物，如瓜果、蔬菜、瘦肉等。严格限制高热量、高糖分食物的摄入，如油炸食物、巧克力、糖等。应控制零食的摄入，不要在睡觉前及非饥饿状态进食。

运动方面，应注意循序渐进，以消耗大量能量的运动为主，但要避免过度疲劳。通过运动实现的体重减轻主要是身体脂肪减少的结果。有时体重变化不明显，但实际上身体成分已经发生了变化，例如，肌肉增加了，脂肪减少了，运动能力提高了。

单纯控制饮食也能达到减轻体重的目的，但这种方式会造成营养跟不上机体的实际需求，且由于不能及时补充足够的营养和能量，肌肉会变得无力，机体也会因能量供给不足而无法保持正常的运动能力。

三、体重管理和运动处方

体重的管理依赖于能量平衡，受能量摄入与能量消耗的影响。超重的人要减重，其能量消耗必须超过能量摄入。对于体重超标的人，适当减少体重对其健康会有显著的益处。通过运动增加能量消耗，可以有效减轻体重，并且还能防止体重反弹。表 2-2 给出了超重人群的运动处方。

表 2-2　超重人群的运动处方

运动频率	每周至少 5 次，使能量消耗最大化
运动强度	起始运动强度应保持在中等强度，逐渐延长运动时间并增加运动频率，直至增加到较大运动强度
运动时间	起始运动时间为每天 30 ～ 60 分钟，每周共 150 分钟，逐渐增加至每周 300 分钟中等强度运动或 150 分钟较大强度运动，或两种强度的运动各半。间歇运动每次至少 10 分钟，逐渐累积也能获得持续运动的效果
运动类型	主要是有大肌肉群参与的有氧运动，辅以平衡训练和抗阻力量训练

第五节　运动损伤的处置与预防

一、运动损伤产生的原因及预防

（一）运动损伤产生的原因

产生运动损伤的原因是多方面的，据国内外运动损伤的综合研究材料，有以下几点：

(1) 思想麻痹大意，对运动损伤的危害认识不足。有的人身体不太好，为了早日恢复健康，积极参加体育锻炼，但由于心情急迫，违背了体育锻炼的科学性，损伤了身体；有的人心血来潮，冒失锻炼，不循序渐进，也极易发生运动性损伤。

(2) 准备活动不充分或不正确。做准备活动时没有结合主要锻炼项目进行，容易受伤；准备活动的运动量过大，正式运动时，身体机能下降，也容易受伤；准备活动做得过早或过晚，也是受伤的原因之一。

(3) 技术动作不正确。学习新的技术动作时没有掌握好动作要领，或者方法不对，容易产生运动损伤。尤其是中老年人运动基础差，体质弱，反应迟缓，更应该掌握运动要领。

(4) 运动量安排不当。在进行运动锻炼时没有充分考虑到个人的健康状况，运动量超过了生理承受能力，尤其是局部负重过大，容易出现伤害事故。

(5) 身体机能状况不良。睡眠或休息不好，身体疲劳，患病、带伤或伤病初愈阶段，在这些情况下锻炼也易受伤。

(6) 运动场地器材问题。场地不平，碎石杂物较多，场地过硬过滑，器械年久失修，练习前缺乏安全检查，运动衣着不当等，这些都会成为受伤的原因。

(7) 气候、光线不良。气温过高易中暑和疲劳；气温过低易冻伤或出现肌肉僵硬；潮湿高温容易大量出汗，影响水钠代谢，发生抽筋或虚脱；光线不足影响视力，容易使锻炼者反应迟钝。

(二) 运动损伤的预防

(1) 提高对预防运动损伤重要性的认识。在进行体育锻炼时,有切实可行的预防措施。

(2) 做好准备活动。准备活动的内容与量，应根据练习内容、身体状况、气候条件等因素来定。准备活动应充分且有针对性，对易伤部位和局部负担较重的部位，应多做准备活动。

(3) 合理安排运动锻炼。练习过程必须遵循循序渐进的原则，运动量宜小不宜大，尤其是中老年人不要练习速度性和力量性项目，并正确掌握运动方法与技巧。

(4) 要认真对运动场地、器械设备及个人防护用具(如护腕、护膝等)进行安全检查。不要在不符合体育卫生要求的场地上，或穿着不符合体育卫生要求的服装、鞋子进行运动锻炼。

(5) 加强医务监督，定期进行体格检查。身体若有不适或患有疾病，应减少运动量或暂时停止练习，更不要参加比赛等剧烈运动。

二、常见的运动损伤类型及处理方法

体育锻炼可以增进健康、防治疾病。然而事物的存在和发展必然有其两面性，在体育锻炼中也常会有运动损伤的出现。凡在运动过程中发生的各种损伤统称为运动损伤，下面介绍一些运动损伤的处理方法。

(一) 软组织损伤

软组织损伤可分为开放性损伤和闭合性损伤两类。前者有擦伤、撕裂伤等，后者有挫伤、肌肉拉伤等。下面就针对这几种损伤出现的原因、症状和处置方法分别进行介绍。

1. 擦伤

原因与症状：因运动时皮肤受挫受伤，如跑步时摔倒受伤，做体操运动时身体摩擦器械受伤，擦伤后会出现皮肤出血或组织液渗出。

处置：小面积擦伤用红药水涂擦伤口即可，大面积擦伤先用生理盐水洗净后涂抹红药水，再用消毒布覆盖，最后用纱布包扎。

2. 撕裂伤

原因与症状：在剧烈紧张运动时受到突然强烈的撞击，造成肌肉撕裂，其中包括开放伤和闭合伤两种，常见的有眉际撕裂、跟腱撕裂等。开放伤顿时出血，周围肿胀；闭合伤触及时有凹陷感和剧烈疼痛。

处置：轻度开放伤用红药水涂擦伤口即可；伤口较大时，则需止血和缝合伤口，必要时注射破伤风抗毒血清；如果肌腱断裂，则需手术缝合。

3. 挫伤

原因与症状：因撞击器械或练习者之间相互碰撞而造成挫伤。单纯挫伤在损伤处出现红肿、皮下出血并伴有疼痛；内脏器官损伤时则会出现头晕、脸色苍白、心慌气短、出虚汗、四肢发凉甚至休克。

处置：单纯挫伤在 24 小时内冷敷或加压包扎，抬高伤肢或外敷中药，24 小时后可按摩或理疗；若为内脏损伤，作临时处理后送医院检查治疗。

4. 肌肉拉伤

原因和症状：通常在外力直接或间接作用下，使肌肉过度主动收缩或拉长，引起肌肉拉伤。损伤后，伤处肿胀、压痛、肌肉痉挛，就诊时可摸到硬块。严重的肌肉拉伤是肌肉撕裂。

处置：轻者可即刻冷敷局部加压包扎，抬高伤肢，24 小时后可按摩或理疗。如果肌肉大部分或完全断裂，在加压包扎急救后即刻送医院手术治疗。

（二）关节、韧带扭伤

1. 肩关节扭伤

原因与症状：一般因肩关节用力过猛以及反复劳损所致，也有的因技术错误违反解剖学原理而造成损伤，如在进行投掷、排球扣球等运动时常出现这类损伤。其症状有压痛、疼痛，急性期有肿胀，慢性期三角肌可能出现萎缩，肩关节活动受限。

处置：单纯韧带扭伤可冷敷加压包扎，24 小时后按摩理疗；出现韧带断裂时立即送医院缝合和固定处理。当肩关节肿胀和疼痛减轻后，不宜过早活动，以防转入慢性。

2. 髌骨劳损

原因与症状：髌骨劳损是膝关节长期负担过重，或反复损伤积累而成的。一次直接外力撞击也可致伤，如篮球滑步急停、跳高和跳远时踏跳不合理等，都可能导致这种损伤。

处置：采用中药外敷、针灸、按摩等方法，平时加强膝关节肌群力量练习，如采用高位静力半蹲等。

3. 踝关节扭伤

原因与症状：运动中起跳落地时失去平衡，使踝关节过度内翻或外翻致伤，在准备活动不充分、场地不平坦的情况下，更易造成这类损伤。主要症状为伤处疼痛、肿胀，韧带损伤处有明显压痛。

处置：受伤后，立即冷敷，用绷带固定包扎，并抬高伤肢；24 小时后根据伤情采取综合治疗，如外敷中药、理疗、按摩等；必要时做封闭疗法，对严重者可用石膏固定。

（三）关节脱位

原因与症状：因受外力作用使关节面失去正常的连接位（或称脱臼），严重的关节脱位伴有关节囊撕裂，关节脱位后常出现畸形，与健肢对比不对称，因软组织损伤而出现炎症反应，局部疼痛、压痛和关节肿胀，并失去正常活动功能，甚至发生肌肉痉挛等症状。

处置：用长度和宽度相称的夹板固定伤肢，如果没有夹板，可将伤肢固定在自己的膝盖或健肢上，防止震动，随后及时送医院治疗。

（四）骨折

原因与症状：运动中身体某部位直接或间接受到暴力撞击，造成骨折。例如踢足球时，小腿被踢，造成胫骨骨折；摔倒时手臂直接撑地造成尺骨或桡骨骨折；跪倒时可造成髌骨骨折等。骨折发生后，伤处立即出现肿胀、皮下淤血、剧烈疼痛(活动时加剧)，肢体失去正常功能，有时骨折部位发生变形；严重骨折时伴有出血和神经损伤、发热、口渴甚至休克等全身性症状。

处置：骨折后暂勿移动伤肢，应用夹板或其他代用品固定伤肢，及时送医院检查和治疗；若休克时，应对伤者注意保暖，减少搬动，保持呼吸道通畅，并迅速转运至医院，若伴有伤口出血，应同时止血包扎。

（五）脑震荡

原因与症状：脑震荡是头部受外力打击后使大脑管理平衡的感受器机能失调，引起意识和机能的一时性障碍，如在体育锻炼时两人头部相撞或撞击硬物，或从高处跌下时头部撞地都可能造成脑震荡。致伤时意识昏迷，脉搏徐缓，肌肉松弛，神经反射减弱或消失；清醒后常有头痛、头晕、恶心呕吐、情绪烦躁、注意力不集中、记忆力减退等症状。

处置：立即让伤者平卧，头部冷敷，若昏迷即指压人中、内关、合谷穴；若呼吸发生障碍立即进行人工呼吸；若出现反复昏迷严重者应立即护送医院治疗，在运送途中要让患者平卧，头部固定，避免颠簸。脑震荡一般都可自愈，无须住院，但要注意休息和药物治疗，保持情绪安定，减少脑力劳动。应定期做脑震荡平衡试验，以检查恢复进展，其方法是：闭目，单腿站立，双臂平举，如能保持平衡，表明脑震荡已基本痊愈，这时可适当参加体育锻炼，但要避免滚翻和旋转性动作。

第三章　身体运动功能训练

学习目标

- 了解身体运动功能训练的理念和内容
- 初步掌握动态拉伸、发展力量、发展能量代谢系统的方法

课程思政点

体育无国界　梦想无止境

2022年北京冬奥会，各国选手摘金夺银，创造了一个又一个新纪录，看得大家心潮澎湃。奖牌的背后，书写着每一位运动员为此付出的辛苦和努力。在我们为胜利者喝彩的同时，在冬奥会上，也有一些选手，闪烁着自己的光芒，这些闪光点不是金牌胜似金牌。

踏点轻快音乐，舞动热情脚步。北京冬奥会开幕式上，牙买加代表团的入场，特别又吸睛。9名运动员参加了高山滑雪以及雪橇项目的比赛。作为“一片雪花都不曾飘落”的赤道国家，牙买加的冬奥之路，艰辛而又热血，彻底改变了没有热带国家参加冬奥会的格局。特别是他们的四人雪车队，堪称传奇。1988年，牙买加四人雪车队在加拿大卡尔加里冬奥会上首次亮相。虽然比赛最后以失利告终，但队员仍坚持将雪车推向终点，赢得了所有观众的掌声。他们的故事后来还被迪士尼于1993年改编成电影《冰上轻驰》。

不仅是牙买加雪车队员时常回味这部作品，无数热带国家的年轻人，也受此影响，走进了冬奥赛场。比如参加北京冬奥会的牙买加高山滑雪运动员本杰明·亚历山大，他32岁才开始接触滑雪，这是许多滑雪运动员退役的年龄，但本杰明用坚持诠释了“有梦想就不怕晚”的体育精神。这份坚持令他成为牙买加历史上首位参加冬奥会的高山滑雪运动员。

同样在开幕式上，另一位吸睛高手当属一位“别人秀时尚防寒服，他直接秀肌肉”的、代表南太平洋岛国美属萨摩亚的运动员内森·克伦普顿。2020年东京奥运会，他在男子百米资格赛上跑出11秒27。本次冬奥，内森作为美属萨摩亚唯一的运动员，入围了钢架雪车项目，成为奥运会历史上第140名冬夏季奥运双栖选手。

2月14日，单板滑雪女子大跳台资格赛中，法国选手露西尔·勒菲弗身穿“老虎装”异常吸睛。这是勒菲弗最后一次参加冬奥会单板滑雪比赛，她期待自己能再创佳绩，但比赛前一周膝盖不幸受伤，无法尝试任何技巧，尽管如此，她仍然想为这次冬奥之旅画

上圆满的句号，于是便穿着象征虎虎生威的滑雪服，以独特的方式向观众表达了虎年的祝福，希望每个人都能放松平和地应对难题。而这件“老虎服”是一件连体家居服，是她从一位瑞士选手那里借来的。

冬奥在继续，这样的故事还在继续上演。金牌固然人人都爱，但我们要看的，不仅仅是奖牌，更应该放眼大局，开阔视野。站上赛场，就是自己的英雄，无关输赢，每一位参赛者都值得尊敬和喝彩。这也体现了奥林匹克体育精神：无论你来自哪里，处于何种境地，都无碍你前往世界任何地方，让自己变得更为出色，让世界看到自己。

正如“现代奥林匹克之父”顾拜旦所言：“参与比取胜更重要。奥林匹克不是一场竞赛，而是一种源于内心的文化交流与融合。”

第一节　身体运动功能训练的理念和内容

传统体能训练是单方向、单关节、时效性较低、有序的训练，而身体运动功能训练是按照维度、多关节、无轨迹、无序的原则，针对运动场上的动作需要来设计动作模式，它强调的是动作质量而不是肌肉力量。

在训练内容设计方面，身体运动功能训练涵盖功能性动作筛查测试、软组织唤醒、肌肉—神经系统激活、脊柱力量准备、动作准备、快速伸缩复合练习、动作技能、速度与多方向加速、力量与旋转爆发力、能量系统发展、再生与恢复等。在训练要求方面，身体运动功能训练强调的是动作训练而不是肌肉训练，即通过训练提高完成专项技术所需要的专门动作质量和竞技表现能力，而不是提高肌肉的力量。在动作训练规格方面，身体运动功能训练不仅从生理学角度，强调神经对肌肉的支配作用，强调动作的稳定性和关节运动的灵活性，而且从解剖学角度，强调通过大肌肉群率先发力带动小肌肉群用力，即发挥大肌肉群的发动机作用。更为重要的是，它从运动力学角度强调躯干支柱的作用，强调动力链的传递速度和功率。

身体运动功能训练的诞生，实质上代表了当今的身体训练已由重视低端要素(肌肉训练——不断提高肌肉力量)向高端要素(肌肉—神经系统协同训练——不断提高动作质量与控制)转变，这是一种训练理念的转变，也是体育发展的必然结果。

近些年来，国家体育总局一直在不断努力，不仅启动了体能训练培训，邀请美国体能协会专家到我国举办培训班，还组织专家和教练员到美国、德国等地学习。2012 年至今，国家体育总局多次组织召开全国体能教练员培训及研讨会。

第二节　功能性动作筛查测试

功能性动作筛查测试是广泛应用于理疗康复和体能训练领域的一种测试方法。功能性动作筛查测试的内容主要有蹲、跨、弓箭步、伸、举以及躯干的前后倾和旋转，共包含 7 个动作模式：深蹲、过栏步、直线分腿蹲、肩部灵活性、主动抬腿、躯干稳定性俯卧撑和体旋稳定性，如图 3-1 所示①。其中，深蹲和躯干稳定性俯卧撑是对称性动作模式，而过栏步、直线分腿蹲、肩部灵活性、主动抬腿和体旋稳定性是非对称性动作模式，需要左右测试。通过对这 7 个动作模式的筛查，可判断人体主要运动环节中各个运动链功能性动作的质量，确定人体各运动环节中存在的运动性障碍或错误的动作模式，为制订身体功能性训练计划提供参考依据。

图 3-1　功能性动作筛查的动作模式

第三节　动作准备方法

一、肌肉激活的练习方法

肌肉激活主要包括臀肌激活和核心区肌群激活。常见的臀肌激活动作有下蹲、箭步蹲起、侧弓步蹲起、屈髋蹲起、迷你带蹲起、膝外展、单脚支撑后伸，如图 3-2 所示。常见的核心区肌群激活动作有平板支撑、海鸥式、船式、腿旋转，如图 3-3 所示。

二、动态拉伸的练习方法

动态拉伸是采用与专项技术动作相似的动作，它能够通过肢体快速或慢速的运动增

① 本章动作示范者：黄柳，湖南软件职业技术大学人文素质教学部，体育教研室教师。

下蹲

箭步蹲起

侧弓步蹲起

屈髋蹲起

迷你带蹲起

膝外展

单脚支撑后伸

图 3-2 臀肌激活动作

平板支撑

海鸥式

船式

腿旋转

图 3-3 核心区肌群激活动作

加关节活动幅度。动态拉伸避免了牵张反射，易于控制，并且有助于提高做准备活动时的身体温度，可以将多个关节活动整合到单个动作中，以节省时间。动态拉伸整个过程中肌肉并不放松，而是积极进行拉伸活动。动态拉伸在训练中不仅能起到对韧带、肌肉的拉伸刺激作用，还能提高对身体的控制能力，而且能够有效加强运动员的本体感受，增加运动员的专项动作幅度，也能对身体易损伤部位进行有效拉伸。

动态拉伸通常分为上肢拉伸和下肢拉伸。常用的上肢拉伸方法有三角肌后束拉伸、肱三头肌拉伸、前后摆手，如图 3-4 所示。常用的下肢拉伸方法有抬腿提踵、屈膝提踵、燕式平衡、弓步转身、弓步体前屈、前 / 后弓步拉伸，如图 3-5 所示。

三角肌后束拉伸　　肱三头肌拉伸　　前后摆手

图 3-4 常用的上肢拉伸方法

抬脚提踵　　屈膝提踵　　燕式平衡　　弓步转身

弓步体前屈　　前/后弓步拉抻

图 3-5 常用的下肢拉伸方法

三、神经系统激活的练习方法

神经系统激活是现代身体功能损伤预防训练区别于传统运动损伤预防训练的一个主要标志，通过神经系统激活可以使练习者在短时间内快速提高神经系统的兴奋性。传统的“热身活动”很重视肌肉的激活或练习，但较少涉及神经系统的激活。事实上，人们在进行热身活动时应该进行一些全面的、深层次的、全方位的“机体动员”，以达到有效预防运动损伤发生的目的。常用的神经系统激活方法有原地双脚快速踏跳、双脚快速前后踏跳、双脚踏步左右踏跳。

第四节 发展力量的方法

一、发展上肢力量的方法

发展上肢力量的方法主要有杠铃卧推、坐姿杠铃颈前推举、斜上举壶铃、俯卧上举壶铃、交替球上卧推、俯身臂屈伸、壶铃耸肩、平板哑铃卧推、体前哑铃推举(坐姿)、过头推举、屈臂向上过顶推举、屈臂前上推、直臂前上举。

二、发展下肢力量的方法

发展下肢力量的方法主要有稳定性练习、非稳定性练习、弹力带前后分腿蹲/侧蹲、壶铃/哑铃半蹲/深蹲、壶铃/哑铃/杠铃前后分腿蹲/侧蹲。

三、发展躯干支柱力量的方法

躯干支柱力量的锻炼主要包括稳定支撑的躯干支柱力量练习和非稳定支撑的躯干支柱力量练习。其中，稳定支撑的躯干支柱力量练习主要包括膝支撑俯桥、并腿俯桥、分腿俯桥、双臂交替支撑俯桥、双脚交替支撑俯桥；非稳定支撑的躯干支柱力量练习主要包括上肢稳定的非稳定俯桥、下肢稳定的非稳定俯桥、重力球俯桥—单臂手撑、瑞士球俯桥—对侧收腿、瑞士球俯桥—旋转。

第五节 发展能量代谢系统的方法

一、间歇训练法

间歇训练法是对动作结构、负荷强度、间歇时间提出严格的要求，以使机体处于不完全恢复状态下，反复进行练习的训练方法。该训练方法的优点在于练习期间及间歇期间均能使心率维持在较好范围内，改善心脏泵血功能。

在制订间歇训练计划时需要注意以下六个方面，以适合自己的身体情况为宜：间歇运动的强度；间歇运动的距离或持续时间；每一次间歇训练的重复次数与组数；间歇的时间；间歇期间的活动类型；每周的训练频率。

二、持续训练法

持续训练指没有休息间歇，持续运动。训练范围包括从长距离慢速训练到中、短距离的高强度训练，训练的主要目的是提高机体的有氧供能能力和糖酵解供能能力。

三、循环训练法

循环训练法指在每次训练时，把多个训练身体不同部位的运动及训练器械按一定的顺序编排好，训练者按事先编排的内容和顺序，依次练习每个动作，直至完成所有动作，这样就完成了一个循环的训练。一个循环通常包括 6 ～ 14 个身体不同部位或不同训练器械的练习，每个动作练习间歇为 20 ～ 60 秒，每个循环间歇为 2 ～ 3 分钟。一次训练课可安排一个或几个循环训练。

第四章　大学生体质健康测试与评价

学习目标

- 了解体质的相关理论知识
- 了解体质测试的主要测试内容与方法
- 学习增强体质的锻炼方法和手段

课程思政点

身体是革命的本钱

“体不坚实，则见兵而畏之，何有于命中，何有于致远？”在很多现代人看来，身体强健者多见于热爱运动的人以及赛场上的体育健儿，实际上，曾经的开国领袖们，在这一问题上也是相当重视，要知道，战火纷飞的年代，强健的体魄才是保家卫国、建功立业的根本。

少年时期的朱德是一个十分热爱运动的人。1886 年，朱德出生于四川一个普通的佃农家庭。1906 年，二十岁的朱德考入官立中学堂。一年后又考入四川高等师范学校附属的体育学堂。在体育学堂完成学业后，朱德就开始追随孙中山先生的脚步，后来加入了中国共产党，并担任红四军的军长，为中国的革命事业付出了自己的努力。在担任军长期间，他不仅自己保持着运动习惯，还将一些体育项目加入到平时战士们的训练中，如跳高、跳远、撑杆跳等。战士们的身体素质因此得到了很好的锻炼。由此也可以看出朱德对于体育事业的重视。直至 1949 年新中国成立，朱德为之奋斗的事业终于成功，而此时的朱德已经六十多岁，但丝毫不影响他仍旧保持运动的习惯。甚至到了 76 岁高龄，在前往故地井冈山时坚决要求步行并且拒绝使用拐杖，和女儿朱敏一边走一边说着当时在井冈山的旧事。爬到了山顶后，76 岁的朱德显得轻轻松松，反而是 36 岁的朱敏累得气喘吁吁、满头大汗。

朱德不仅是我国的开国元勋之一，也是我国体育事业的领导者和先行者，因为他的努力，我国的体育事业从无到有、从拙到精，更在之后有了长足发展。而坚持锻炼的朱德本人也十分长寿，尽管在他的一生中大部分时间都在经历战争和艰苦卓绝的生活，但是长久的锻炼给了他强健的体魄，如此，朱德称得上是国人体育锻炼的最佳典范。

第一节 体质的基本概念

世界卫生组织对“健康”的定义是：“健康不仅仅是没有疾病或不虚弱，而是生理、心理的健康和社会适应的完好状态。”结合其对健康含义的概括，可以形成体质的概念，即机体在遗传变异和后天获得的基础上所表现出来的人体形态结构、生理功能和心理素质综合的、相对稳定的特征。

体质是构成人体各要素能力的一种综合体现。体质学研究强调人体身心两个层面紧密相关，强调在遗传性获得的基础上后天练习对身体的影响。目前的体质学主要是建立在解剖学、生理学、生物化学、运动医学、心理学和社会科学等基础理论之上的一门综合性营养学科。

第二节 国民体质检测的内容

体质检测主要包括形态、机能和素质三个方面的检测内容。

一、体质检测的形态指标

形态指标主要包括身高、体重。身高是反映人体骨骼纵向生长水平的指标，而体重是反映人体发育程度和营养状况的指标。

身体形态评价方法主要有身高标准体重法和 BMI(身体质量指数)法。

世界卫生组织计算标准体重的方法是：

男性：标准体重(千克)=[身高(厘米)－80]×0.7

女性：标准体重(千克)=[身高(厘米)－70]×0.6

注：在标准体重 ±10%的范围内都是正常的，超过或者低于 10%～19%的为超重或偏瘦，超过或低于 20%的为肥胖或体重不足。

BMI(身体质量指数)的计算公式为

$$\text{BMI}=\frac{\text{体重(千克)}}{[\text{身高(米)}]^2}$$

注：BMI＜18.5 为体重偏轻；18.5≤BMI＜24.0 为正常体重；24.0≤BMI＜28.0 为超重；BMI≥28.0 为肥胖。

二、体质检测的机能指标

机能指标测试主要包括肺活量和台阶试验。

（一）肺活量

肺活量是人尽最大努力吸气后再尽最大努力呼气所能呼出的气体量，它代表人呼吸系统的最大工作能力，反映了肺的容积和扩张能力。肺活量的大小与性别、年龄、身高、体重、胸围及体育锻炼等因素有关。

（二）台阶试验

台阶实验是运动负荷试验的一种形式，反映了人体心血管机能水平，应用相对广泛。它是以台阶指数来评定人体心血管功能的一项实验，台阶指数越高，表明心血管机能水平越高。

三、体质检测的素质指标

身体素质指标包括力量素质、耐力素质、爆发力素质、反应能力素质、柔韧性素质、平衡能力素质等内容，分别用握力、仰卧起坐（女）/俯卧撑（男）、纵跳、选择反应时、坐位体前屈、闭目单足站立等指标来衡量。

（一）力量素质

通常是通过握力测试来评估前臂及手部肌肉的力量素质。

（二）耐力素质

肌肉耐力的评定有助于了解学生目前的肌力水平，判断肌肉力量训练的效果。男子常用俯卧撑，女子常用 1 分钟仰卧起坐。

（三）爆发力素质

爆发力素质主要通过纵跳的测试来评估。纵跳是通过测试受试者的纵跳高度，反映下肢的爆发性力量，可以通过跳绳、蛙跳等训练来提高爆发力。

（四）反应能力素质

反应能力主要是通过反应时的测试来评估。反应时是反映机体神经系统动态反应速度的重要生理指标，反应时越短，说明机体对刺激反应越快。

（五）柔韧性素质

身体柔韧性是指人体各主要关节的最大活动能力，主要由关节的骨结构，周围组织体积的大小，髋关节的韧带、肌腱、肌肉与皮肤的伸展性 3 个方面决定。其中，韧带和肌腱对于提高身体柔韧性素质尤为重要。一般选择坐位体前屈来测定身体的柔韧性素质。

（六）平衡能力素质

平衡能力素质是指身体对来自器官、肌肉、肌腱、关节内的感受器及视觉各方面刺激的协调能力，这种能力有助于人体对各种感觉信息进行接收。闭眼单足站立即可用来评估姿势的协调性，以及前庭功能、视觉及机体本体感觉之间互相协调的能力。

第三节 大学生体质测试项目及评定标准

《国家学生体质健康标准(2014 年修订)》里设置了符合我国学校实际情况、简便易行的测试项目。它们的准确性、可靠性、客观性和可操作性在学校体育实践中得到了有效证明，这些测试指标也涵盖了人体形态、机能、身体素质和运动能力等多个方面的内容。具体评分标准可以到学生体质健康网查询《国家学生体质健康标准》评分表。

一、大学生体质测试项目内容和所占权重

各单项指标与权重如表 4-1 所示。

表 4-1 大学生体质测试单项指标与权重

测试对象	单项指标	权重 / %
大学各年级学生	体重指数	15
	肺活量	15
	50 米跑	20
	坐位体前屈	10
	立定跳远	10
	引体向上(男) / 1 分钟仰卧起坐(女)	10
	1000 米跑(男) / 800 米跑(女)	20

注：体重指数＝体重(千克) / [身高(米)]^2。

二、大学生体质测试评定标准

(一)大学生(男性)身高体重评定标准

大学生(男性)身高体重评定标准如表 4-2 所示。

表 4-2 大学生(男性)身高体重标准(体重单位：千克)

身高段 / 厘米	营养不良	较低体重	正常体重	超重	肥胖
	50 分	60 分	100 分	60 分	50 分
144.0 ～ 144.9	<41.5	41.5 ～ 46.3	46.4 ～ 51.9	52.0 ～ 53.7	≥ 53.8
145.0 ～ 145.9	<41.8	41.8 ～ 46.7	46.8 ～ 52.6	52.7 ～ 54.5	≥ 54.6
146.0 ～ 146.9	<42.1	42.1 ～ 47.1	47.2 ～ 53.1	53.2 ～ 55.1	≥ 55.2

续表一

身高段 / 厘米	营养不良	较低体重	正常体重	超重	肥胖
	50 分	60 分	100 分	60 分	50 分
147.0 ~ 147.9	<42.4	42.4 ~ 47.5	47.6 ~ 53.7	53.8 ~ 55.7	≥ 55.8
148.0 ~ 148.9	<42.6	42.6 ~ 47.9	48.0 ~ 54.2	54.3 ~ 56.3	≥ 56.4
149.0 ~ 149.9	<42.9	42.9 ~ 48.3	48.4 ~ 54.8	54.9 ~ 56.6	≥ 56.7
150.0 ~ 150.9	<43.2	43.2 ~ 48.8	48.9 ~ 55.4	55.5 ~ 57.6	≥ 57.7
151.0 ~ 151.9	<43.5	43.5 ~ 49.2	49.3 ~ 56.0	56.1 ~ 58.2	≥ 58.3
152.0 ~ 152.9	<43.9	43.9 ~ 49.7	49.8 ~ 56.5	56.6 ~ 58.7	≥ 58.8
153.0 ~ 153.9	<44.2	44.2 ~ 50.1	50.2 ~ 57.0	57.1 ~ 59.3	≥ 59.4
154.0 ~ 154.9	<44.7	44.7 ~ 50.6	50.7 ~ 57.5	57.6 ~ 59.8	≥ 59.9
155.0 ~ 155.9	<45.2	45.2 ~ 51.1	51.2 ~ 58.0	58.1 ~ 60.7	≥ 60.8
156.0 ~ 156.9	<45.6	45.6 ~ 51.6	51.7 ~ 58.7	58.8 ~ 61.0	≥ 61.1
157.0 ~ 157.9	<46.1	46.1 ~ 52.1	52.2 ~ 59.2	59.3 ~ 61.5	≥ 61.6
158.0 ~ 158.9	<46.6	46.6 ~ 52.6	52.7 ~ 59.8	59.9 ~ 62.2	≥ 62.3
159.0 ~ 159.9	<46.9	46.9 ~ 53.1	53.2 ~ 60.3	60.4 ~ 62.7	≥ 62.8
160.0 ~ 160.9	<47.4	47.4 ~ 53.6	53.7 ~ 60.9	61.0 ~ 63.4	≥ 63.5
161.0 ~ 161.9	<48.1	48.1 ~ 54.3	54.4 ~ 61.6	61.7 ~ 64.1	≥ 64.2
162.0 ~ 162.9	<48.5	48.5 ~ 54.8	54.9 ~ 62.2	62.3 ~ 64.8	≥ 64.9
163.0 ~ 163.9	<49.0	49.0 ~ 55.3	55.4 ~ 62.8	62.9 ~ 65.3	≥ 65.4
164.0 ~ 164.9	<49.5	49.5 ~ 55.9	56.0 ~ 63.4	63.5 ~ 65.9	≥ 66.0
165.0 ~ 165.9	<49.9	49.9 ~ 56.4	56.5 ~ 64.1	64.2 ~ 66.6	≥ 66.7
166.0 ~ 166.9	<50.4	50.4 ~ 56.9	57.0 ~ 64.6	64.7 ~ 67.0	≥ 67.1
167.0 ~ 167.9	<50.8	50.8 ~ 57.3	57.4 ~ 65.0	65.1 ~ 67.5	≥ 67.6
168.0 ~ 168.9	<51.1	51.1 ~ 57.7	57.8 ~ 65.5	65.6 ~ 68.1	≥ 68.2
169.0 ~ 169.9	<51.6	51.6 ~ 58.2	58.3 ~ 66.0	66.1 ~ 68.6	≥ 68.7
170.0 ~ 170.9	<52.1	52.1 ~ 58.7	58.8 ~ 66.5	66.6 ~ 69.1	≥ 69.2
171.0 ~ 171.9	<52.5	52.5 ~ 59.2	59.3 ~ 67.2	67.3 ~ 69.8	≥ 69.9
172.0 ~ 172.9	<53.0	53.0 ~ 59.8	59.9 ~ 67.8	67.9 ~ 70.4	≥ 70.5
173.0 ~ 173.9	<53.5	53.5 ~ 60.3	60.4 ~ 68.4	68.5 ~ 71.1	≥ 71.2
174.0 ~ 174.9	<53.8	53.8 ~ 61.0	61.1 ~ 69.3	69.4 ~ 72.0	≥ 72.1
175.0 ~ 175.9	<54.5	54.5 ~ 61.5	61.6 ~ 69.9	70.0 ~ 72.7	≥ 72.8
176.0 ~ 176.9	<55.3	55.3 ~ 62.2	62.3 ~ 70.9	71.0 ~ 73.8	≥ 73.9
177.0 ~ 177.9	<55.8	55.8 ~ 62.7	62.8 ~ 71.6	71.7 ~ 74.5	≥ 74.6

续表二

身高段 / 厘米	营养不良	较低体重	正常体重	超重	肥胖
	50 分	60 分	100 分	60 分	50 分
178.0 ~ 178.9	<56.2	56.2 ~ 63.3	63.4 ~ 72.3	72.4 ~ 75.3	≥ 75.4
179.0 ~ 179.9	<56.7	56.7 ~ 63.8	63.9 ~ 72.8	72.9 ~ 75.8	≥ 75.9
180.0 ~ 180.9	<57.1	57.1 ~ 64.3	64.4 ~ 73.5	73.6 ~ 76.5	≥ 76.6
181.0 ~ 181.9	<57.7	57.7 ~ 64.9	65.0 ~ 74.2	74.3 ~ 77.3	≥ 77.4
182.0 ~ 182.9	<58.2	58.2 ~ 65.6	65.7 ~ 74.9	75.0 ~ 77.8	≥ 77.9
183.0 ~ 183.9	<58.8	58.8 ~ 66.2	66.3 ~ 75.7	75.8 ~ 78.8	≥ 78.9
184.0 ~ 184.9	<59.3	59.3 ~ 66.8	66.9 ~ 76.3	76.4 ~ 79.4	≥ 79.5
185.0 ~ 185.9	<59.9	59.9 ~ 67.4	67.5 ~ 77.0	77.1 ~ 80.2	≥ 80.3
186.0 ~ 186.9	<60.4	60.4 ~ 68.1	68.2 ~ 77.8	77.9 ~ 81.1	≥ 81.2
187.0 ~ 187.9	<60.9	60.9 ~ 68.7	68.8 ~ 78.6	78.7 ~ 81.9	≥ 82.0
188.0 ~ 188.9	<61.4	61.4 ~ 69.2	69.3 ~ 79.3	79.4 ~ 82.6	≥ 82.7
189.0 ~ 189.9	<61.8	61.8 ~ 69.8	69.9 ~ 79.9	80.0 ~ 83.2	≥ 83.3
190.0 ~ 190.9	<62.4	62.4 ~ 70.4	70.5 ~ 80.5	80.6 ~ 83.6	≥ 83.7

注：身高低于表中所列出的最低身高段的下限值时，身高每低 1 厘米，实测体重须加上 0.5 千克，实测身高须加 1 厘米，再查表确定分值；身高高于表中所列出的最高身高段时，身高每高 1 厘米，实测体重须减去 0.9 千克，实测身高须减去 1 厘米，再查表确定分值。

（二）大学生（女性）身高体重评定标准

大学生（女性）身高体重评定标准如表 4-3 所示。

表 4-3　大学生（女性）身高体重标准（体重单位：千克）

身高段 / 厘米	营养不良	较低体重	正常体重	超重	肥胖
	50 分	60 分	100 分	60 分	50 分
140.0 ~ 140.9	<36.5	36.5 ~ 42.4	42.5 ~ 50.6	50.7 ~ 53.3	≥ 53.4
141.0 ~ 141.9	<36.6	36.6 ~ 42.9	43.0 ~ 51.3	51.4 ~ 54.1	≥ 54.2
142.0 ~ 142.9	<36.8	36.8 ~ 43.2	43.3 ~ 51.9	52.0 ~ 54.7	≥ 54.8
143.0 ~ 143.9	<37.0	37.0 ~ 43.5	43.6 ~ 52.3	52.4 ~ 55.2	≥ 55.3
144.0 ~ 144.9	<37.2	37.2 ~ 43.7	43.8 ~ 52.7	52.8 ~ 55.6	≥ 55.7
145.0 ~ 145.9	<37.5	37.5 ~ 44.0	44.1 ~ 53.1	53.2 ~ 56.1	≥ 56.2
146.0 ~ 146.9	<37.9	37.9 ~ 44.4	44.5 ~ 53.7	53.8 ~ 56.7	≥ 56.8
147.0 ~ 147.9	<38.5	38.5 ~ 45.0	45.1 ~ 54.3	54.4 ~ 57.3	≥ 57.4

续表一

身高段 / 厘米	营养不良	较低体重	正常体重	超重	肥胖
	50 分	60 分	100 分	60 分	50 分
148.0 ~ 148.9	<39.1	39.1 ~ 45.7	45.8 ~ 55.0	55.1 ~ 58.0	≥ 58.1
149.0 ~ 149.9	<39.5	39.5 ~ 46.2	46.3 ~ 55.6	55.7 ~ 58.7	≥ 58.8
150.0 ~ 150.9	<39.9	39.9 ~ 46.6	46.7 ~ 56.2	56.3 ~ 59.3	≥ 59.4
151.0 ~ 151.9	<40.3	40.3 ~ 47.1	47.2 ~ 56.7	56.8 ~ 59.8	≥ 59.9
152.0 ~ 152.9	<40.8	40.8 ~ 47.6	47.7 ~ 57.4	57.5 ~ 60.5	≥ 60.6
153.0 ~ 153.9	<41.4	41.4 ~ 48.2	48.3 ~ 57.9	58.0 ~ 61.1	≥ 61.2
154.0 ~ 154.9	<41.9	41.9 ~ 48.8	48.9 ~ 58.6	58.7 ~ 61.9	≥ 62.0
155.0 ~ 155.9	<42.3	42.3 ~ 49.1	49.2 ~ 59.1	59.2 ~ 62.4	≥ 62.5
156.0 ~ 156.9	<42.9	42.9 ~ 49.7	49.8 ~ 59.7	59.8 ~ 63.0	≥ 63.1
157.0 ~ 157.9	<43.5	43.5 ~ 50.3	50.4 ~ 60.4	60.5 ~ 63.6	≥ 63.7
158.0 ~ 158.9	<44.0	44.0 ~ 50.8	50.9 ~ 61.2	61.3 ~ 64.5	≥ 64.6
159.0 ~ 159.9	<44.5	44.5 ~ 51.4	51.5 ~ 61.7	61.8 ~ 65.1	≥ 65.2
160.0 ~ 160.9	<45.0	45.0 ~ 52.1	52.2 ~ 62.3	62.4 ~ 65.6	≥ 65.7
161.0 ~ 161.9	<45.5	45.5 ~ 52.5	52.6 ~ 62.8	62.9 ~ 66.2	≥ 66.3
162.0 ~ 162.9	<45.9	45.9 ~ 53.1	53.2 ~ 63.4	63.5 ~ 66.8	≥ 66.9
163.0 ~ 163.9	<46.4	46.4 ~ 53.6	53.7 ~ 63.9	64.0 ~ 67.3	≥ 67.4
164.0 ~ 164.9	<46.8	46.8 ~ 54.2	54.3 ~ 64.5	64.6 ~ 67.9	≥ 68.0
165.0 ~ 165.9	<47.4	47.4 ~ 54.8	54.9 ~ 65.0	65.1 ~ 68.3	≥ 68.4
166.0 ~ 166.9	<48.0	48.0 ~ 55.4	55.5 ~ 65.5	65.6 ~ 68.9	≥ 69.0
167.0 ~ 167.9	<48.5	48.5 ~ 56.0	56.1 ~ 66.2	66.3 ~ 69.5	≥ 69.6
168.0 ~ 168.9	<49.0	49.0 ~ 56.4	56.5 ~ 66.7	66.8 ~ 70.0	≥ 70.1
169.0 ~ 169.9	<49.4	49.4 ~ 56.8	56.9 ~ 67.3	67.4 ~ 70.7	≥ 70.8
170.0 ~ 170.9	<49.9	49.9 ~ 57.3	57.4 ~ 67.9	68.0 ~ 71.4	≥ 71.5
171.0 ~ 171.9	<50.2	50.2 ~ 57.8	57.9 ~ 68.5	68.6 ~ 72.1	≥ 72.2
172.0 ~ 172.9	<50.7	50.7 ~ 58.4	58.5 ~ 69.1	69.2 ~ 72.7	≥ 72.8
173.0 ~ 173.9	<51.0	51.0 ~ 58.8	58.9 ~ 69.6	69.7 ~ 73.1	≥ 73.2
174.0 ~ 174.9	<51.3	51.3 ~ 59.3	59.4 ~ 70.2	70.3 ~ 73.6	≥ 73.7
175.0 ~ 175.9	<51.9	51.9 ~ 59.9	60.0 ~ 70.8	70.9 ~ 74.4	≥ 74.5
176.0 ~ 176.9	<52.4	52.4 ~ 60.4	60.5 ~ 71.5	71.6 ~ 75.1	≥ 75.2
177.0 ~ 177.9	<52.8	52.8 ~ 61.0	61.1 ~ 72.1	72.2 ~ 75.7	≥ 75.8
178.0 ~ 178.9	<53.2	53.2 ~ 61.5	61.6 ~ 72.6	72.7 ~ 76.2	≥ 76.3

续表二

身高段 / 厘米	营养不良	较低体重	正常体重	超重	肥胖
	50 分	60 分	100 分	60 分	50 分
179.0 ～ 179.9	<53.6	53.6 ～ 62.0	62.1 ～ 73.2	73.3 ～ 76.7	≥ 76.8
180.0 ～ 180.9	<54.1	54.1 ～ 62.5	62.6 ～ 73.7	73.8 ～ 77.0	≥ 77.1
181.0 ～ 181.9	<54.5	54.5 ～ 63.1	63.2 ～ 74.3	74.4 ～ 77.8	≥ 77.9
182.0 ～ 182.9	<55.1	55.1 ～ 63.8	63.9 ～ 75.0	75.1 ～ 79.4	≥ 79.5
183.0 ～ 183.9	<55.6	55.6 ～ 64.5	64.6 ～ 75.7	75.8 ～ 80.4	≥ 80.5
184.0 ～ 184.9	<56.1	56.1 ～ 65.3	65.4 ～ 76.6	76.7 ～ 81.2	≥ 81.3
185.0 ～ 185.9	<56.8	56.8 ～ 66.1	66.2 ～ 77.5	77.6 ～ 82.4	≥ 82.5
186.0 ～ 186.9	<57.3	57.3 ～ 66.9	67.0 ～ 78.6	78.7 ～ 83.3	≥ 83.4

注：身高低于表中所列出的最低身高的下限值时，身高每低 1 厘米，实测体重须加上 0.5 千克，实测身高须加 1 厘米，再查表确定分值；身高高于表中所列出的最高身高段时，身高每高 1 厘米，实测体重须减去 0.9 千克，实测身高须减去 1 厘米，再查表确定分值。

（三）大学生身体素质评定标准

大学生身体素质评定标准如表 4-4 所示。

表 4-4　大学生各年级身体素质评分标准

等级	项目	男生肺活量 / 毫升		女生肺活量 / 毫升		男生 50 米跑 / 秒		女生 50 米跑 / 秒		男生坐位体前屈 / 厘米		女生坐位体前屈 / 厘米	
	单项得分	大一、大二	大三、大四	大一、大二	大三、大四	大一、大二	大三、大四	大一、大二	大三、大四	大一、大二	大三、大四	大一、大二	大三、大四
优秀	100	5040	5140	3400	3450	6.7	6.6	7.5	7.4	24.9	25.1	25.8	26.3
	95	4920	5020	3350	3400	6.8	6.7	7.6	7.5	23.1	23.3	24.0	24.4
	90	4800	4900	3300	3350	6.9	6.8	7.7	7.6	21.3	21.5	22.2	22.4
良好	85	4550	4650	3150	3200	7.0	6.9	8.0	7.9	19.5	19.9	20.6	21.0
	80	4300	4400	3000	3050	7.1	7.0	8.3	8.2	17.7	18.2	19.0	19.5
及格	78	4180	4280	2900	2950	7.3	7.2	8.5	8.4	16.3	16.8	17.7	18.2
	76	4060	4160	2800	2850	7.5	7.4	8.7	8.6	14.9	15.4	16.4	16.9
	74	3940	4040	2700	2750	7.7	7.6	8.9	8.8	13.5	14.0	15.1	15.6
	72	3820	3920	2600	2650	7.9	7.8	9.1	9.0	12.1	12.6	13.8	14.3
	70	3700	3800	2500	2550	8.1	8.0	9.3	9.2	10.7	11.2	12.5	13.0
	68	3580	3680	2400	2450	8.3	8.2	9.5	9.4	9.3	9.8	11.2	11.7
	66	3460	3560	2300	2350	8.5	8.4	9.7	9.6	7.9	8.4	9.9	10.4

续表

等级	项目	男生肺活量/毫升		女生肺活量/毫升		男生50米跑/秒		女生50米跑/秒		男生坐位体前屈/厘米		女生坐位体前屈/厘米	
等级	单项得分	大一、大二	大三、大四	大一、大二	大三、大四	大一、大二	大三、大四	大一、大二	大三、大四	大一、大二	大三、大四	大一、大二	大三、大四
	64	3340	3440	2200	2250	8.7	8.6	9.9	9.8	6.5	7.0	8.6	9.1
	62	3220	3320	2100	2150	8.9	8.8	10.1	10.0	5.1	5.6	7.3	7.8
	60	3100	3200	2000	2050	9.1	9.0	10.3	10.2	3.7	4.2	6.0	6.5
不及格	50	2940	3030	1960	2010	9.3	9.2	10.5	10.4	2.7	3.2	5.2	5.7
	40	2780	2860	1920	1970	9.5	9.4	10.7	10.6	1.7	2.2	4.4	4.9
	30	2620	2690	1880	1930	9.7	9.6	10.9	10.8	0.7	1.2	3.6	4.1
	20	2460	2520	1840	1890	9.9	9.8	11.1	11.0	−0.3	0.2	2.8	3.3
	10	2300	2350	1800	1850	10.1	10.0	11.3	11.2	−1.3	−0.8	2.0	2.5

等级	项目	男生立定跳远/厘米		女生立定跳远/厘米		男生引体向上/个		女生1分钟仰卧起坐/个		男生1000米跑/分'秒"		女生800米跑/分'秒"	
等级	单项得分/分	大一、大二	大三、大四	大一、大二	大三、大四	大一、大二	大三、大四	大一、大二	大三、大四	大一、大二	大三、大四	大一、大二	大三、大四
优秀	100	273	275	207	208	19	20	56	57	3'17"	3'15"	3'18"	3'16"
	95	268	270	201	202	18	19	54	55	3'22"	3'20"	3'24"	3'22"
	90	263	265	195	196	17	18	52	53	3'27"	3'25"	3'30"	3'28"
良好	85	256	258	188	189	16	17	49	50	3'34"	3'32"	3'37"	3'35"
	80	248	250	181	182	15	16	46	47	3'42"	3'40"	3'44"	3'42"
及格	78	244	246	178	179	14	15	44	45	3'47"	3'45"	3'49"	3'47"
	76	240	242	175	176			42	43	3'52"	3'50"	3'54"	3'52"
	74	236	238	172	173	13	14	40	41	3'57"	3'55"	3'59"	3'57"
	72	232	234	169	170			38	39	4'02"	4'00"	4'04"	4'02"
	70	228	230	166	167	12	13	36	37	4'07"	4'05"	4'09"	4'07"
	68	224	226	163	164			34	35	4'12"	4'10"	4'14"	4'12"
	66	220	222	160	161	11	12	32	33	4'17"	4'15"	4'19"	4'17"
	64	216	218	157	158			30	31	4'22"	4'20"	4'24"	4'22"
	62	212	214	154	155	10	11	28	29	4'27"	4'25"	4'29"	4'27"
	60	208	210	151	152			26	27	4'32"	4'30"	4'34"	4'32"
不及格	50	203	205	146	147	9	10	24	25	4'52"	4'50"	4'44"	4'42"
	40	198	200	141	142	8	9	22	23	5'12"	5'10"	4'54"	4'52"
	30	193	195	136	137	7	8	20	21	5'32"	5'30"	5'04"	5'02"
	20	188	190	131	132	6	7	18	19	5'52"	5'50"	5'14"	5'12"
	10	183	185	126	127	5	6	16	17	6'12"	6'10"	5'24"	5'22"

（四）大学生身体素质加分指标评分表

大学生身体素质加分指标评分如表 4-5 所示。

表 4-5　大学生（男、女）身体素质加分指标评分表

	男生引体向上 / 个		女生 1 分钟仰卧起坐 / 个		男生 1000 米跑 / 秒		女生 800 米跑 / 秒	
加分 / 分	大一、大二	大三、大四	大一、大二	大三、大四	大一、大二	大三、大四	大一、大二	大三、大四
10	10	10	13	13	-35"	-35"	-50"	-50"
9	9	9	12	12	-32"	-32"	-45"	-45"
8	8	8	11	11	-29"	-29"	-40"	-40"
7	7	7	10	10	-26"	-26"	-35"	-35"
6	6	6	9	9	-23"	-23"	-30"	-30"
5	5	5	8	8	-20"	-20"	-25"	-25"
4	4	4	7	7	-16"	-16"	-20"	-20"
3	3	3	6	6	-12"	-12"	-15"	-15"
2	2	2	4	4	-8"	-8"	-10"	-10"
1	1	1	2	2	-4"	-4"	-5"	-5"

注：引体向上、1 分钟仰卧起坐均为高优指标，学生成绩达到单项评分 100 分后，以超过的次数所对应的分数进行加分；1000 米跑、800 米跑均为低优指标，学生成绩达到单项评分 100 分后，以减少的秒数所对应的分数进行加分。

第四节　体质测试的操作方法

在实施《标准》的过程中，掌握各项目正确的测试方法是所有体育教师和测评人员需要了解的内容。测试工作必然和所使用的测试仪器有一定的关系，现在测试仪器多种多样，有全手工操作的，也有电子的，两种仪器的操作流程不完全相同。如使用带有 IC 卡的测试仪器就可以减少测试人员的记录和计算工作。但无论使用何种仪器，对测试人员的基本操作要求是一致的。下面对《标准》中各个项目基本的测试方法及其操作要求进行介绍。对于不同的测试仪器，可参考相应测试仪器的说明书。

一、身高

（一）测试目的

测试学生身高，与体重测试相配合，评定学生的身体匀称度，评价学生生长发育水

平及营养状况。

（二）场地器材

身高测量计。使用前应校对 0 点，以钢尺测量基准板平面至立柱前面红色刻线的高度是否为 10.0 厘米，误差不得大于 0.1 厘米。同时应检查立柱是否垂直，连接处是否紧密，有无晃动，零件有无松脱等情况，若有问题及时加以纠正。

（三）测试方法

受试者赤足，立正姿势站在身高计的底板上（上肢自然下垂，足跟并拢，足尖分开呈 60 度角）。足跟、骶骨部及两肩胛区与立柱相接触，躯干自然挺直，头部正直，耳屏上缘与眼眶下缘呈水平位。测试人员站在受试者右侧，将水平压板轻轻沿立柱下滑，轻压于受试者头顶。测试人员读数时双眼应与压板水平面等高，记录员复述后进行记录。读数以厘米为单位，精确到小数点后一位。测试误差不得超过 0.5 厘米。

（四）注意事项

(1) 身高计应选择平坦靠墙的地方放置，立柱的刻度尺应面向光源。

(2) 严格掌握“三点靠立柱”“两点呈水平”的测量姿势要求，测试人员读数时两眼一定与压板等高，两眼高于压板时要下蹲，低于压板时应垫高。

(3) 水平压板与头部接触时，松紧要适度，头发蓬松者要压实，头顶的发辫、发结要放开，饰物要取下。

(4) 读数完毕，立即将水平压板轻轻推向安全高度，以防碰坏。

测量身高前，受试者应避免进行剧烈体育运动和体力劳动。

二、体重

（一）测试目的

测试学生的体重，与身高测试相配合，评定学生的身体匀称度，评价学生生长发育水平及营养状况。

（二）场地器材

杠杆秤或电子体重计。使用前需检验其准确度和灵敏度。准确度检验方法为：以备用的 10 千克、20 千克、30 千克标准砝码（或用等重标定重物代替）分别进行称量，检查指标读数与标准砝码误差，要求不超过 0.1%。灵敏度的检验方法为：置 100 克重砝码，观察刻度尺变化，如果刻度抬高了 3 毫米或游标向远移动 0.1 千克而刻度尺维持水平位，则达到要求。

（三）测试方法

测试时，杠杆秤应放在平坦地面上，调整 0 点至刻度尺水平位。受试者赤足，男性受试者身着短裤，女性受试者身着短裤、短袖衫，站在秤台中央。测试人员放置适当砝码并移动游标至刻度尺平衡。读数以千克为单位，精确到小数点后一位。记录员复述后进行记录。测试误差不超过 0.1 千克。

（四）注意事项

(1) 测量体重前受试者不得进行剧烈体育运动或体力劳动。

(2) 受试者站在秤台中央，上下杠杆秤时动作要轻。

(3) 每次使用杠杆秤时均需校正。测试人员每次读数前都应校对砝码标重以避免差错。

三、肺活量

（一）测试目的

测试学生的肺通气功能。

（二）场地器材

电子肺活量计。

（三）测试方法

房间通风良好。使用干燥的一次性口嘴（若非一次性口嘴，则每换测试对象需消毒一次，每测一人时将口嘴向下倒出唾液，并注意消毒后必须使其干燥）。肺活量计主机放置于平稳桌面上，检查电源线及接口是否牢固，按工作键液晶屏显示“0”即表示机器进入工作状态，预热 5 分钟后测试为佳。

图 4-1　肺活量测试

肺活量测试示意图如图 4-1 所示。首先告知受试者不必紧张，并且要尽全力，以中等速度和力度吹气效果最好。令被测试者面对仪器站立、手持吹气口嘴，面对肺活量计站立试吹 1 至 2 次，首先看仪表有无反应，还要试口嘴或鼻处是否漏气，调整口嘴和用鼻夹（或自己捏鼻孔）；学会深吸气（避免耸肩提气，应该像闻花式的慢吸气）。受试者进行一两次较平日深一些的呼吸动作后，更深地吸一口气，屏住气向口嘴处慢慢呼出至不能再呼为止，测试中不得中途二次吸气。吹气完毕后，液晶屏上最终显示的数字即为肺活量毫升值。每位受试者测三次，每次间隔 15 秒，记录三次数值，选取最大值作为测试结果，以毫升为单位，不保留小数。

（四）注意事项

(1) 电子肺活量计的计量部位的通畅和干燥是仪器准确的关键，吹气筒的导管必须在上方，以免口水或杂物堵住气道。

(2) 每测试 10 人完毕后用干棉球及时清理和擦干气筒内部。严禁用水、乙醇等任何液体冲洗气筒内部。

(3) 导气管存放时不能弯折。
(4) 定期校对仪器。

四、50 米跑

（一）测试目的

测试学生速度、灵敏度及神经系统灵活性的发展水平。

（二）场地器材

50 米直线跑道若干条，地面平坦，地质不限，跑道线要清楚。发令旗一面，口哨一个，秒表若干块（一道一表）。秒表使用前，应用标准秒表校正，每分钟误差不得超过 0.2 秒。标准秒表选定以北京时间为准，每小时误差不超过 0.3 秒。

（三）测试方法

受试者至少两人一组进行测试，在听到“跑”的口令后站立式起跑。发令员在发出口令的同时要摆动发令旗。计时员视旗动开表计时，受试者躯干部到达终点线的垂直面停表。以秒为单位记录测试成绩，精确到小数点后一位，小数点后第二位数按非零进 1 原则进位，如 10.11 秒读成 10.2 秒记录。

（四）注意事项

(1) 受试者测试最好穿运动鞋或平底布鞋，赤足亦可。但不得穿钉鞋、皮鞋、塑料凉鞋。
(2) 发现有抢跑者，要当即召回重跑。
(3) 遇风时一律顺风跑。

五、800 米或 1000 米跑

（一）测试目的

测试学生耐力素质的发展水平，特别是心血管呼吸系统的机能及肌肉耐力。

（二）场地器材

400 米、300 米、200 米田径场跑道，地质不限。也可使用其他不规则场地，但必须丈量准确，地面平坦。秒表若干块，使用前需要校正，要求同 50 米跑测试。

（三）测试方法

受试者至少两人一组进行测试，当听到“跑”的口令后站立式起跑。发令员在发出口令的同时要摆动发令旗。计时员看到旗动开表计时，当受试者的躯干部到达终点线垂直面时停表。以分、秒为单位记录测试成绩，不计小数。

(四) 注意事项

(1) 测试人员应向受试者报告剩余圈数，以免跑错距离。

(2) 测试人员应告知受试者在跑完后应继续缓慢走动，不要立刻停下，以免身体出现不良反应。

(2) 受试者不得穿皮鞋、塑料凉鞋、钉鞋参加测试。

(4) 对分、秒进行换算时要细心，防止差错。

六、立定跳远

(一) 测试目的

测试学生下肢爆发力及身体协调能力的发展水平。

(二) 场地器材

跳远毯 (或沙坑)、丈量尺。沙面应与地面平齐，也可在土质松软的平地上进行。起跳线距沙坑近端不得少于 30 厘米。起跳地面要平坦，不得有坑洼。

(三) 测试方法

受试者双脚自然分开站立，站在起跳线后，脚尖不得踩线 (最好用线绳做起跳线)。双脚原地同时起跳，不得有垫步或连跳动作。丈量起跳线后缘至最近着地点后缘的垂直距离。每人试跳三次，记录其中成绩最好的一次。以厘米为单位，不计小数，如图 4-2 所示。

图 4-2 立定跳远

（四）注意事项

(1) 发现犯规时，此次成绩无效。三次试跳均无成绩者，应允许再跳，直至取得成绩为止。

(2) 可以赤足，但不得穿钉鞋、皮鞋、塑料凉鞋参加测试。

七、引体向上

（一）测试目的

测试学生上肢肌肉力量的发展水平。

（二）场地器材

高单杠或高横杠，杠粗以手能握住为准。

（三）测试方法

受试者跳起双手正握杠，双手与肩同宽呈直臂悬垂。静止后，双臂同时用力引体（身体不能有附加动作），上拉到下颌超过横杠上缘为完成一次，如图 4-3 所示。记录引体次数。

（四）注意事项

(1) 受试者应双手正握单杠，待身体静止后开始测试。

(2) 引体向上时，身体不得做大的摆动，也不得借助其他附加动作撑起。

(3) 两次引体向上的间隔时间超过 10 秒时停止测试。

图 4-3　引体向上

八、坐位体前屈

（一）测试目的

测量学生在静止状态下躯干、腰、髋等关节可能达到的活动幅度，主要反映这些部位的关节、韧带和肌肉的伸展性和弹性及学生身体柔韧素质的发展水平。

（二）场地器材

坐位体前屈测试计。

（三）测试方法

受试者双腿伸直，双脚平蹬测试纵板坐在平地上，双脚分开约 10 ～ 15 厘米，上体前屈，双臂伸直向前，用双手中指尖逐渐向前推动游标，直到不能前推为止，如图 4-4 所示。测试计的脚蹬纵板内沿平面为 0 点，向后为负值，向前为正值。记录以厘米为单位，保留一位小数。测试两次，取最好成绩。

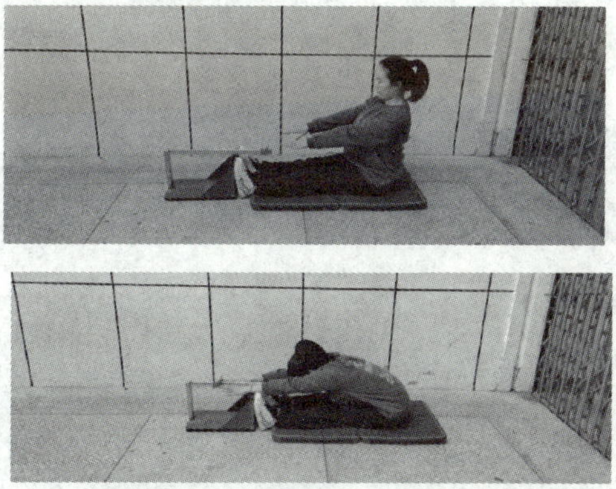

图 4-4　坐位体前屈

（四）注意事项

(1) 身体前屈，双臂向前推游标时双腿不能弯曲。

(2) 受试者应匀速向前推动游标，不得突然发力。

九、仰卧起坐

（一）测试目的

测试学生的腹肌耐力。

（二）场地器材

垫子若干块（或代用品），铺放平坦。

（三）测试方法

受试者仰卧于垫上，双腿稍分开，屈膝呈 90 度角左右，双手交叉贴于脑后。另一同伴压住其踝关节，以固定下肢。受试者坐起时两肘触及或超过双膝为完成一次。仰卧时两侧肩胛必须触垫。测试人员发出“开始”口令的同时开表计时，记录 1 分钟内完成次数，精确到个位。1 分钟到时，受试者虽已坐起但肘关节未达到双膝者不计该次数，如图 4-5 所示。

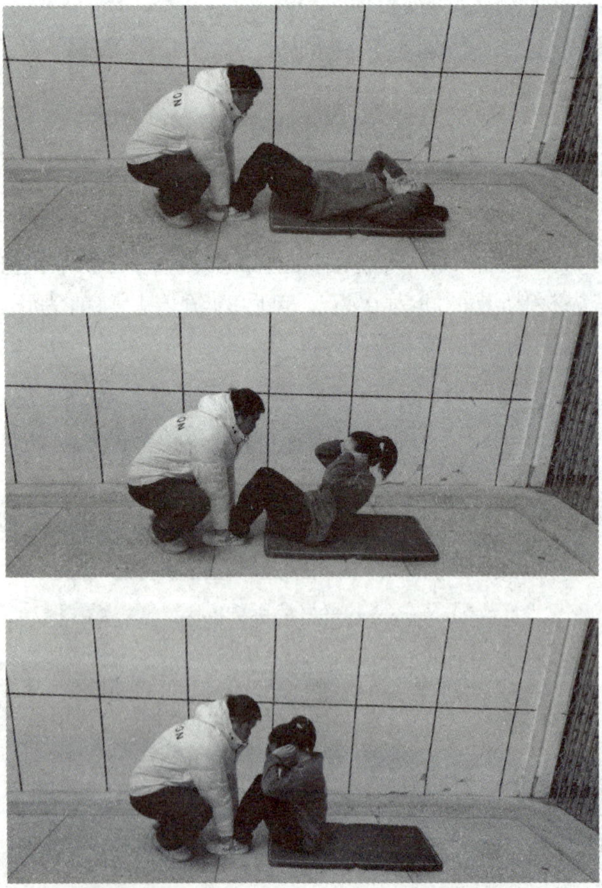

图 4-5 仰卧起坐

(四)注意事项

(1) 如发现受试者借用肘部撑垫或臀部起落的力量起坐时，该次不计数。
(2) 测试过程中，观测人员应向受试者报数。
(3) 受试者双脚必须放于垫上。

第五节　体质测试项目锻炼方法

一、身高标准体重

身高是反映人体骨骼生长发育和人体纵向高度的主要形态指标；体重是反映人体横向生长和重量的指标。身高标准体重是将身高和体重综合起来，测试值以每厘米身高的体重分布，通过直接查表就可以判断学生体型的匀称度，体重是否超重，超了多少千克；是否体重过轻或营养不良，轻了多少千克。该指标对于学生形成正确的身体形态观具有非常直观的教育作用。

长期保持体重正常的方式有：荤素搭配，食物种类广泛，不随心所欲，懂得适可而止；热爱运动，运动方式多样，如骑车上下班、远游、打乒乓球、打羽毛球、游泳、滑冰、爬山等。

二、肺活量

肺活量是指在不限时间的情况下，一次最大吸气后再尽最大力量所呼出的气体量。肺活量是反映人体生长发育水平的重要机能指标之一。肺活量的大小与身高、体重、胸围的关系密切。

经常运动的人比不运动的人肺活量要大，呼吸次数、呼吸深度、肺活量和肺通气量这四个指标都会出现良好的变化。长跑、游泳、健美操、跳绳、跑楼梯、上下台阶、长距离竞走、篮球和足球等项目的锻炼都是提高人体肺活量的有效方法。

三、50 米跑

50 米跑是国际上通用的测试项目，通过较短距离的高强度跑测试速度素质。

速度素质可以反映人体中枢神经系统的机能状态和神经与肌肉的调节机能，也可以综合地反映人体的爆发力、灵敏、反应、柔韧等素质。

锻炼方法如下：

(1) 小步跑：体会前脚掌快速扒地的动作和上下肢的放松协调配合。

高抬腿跑：提高大腿高抬的幅度，增强腿部力量和动作频率。

后蹬跑：体会、纠正后蹬用力不充分和“坐着跑”等缺点，增强腿部力量。

(2) 小步跑转入加速跑，约 50 ～ 60 米。

高抬腿跑转入快速跑，约 50 ～ 60 米。

后蹬腿跑转入快速跑，约 50 ～ 60 米。

(3) 顶风跑、顺风跑、上坡跑、下坡跑。

(4) 30 米、50 米计时跑。

(5) 重复跑 60 ～ 80 米：以中等速度反复练习。

另外，还可采用负重练习，以增强腿部力量。方法参照立定跳远项目的锻炼方法。

四、1000 米跑、800 米跑

1000 米跑 (男)、800 米跑 (女) 项目既测试有氧耐力，也测试无氧耐力的水平。由于耐力是衡量人的体质健康状况和劳动工作能力的基本因素之一，是从事各项运动必不可少的一种运动素质，因此测试耐力水平对于评价学生体质健康状况有着非常重要的意义。

长跑测试既可以反映肌肉耐力，又可以反映呼吸系统和心血管系统的机能水平，测试方法简单易行，有其他测试项目不可替代的作用。更为重要的是，《标准》把长跑测试作为一种手段，用以引导学生更多地关注自己的耐力和心肺功能，主动积极地参加长跑等体育锻炼，发展体能，增强耐力，提高体质健康水平。

锻炼方法如下：

(1) 匀速跑 800 ～ 1500 米：全程都以均匀的速度跑。

(2) 中速跑 500 ～ 1000 米：要跑得轻松自然，动作协调，放开步子跑。

(3) 重复跑：反复跑几个段落，如 200 米、400 米或 800 米等，中间休息时间较长。跑的距离、重复次数、快慢强度都可根据自己的情况而定，发展速度耐力。

(4) 加速跑 40 ～ 60 米：反复跑，中间有较短时间的间歇。

(5) 变速跑 1500 ～ 2500 米：要求快跑与慢跑结合，如采用 100 米慢跑、100 米快跑或 100 米慢跑、200 米快跑等方法交替进行，发展速度耐力。

(6) 越野跑：利用自然地形条件练习，如在公路、田野或山坡上练习上下坡跑，可以发展耐力、灵敏、弹跳等素质。

(7) 跑台阶、跑楼梯练习。

(8) 篮球、足球等项目的比赛。

五、立定跳远

立定跳远是发展下肢肌肉力量、腰腹力量、协调性及跳跃能力的指标之一，是测试爆发力的项目，爆发力要求在最短时间内发挥最大的力量。爆发力的大小不仅取决于力量，而且取决于力量和速度的结合。它在人们日常生活、劳动中有重要的意义和作用。

锻炼方法如下：

采用快速力量的各种跳跃练习以及负重练习，能够有效地发展腿部肌肉力量和肌肉速度，提高弹跳能力。

(1) 深蹲跳：全蹲下去，双脚同时用力向上跳起，连续做。

(2) 单脚跳：用左脚连续向上或向前跳一定的次数，再换右脚做连续跳。

(3) 多级跨步跳：连续以最少的步数，跨出最远的距离。

(4) 多级蛙跳：屈膝半蹲，上体稍前倾，双脚同时用力蹬地，充分伸直髋、膝、踝三关节，同时双臂迅速上摆。身体向前跃出，双腿屈膝落地缓冲后再接着向前跳。

(5) 跳台阶：原地双脚起跳，跃上台阶或其他物体，然后再跳下，反复进行。

(6) 跳绳：各种方式、方法的跳绳练习。

(7) 身体负重：肩负杠铃或沙包，腰和腿绑沙袋，身穿沙衣等做各种跳跃练习。

六、引体向上

引体向上主要反映上肢肌肉相对力量和耐力的发展水平。

锻炼方法如下：

(1) 斜身引体向上 10 ～ 20 次，做 4 ～ 5 组。

(2) 屈臂悬垂：双手反握杠与肩同宽在助力下屈臂，使下颌超过横杠，呈屈臂悬垂。练习时间 20 ～ 50 秒，做 2 ～ 3 组。

(3) 引体向上 5 ～ 15 次，做 2 ～ 3 组。

七、坐位体前屈

坐位体前屈是用于反映人体柔韧性的测试项目。柔韧性是指人体完成动作时，关节、肌肉、肌腱和韧带的伸展能力。一个人的柔韧程度越好，表示其关节的活动幅度越大，关节灵活性越强。

柔韧素质与健康的关系极为密切，柔韧性的提高，对增强身体的协调能力，更好地发挥力量、速度等素质，提高技能和技术，防止运动创伤等都有积极的作用。

锻炼方法如下：

(1) 正压腿：一腿直立，另一腿举起放于高度适当的高物上，身体正对高腿，上体向前尽量用胸部贴腿，双膝不得弯曲，复原姿势后连续再做。

(2) 侧压腿：一腿直立，另一腿举起放于高度适当的高物上，身体侧对高腿，上体尽量侧屈，用头的一侧贴腿。不要前倾或后仰，复原姿势后连续再做。

(3) 正踢腿：直立，双臂平举，左脚向前迈出一小步，右腿绷脚面伸直，急速有力地向上踢腿，落下时要有控制。双腿交替练习。

(4) 并腿体前屈：双腿并立，上体前屈，双手触地，上体与腿尽量贴近，复原姿势后连续再做。

(5) 双腿左右开立大于肩宽，上体前屈，臀部自然后移，双膝伸直，双手先向左腿外侧摸地面，复原姿势后再向右腿外侧摸地面，连续做。

(6) 双腿伸直坐于垫上或床上，上体前屈，双臂向前伸，尽力用双手触脚尖，膝关节不得弯曲，复原姿势后连续再做。

八、仰卧起坐

仰卧起坐是测试腹肌力量和耐力的一个项目。测试方法简单易行，多年来在学校体育的锻炼和测验中一直受到重视。尤其是女生的腰腹肌力量对她们将来在生育方面有更好的帮助。

锻炼方法如下：

1. 垫上练习

直腿仰卧起坐：仰卧于垫上，双腿并拢伸直，双臂上举。上腹用力，使上体坐起，双臂前伸用手触脚。然后复原姿势连续做。

仰卧团身：双手上举仰卧于垫上，双腿并拢屈膝大小腿呈 90 度。收腹抬起上身，同时双膝往上提，臀部随之离地，双臂抱腿，头尽量碰膝，仅腰部贴地。复原姿势后再连续做。

仰卧起坐：双手抱头仰卧于垫上，双腿屈膝大于 90 度。左膝往上提，同时收腹夹肘抬起上身，尽力用右肘碰左膝。复原姿势后，右膝往上提，同时收腹夹肘起上身，尽力用左肘碰右膝。连续做。

仰卧举腿：直体仰卧于垫上，用双手抓住垫子。连续做向上直腿举腿动作。

2. 垫上负重和其他器械练习

斜板仰卧起坐：双臂上举，仰卧在稍有高度的斜板上，脚朝上，头朝下，将双脚固定。当上身起坐时，双手尽量往脚尖伸去。复原姿势，再连续做。

支撑举腿：双臂伸直，支撑在双杠或其他物体上，身体保持正直，双腿并拢后，快速收腹举腿，使大腿与上体呈 90 度，保持几秒钟后，复原姿势再做。

悬垂举腿：双手正握单杠或肋木（背向肋木）呈悬垂。双腿伸直最大限度地向上举起。放下还原再做。

仰卧双腿举重物：仰卧于垫上，双手抓住固定物体。双脚夹重物或踝关节绑沙袋向上举起后放下。连续做数次或数十次。

负重仰卧起坐：仰卧于垫上，双腿伸直，双手在头后持重物。腹肌迅速收缩，使上体坐起并前屈，然后再慢慢躺倒还原。反复练习。

第六节　体质健康评价

体质健康评价的常用指标包括身体形态、身体机能、身体素质、心理状态、适应能力等。

一、身体形态的评价

身体形态指人体在一定条件下的表现形式，包括人体各部分大小、人体重量、性征、骨骼、体型及身体姿态等。在大学生健康领域，常用的身体形态评价指标有体格、体型、身体成分、身体姿势、身体机能和身体素质等，常用的测试指标有身高、体重、胸围、皮褶厚度等。

（一）体格评价

体格指身体各环节的长度、宽度、围度、厚度和质量。一般通过观察或测量身体各部分的大小、形状、匀称度，以及身高、体重、胸围、肩宽、骨盆宽、皮肤和皮下软组织等情况来判断。常用的体格评价指标包括：长度评价指标（身高、坐高）；宽度、厚度评价指标（肩宽、骨盆宽、胸宽、胸厚）；围度评价指标（上臂围、胸围、腰围、臀围）；体重。

（二）身体成分评价

身体成分指组成人体各组织器官的总成分，它是评价健康的重要依据。身体成分评价方法主要有两种：一是通过身体质量指数进行评价，身体质量指数的计算方法是用实际体重（千克）除以身高（米）的平方，成年人正常值为 19 ～ 25，小于 17.5 为体重偏轻，大于 26 为超重，大于 28 为肥胖；二是通过体脂百分比进行评价，体脂百分比指体脂质量占体重的百分比，成年男性的理想体脂百分比为 6 ～ 15 ，成年女性为 10 ～ 20 。

（三）体型评价

体型是对人体某个阶段形态结构及组成成分的定量描述。体型不仅影响形体美观，还与人的体质健康有比较密切的关系。体型的主要分类依据是肌肉、骨骼的发达程度和脂肪的储存程度。根据身体某部分器官发达的程度和身体外表的特征，可将体型分为 3 类：内胚层型（肥胖型）、中胚层型（强壮型）、外胚层型（瘦削型）。

（四）身体姿势评价

身体姿势在一定程度上反映骨骼、肌肉、内脏器官与神经系统等各组织的力学关系，良好的身体姿势使身体处于稳定状态，保证身体各器官的功能正常，减轻肌肉、韧带的紧张程度。常用的身体姿势评价指标有 4 个，即脊柱形状、胸廓形状、腿形、足形。

（五）身体机能评价

身体机能指人体新陈代谢水平以及各器官系统的效能。身体机能的评价方式主要包括心血管机能评价和心肺功能评价。心血管机能评价指标包括脉搏、血压、哈佛台阶试验、布兰奇心功指数、改良台阶试验；心肺功能评价指标主要有最大摄氧量和肺活量。

（六）身体素质评价

身体素质指人体在运动中表现出的速度、力量、耐力、灵敏及柔韧等方面的机能能力，也是人体的基本活动能力，是体质的重要组成部分，反映了人的体质差异。身体素质评价指标体系如图 4-6 所示。

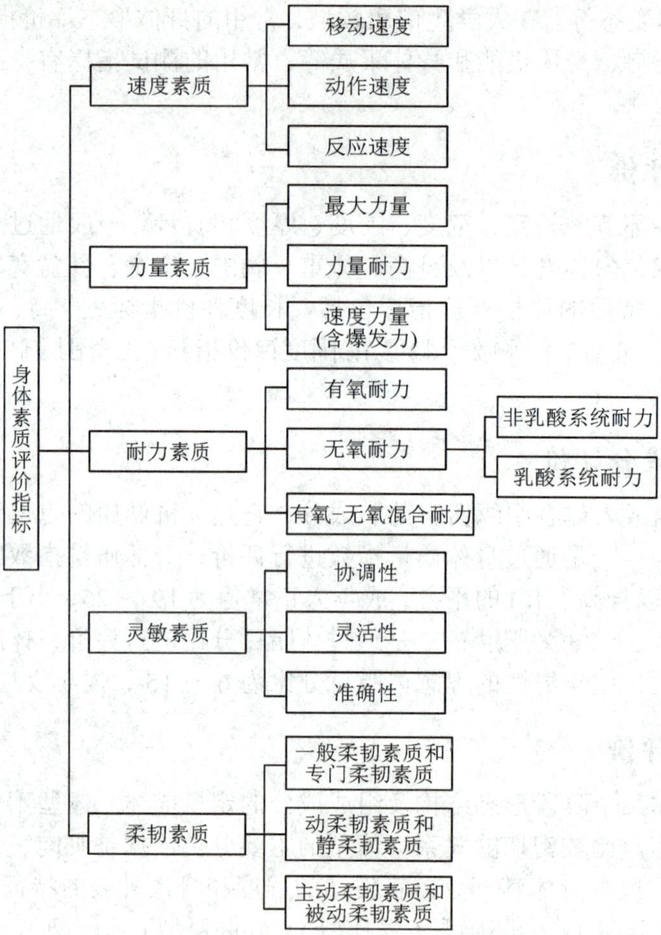

图 4-6 身体素质评价指标体系

二、心理健康状态评价

心理健康是体质健康的重要方面，主要指人的基本心理活动的过程内容完整、协调一致，即认识、情感、意志、行为、人格完整和协调，能适应社会，与社会保持同步。目前在体质健康评价中，心理健康状态测评是比较薄弱的环节，一般选择可信度较高的量表来测评人的心理，如症状自评量表，也常用一些测量仪器来测定人的时间知觉、空间知觉、操作思维和平衡感觉，将动作反应的速度及准确性等作为评价心理机能的指标。

三、适应能力的评价

人体的适应能力指人维持身体与内外环境间平衡的能力，具体包括个体维持自身与其生存的自然环境、社会环境及生理环境间协调的能力，以及最大限度保持自身健康的能力。适应能力常用“人体适应能力评价量表”进行测量。

运动技能篇

第五章 田径运动

学习目标

- 掌握跑、跳跃、投掷的基本技术和技能，安全地进行田径锻炼
- 以积极进取的态度和行为参与田径锻炼
- 增强自尊和自信，培养不怕挫折的精神和坚强的意志品质

课程思政点

圆 梦

中国田径一直有一个梦，那就是在百米赛场上，中国选手能占有一席之地。终于，苏炳添在2020东京奥运会百米赛场“飞人”大战中一飞冲天，成功圆梦。

梦想的实现离不开不懈奋斗，在百米跑道上，运动员每快0.001秒，都需要付出极大的努力。每一次的自我超越，都离不开对梦想的执着和日复一日的坚持。每次站上赛场，苏炳添都拿着卷尺测量起跑器距离的细节家喻户晓。而很多人不知道的是，在训练场上他一遍又一遍地蹬踏起跑器，一次又一次地回看录像。俯身向前，起身，冲出跑道，再回到起点，俯身，冲出跑道……每个动作都全神贯注、精益求精，每场训练都会全力以赴、力求突破。成千上万次的锤炼，艰苦卓绝的奋斗才成就了赛场上的速度突破。

“宝剑锋从磨砺出，梅花香自苦寒来”，人生没有一蹴而就的胜利，体育竞技的赛场也不例外。苏炳添曾在某次重大赛事中因为抢跑被罚下场，但他没有一蹶不振，而是把照片存进手机，提醒自己从失败中吸取教训。25岁时，他萌生了更换起跑脚的想法，这意味着他既要与自己长期训练中形成的习惯对抗，也要与可能出现的一连串不理想成绩对抗。30岁时，骨裂和腰伤的痛苦曾一度令他消沉，但最终他还是凭借顽强的意志、不屈的精神走出低谷，坚韧不拔，锲而不舍，不向挫折低头。从首次突破10秒大关到10次跑进10秒，从追平亚洲纪录到将亚洲纪录大幅提升0.08秒……他从未停止前进的步伐。但其实除了短跑运动员的身份，他还是一名老师。在课堂上除了耐心指导动作外，他也乐于分享自己运动生涯中的奋进故事，“若不是百炼成钢，谁能饱经风霜；若不是咬紧牙关，谁能一路向前”，他正在更多人的心中埋下拼搏的种子、注入前行的力量。

第一节　田径运动概述

一、田径运动的基本知识

田径运动是体育运动的一个重要组成部分。各个国家都很重视发展田径运动，并把它作为衡量一个国家体育运动水平的主要标志。田径运动是田赛、径赛和全能运动的合称。田赛是指以远度和高度计算比赛成绩的投掷和跳跃项目；径赛是指以时间计算比赛成绩的竞走和跑的项目。全能运动是由跑、跳、投项目组合而成的，按每个单项的成绩在国际统一的“全能评分表”中查出得分，依得分总和的多少评定比赛成绩的项目。田径运动源于人类的生产、生活和军事活动。在古代，人们为了生存学会了走、跑、跳、投等技能，随着社会的进步和发展，这些技能逐步脱离了远古的生存方式和劳动形式，经过磨炼后成为了训练士兵的内容，然后成为竞赛，这就是田径运动的初级阶段。

我国的田径运动历史悠久。1949 年中华人民共和国成立之前，田径运动技术水平低，发展缓慢。此后，田径运动得到迅速发展。1957 年，我国运动员郑凤荣以 1.77 米的成绩打破了丹麦运动员克尼尔保持的 1.76 米的女子跳高世界纪录；1983 年和 1984 年，我国运动员朱建华三次创造了男子跳高世界纪录；2000 年，在悉尼举办的第 27 届奥运会上，我国运动员王丽萍荣获女子 20 千米竞走金牌；2004 年的第 28 届奥运会上，我国运动员刘翔在男子 110 米栏比赛中荣获金牌，并且在 2006 年 7 月 12 日的世界田联大奖赛洛桑站上，以 12 秒 88 的成绩打破了 12 秒 91 的世界纪录，又于 2007 年 8 月 31 日在日本大阪举行的世界田径锦标赛上取得了 110 米栏项目的冠军，成为世界跨栏界第一个大满贯得主。

二、田径运动对健康的促进作用

（一）提高人的基本活动能力

走、跑、跳、投等活动是人们日常生活中所需要的基本活动能力。经常参加走、跑、跳、投的练习可以巩固人的基本活动能力，加快完成日常生活中各种任务的速度，提高工作和学习效率。

（二）增强人体对外界环境的适应能力

由于田径运动大多在户外进行，因此在从事田径运动锻炼的过程中，能使人体更多地和日光、空气、环境等自然条件充分接触，从而提高人体体温的调节能力。经常从事田径运动，能提高人体对外界环境的适应能力，增强机体对疾病的抵抗能力。

（三）促进人体的全面发展

由于田径运动项目多，各个项目都有其自身的特点。因此，参加田径运动锻炼能最有效地激励人发展力量、耐力、速度、灵敏、柔韧等身体素质和基本活动能力，促进人体的全面发展。参加田径运动，能够促进人体的新陈代谢，提高心血管系统、呼吸系统、神经系统及其他内脏器官的功能。

（四）培养健全的心理

田径运动最显著的一个特点，是用时间、距离、高度和远度等定量说明成绩。参加运动时，可以激励参加者的竞争意识，不断地迎接新的挑战。经常从事田径运动锻炼，对培养积极向上、奋勇拼搏、竞争与合作的精神以及克服各种生理和心理障碍，都有积极的影响。

第二节　人类的基本运动——跑

一、基本技术

（一）短跑

短跑可分为起跑、起跑后加速跑、途中跑和终点跑 4 个阶段。

1. 起跑

起跑必须采用蹲踞式起跑，并使用起跑器。蹲踞式起跑包括“各就位”“预备”和“鸣枪”3 个阶段。

动作要领：

(1)“各就位”。

听到“各就位”口令后，走到起跑线前，屈体下蹲，双脚依次踏在起跑器抵脚板上，有力腿在前，后膝跪地；双手四指并拢，与拇指成“八”字形张开，虎口向前，支撑于起跑线后沿处；双手间距离比肩稍宽，双臂伸直，颈部放松，目视前下方 40 ～ 50 厘米处，如图 8-1(1) 所示①。

(2)“预备”。

听到“预备”口令后，臀部平稳抬起，与肩同高或略高于肩，肩部略超出起跑线，重心置于双臂和前腿上，双脚紧贴起跑器抵脚板，集中注意力，如图 5-1(2) 所示。

(3)“鸣枪”。

听到枪声后，双手迅速推离地面，双臂屈肘有力做前后摆动，双脚用力蹬离起跑器，

① 本节动作示范者：院志雄，湖南软件职业技术大学人文素质教学部，体育教研室教师。

后腿迅速屈膝向前上方摆出，前腿快速有力地蹬伸髋、膝、踝 3 个关节，以较大的前倾姿势把身体向前推进，如图 5-1(3) 所示。

(1) (2) (3)

图 5-1 起跑

2. 起跑后加速跑

起跑后加速跑是从后腿蹬离起跑器到途中跑之间的一个跑段，距离一般约为 25 ～ 30 米。

动作要领：

(1) 双臂用力加速摆动，摆幅加大；摆动腿用力上抬向前摆动，支撑腿用力向后下方蹬伸，上体保持较大幅度前倾。

(2) 步长逐渐加大，步频加快，上体逐渐抬起过渡到途中跑姿势。

3. 途中跑

途中跑是短跑全程中距离最长、速度最快的一段。头和上体保持正直或稍前倾，双臂屈肘，以肩为轴前后协调摆动。

动作要领：

(1) 摆动腿大腿高抬，积极前摆，带动同侧髋向前转动。

(2) 当身体重心前移超过垂直位置后，支撑腿快速有力蹬伸髋、膝、踝关节，推动身体向前，当支撑腿蹬离地面，身体进入腾空状态。

(3) 支撑腿小腿随蹬地后惯性向大腿靠拢，大小腿呈折叠姿势，原支撑腿转为摆动腿，用力前摆。

(4) 同时，摆动腿大腿积极下压，小腿自然前伸，以前脚掌向后扒地，此时摆动腿转为支撑腿。

4. 终点跑

终点跑是全程跑的最后一段，短跑的终点跑距离一般为终点线前 15 ～ 20 米。

动作要领：

(1) 上体前倾，双臂用力加速摆动，大腿抬高向前迈步，频率加快。

(2) 距终点线约一步时，上体急速前倾，用胸部或肩部触压终点线，跑过终点。

(二) 中长跑

中长跑的技术动作与短跑基本相同，下面仅介绍中长跑需注意的技术要点。

1. 起跑

中长跑采用站立式起跑，分为“各就位”和“鸣枪”两个阶段。

(1)“各就位”

双腿前后开立，有力脚在前，全脚掌着地，脚尖紧靠起跑线后沿，后脚脚尖着地；上体前倾，双膝弯曲：有力脚一侧手臂置于体前，另一侧手臂放于体侧；身体重心落于前脚，目视前下方 3 ～ 5 米处，保持稳定姿势，如图 5-2(1) 所示，

(2)“鸣枪”

听到枪声后，双腿用力蹬离地面，后腿蹬地后迅速前摆，前腿蹬直，双臂用力加速摆动，使身体快速向前冲出，如图 5-2(2) 所示。

(1) (2)

图 5-2 站立式起跑

2. 起跑后加速跑

中长跑的起跑后加速跑与短跑技术基本相同，不同的是上体前倾幅度和蹬摆力度稍小。加速跑的距离需根据比赛项目、参加人数、个人训练水平和战术要求等情况而定。

3. 途中跑

中长跑的途中跑与短跑技术相比，动作幅度略小，脚着地柔软而有弹性，一般由脚跟着地过渡到脚尖着地，跑步过程中保持匀速而有节奏。

4. 终点跑

终点跑的距离需根据自己的体力情况、战术要求和临场情况而定，一般为到达终点前的 100 ～ 200 米。

5. 中长跑的呼吸

中长跑体力消耗大，对氧气的需求量较大，因此呼吸时要有一定的频率和深度，并与跑步的节奏相配合，一般为 2 ～ 3 步一呼，2 ～ 3 步一吸。

随着疲劳的出现，呼吸的频率会有所加快，此时应注意深呼气，以便充分呼出二氧化碳，吸进大量新鲜氧气。

(三) 接力跑

接力跑是由短跑和传接棒组成的集体项目。

1. 起跑

1) 持棒起跑

第一棒运动员起跑时，需一手持棒，采用蹲踞式起跑。常用的持棒方法是用右手的中指、无名指和小指握住棒的末端，拇指和食指分开撑地，如图 5-3 所示。

2) 接棒人起跑

接棒人采用站立式起跑。接棒人站在预跑区内或接力区后端，头转向侧后方，注视传棒人和标志线，当传棒人到达标志线时，迅速起跑，如图 5-4 所示。

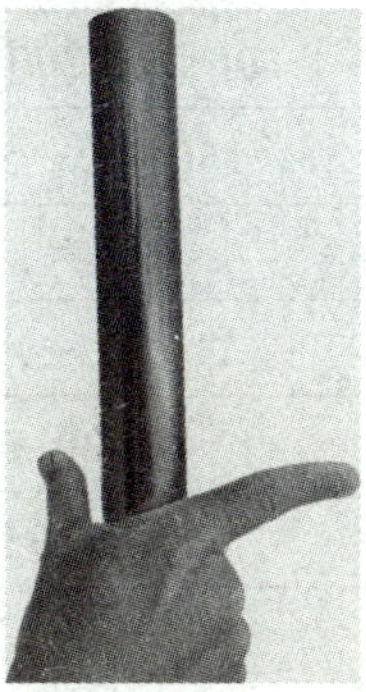
图 5-3　接力起跑持棒方法

图 5-4　准备接棒

提示标志线：接力跑各棒次的标志线是接棒人起跑的参照标记。标志线距接棒人起跑处的距离，需根据传棒人、接棒人的跑速和传接棒技术来确定。

2. 传接棒的方法

传接棒的方法一般有上挑式和下压式两种。

1) 上挑式

接棒人手臂自然向后伸出，掌心向后，四指并拢，虎口张开朝下。传棒人将棒由下向上挑，送入接棒人手中，如图 5-5 所示。

2) 下压式

接棒人的手臂后伸，掌心向上，拇指向内，其余四指并拢向外，虎口张开朝后。传棒人将棒的前端由上向前下压，放入接棒人手中，如图 5-6 所示。

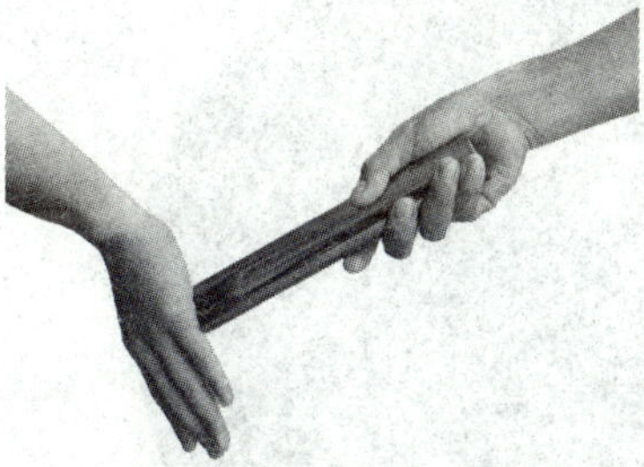
图 5-5　上挑式传接棒

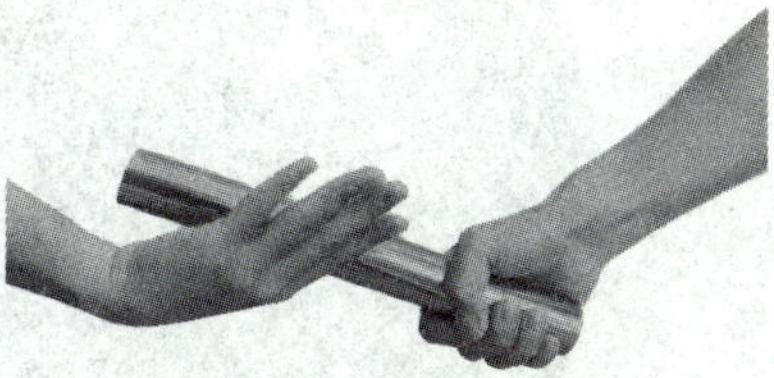
图 5-6　下压式传接棒

3. 传接棒的位置

接棒人起跑后，与传棒人先后跑进接力区，传棒人距接棒人约 1.5 米时，发出接棒信号，将接力棒迅速传给接棒队员。

二、跑类运动项目

跑是人体水平位移的一种基本运动形式，是单脚支撑与腾空相互交替、蹬与摆相互配合的周期性运动。跑类运动是最普通的田径运动项目，其具体项目内容见表 5-1。

表 5-1　跑类运动项目

项目类别	男 子 项 目	女 子 项 目
短跑	100 米，200 米，400 米	100 米，200 米，400 米
中长跑	800 米，1500 米，5000 米，10 000 米	800 米，1500 米，5000 米，10 000 米
接力跑	4×100 米，4×400 米	4×100 米，4×400 米
跨栏跑	110 米栏、400 米栏	110 米栏、400 米栏
障碍跑	3000 米障碍	3000 米 障碍
马拉松	42.195 千米	42.195 千米

三、比赛场地及器材

（一）比赛场地

场地：国际标准的比赛场地为 400 米椭圆形田径场，跑道由两段相等并平行的直段和两段半圆弯道组成，半圆的外沿直径为 36.5 米。

跑道：每条跑道宽 1.22 米（包含右侧分道线），分道线宽 5 厘米。

分道编号：从左手最内侧分道开始，从内向外依次为第 1 ～ 8 号跑道。

跑进方向：左手靠内场，按逆时针方向进行。

接力跑中：各跑段分界线的前后各 10 米为接力区，未到达接力区前有 10 米的预跑区。

各比赛项目起点和终点如图 5-7 所示。

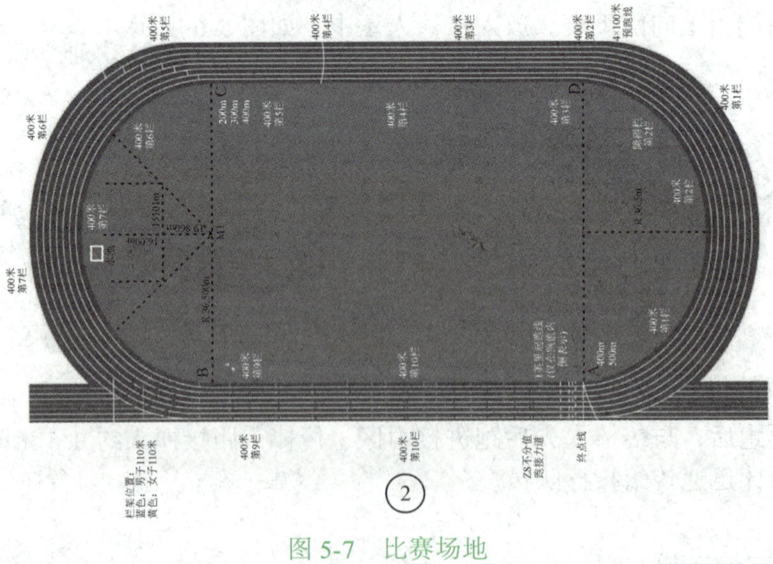

图 5-7　比赛场地

（二）起跑器

起跑器主要包括两块倾斜的抵脚板，供运动员起跑时蹬踏，如图 5-8 所示。两抵脚板中轴之间距离为 10 ～ 15 厘米；前后抵脚板与地面的夹角分别为 40 ～ 45 度和 70 ～ 80 度，前后抵脚板的距离可以调整，通常为一脚半长。

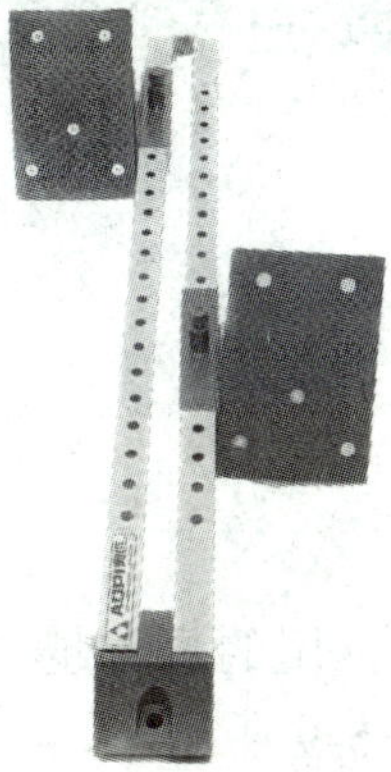

图 5-8　起跑器

四、比赛规则

（一）名次判定

参赛运动员的名次取决于其身体躯干（不包括头、颈、臂、腿、手或足）抵达终点线垂直面的顺序，先到达者名次列前。

（二）起跑

400 米及 400 米以下（包括 4×100 米、4×400 米接力的第一棒）比赛项目必须采用蹲踞式起跑，并使用起跑器。400 米以上比赛项目采用站立式起跑。

（三）起跑犯规

在枪声响起前有任何起跑动作，均属起跑犯规。除此之外，在“各就位”口令发出后，以声音或动作扰乱他人，也应判为起跑犯规。对第一次起跑犯规的运动员给予警告，之后再次起跑犯规的运动员无论是谁均将被取消该项目的比赛资格（全能比赛除外）。

（四）分道跑

在分道跑和部分分道跑比赛项目中，参赛者越出跑道，获得实际利益或冲撞、阻碍其他参赛者，将被取消比赛资格。

在 800 米和 4×400 米接力赛中，运动员须通过抢道标志线以后才能离开自己的跑道，切入里道。

（五）接力跑

(1) 运动员必须手持接力棒跑完全程，如发生掉棒，必须由掉棒运动员捡起。

(2) 接力棒的传递必须在接力区内进行。

(3) 运动员在接棒之前和传棒之后，应留在各自分道或接力区内，直到跑道畅通，如果运动员跑离所在位置或跑出分道、故意阻碍其他接力队员，则取消该接力队的比赛资格。

第三节　克服自身重力的运动——跳

一、基本技术

（一）跳高

跳高技术种类较多，目前较为常用的是背越式跳高技术。背越式跳高可分为助跑、起跳、过杆和落地 4 个阶段，如图 5-9 所示。

图 5-9　跳高

1. 助跑

背越式跳高的助跑分直线跑和弧线跑两种助跑路线。

动作要领：

(1) 直线助跑一般为 4 ～ 5 步加速跑，双腿后蹬和前摆的幅度较大，身体重心较高，动作轻松、自然、有弹性。

(2) 弧线助跑一般为 4 ～ 5 步加速跑，助跑时身体略向圆心倾斜，脚落地时由足跟过渡到前脚掌，摆臂与弯道途中跑相似。倒数第二步，步幅稍大，用全脚掌着地；最后一步稍小，速度较快，准备起跳。

2. 起跳

动作要领：

(1) 背越式跳高以远离横杆的腿为起跳腿，向身体对侧迈出，踏上起跳点，以脚掌外侧着地，迅速过渡到全脚掌，屈膝缓冲，身体向起跳腿一侧倾斜。

(2) 摆动腿大腿积极向前上方摆至水平位置，小腿自然下垂，身体转为正直。

(3) 摆动腿屈膝内扣，向异侧肩上方摆动，并带动髋部向内转动，起跳腿迅速蹬伸髋、膝、踝关节，完成起跳动作。

3. 过杆和落地

动作要领：

(1) 保持起跳腿蹬伸，躯干充分伸展；上体转动成背对横杆，起跳腿自然下垂。

(2) 当头和肩越过横杆后，迅速沉肩，双臂置于体侧，髋关节向上挺起，形成“背弓”，双膝自然弯曲，小腿自然下垂。

(3) 当髋关节过杆后，大腿向上摆动，小腿上踢，使整个身体过杆。

(4) 双肩继续下潜，含胸收腹，自然下落，肩部首先着垫。

(二) 跳远

跳远可分为助跑、起跳、腾空和落地 4 个阶段，如图 5-10 所示。

1. 助跑

助跑距离一般为男子 35 ～ 45 米，女子 30 ～ 35 米。

原地站立或行进中起动开始助跑，上体前倾，大腿积极摆动，后蹬充分，摆臂有力。

动作要领：

(1) 助跑途中上体逐渐抬起，腿和手臂加速用力摆动，加快助跑速度，重心较高，身体平稳，节奏性强。

(2) 助跑几步后，步频加快，保持较高的身体重心和较快的助跑速度，准备起跳。

2. 起跳

起跳动作是从助跑最后一步摆动腿后蹬开始，至起跳腿蹬离地面结束。

动作要领：

(1) 助跑最后一步，摆动腿用力蹬地，使身体尽快向起跳板方向运动。起跳腿快速前摆，大腿积极下压，踏上起跳板，由脚跟过渡到全脚掌着地。

(2) 起跳腿着地瞬间，髋、膝、踝关节被迫弯曲缓冲；同时，身体重心前移，起跳腿快速用力蹬伸，摆动腿大腿积极向前上方摆至水平位置，小腿自然下垂。

(3) 起跳腿同侧臂屈肘向身体前上方摆动，异侧臂屈肘向体侧摆动，提肩，拔腰，向上顶头。

3. 腾空

动作要领：

(1) 起跳腿蹬离地面后，上体正直，摆动腿保持起跳时水平姿势，小腿自然下垂，起跳腿自然弯曲留在体后，形成空中的跨步飞行。

(2) 腾空的姿势分为蹲踞式和挺身式。

蹲踞式：接近腾空最高点时，起跳腿屈膝上提，与摆动腿并拢；双腿屈膝，大腿靠近胸部，上体稍前倾；双臂由前向下、向后摆动；落地前，小腿向前伸出，准备落地。

挺身式：腾空后，摆动腿自然放下，小腿向后下方做弧形摆动；双臂向下、经体侧向后上方摆动；摆动腿与起跳腿并拢，髋部向前，胸、腰前挺，头、肩后展，成挺身展体姿势；落地前，双臂由后上方经体前向后摆动；同时两大腿上抬，收腹举腿，上体前倾，小腿前伸，准备落地。

图 5-10 跳远

4. 落地

动作要领：

小腿尽力前伸，脚跟首先触地，前脚掌下压，双腿迅速屈膝缓冲。

双臂屈肘前摆，身体向前或向侧方倒。

二、跳跃类运动项目

跳跃类运动项目是运用人体自身的能力（或同时借助一定的器材，如撑竿），通过一定的运动形式，使人体跳过尽可能高的高度或尽可能远的距离的运动，其具体项目内容见表 5-2。

表 5-2 跳跃类运动项目

男子项目	女子项目
跳高、撑竿跳高、跳远、三级跳远	跳高、撑竿跳高、跳远、三级跳远

三、比赛场地及器材

（一）跳高场地及器材

助跑道：长度不限，最少为 15 米。

落地区：跳高落地区的长度至少为 5 米，宽为 3 米。

跳高架：有足够的高度，须配有稳定放置横杆的横杆托，两立柱之间距离为 4.00 ～ 4.04 米。

横杆：跳高横杆全长为 4 米 (±2 厘米)，最大重量为 2 千克。

（二）跳远场地及器材

助跑道：长至少为 40 米，宽为 1.22 米。

起跳板：起跳的标志，长 1.22 米，宽 20 厘米，一般用木料制成，漆成白色。

起跳线：指起跳板靠近落地区一侧的边沿。

落地区：宽 2.75 ～ 3 米，跳远起跳线至落地区远端的距离至少为 10 米，落地区内应填充湿沙，沙面与起跳板齐平。

橡皮泥显示板：位于起跳板前，用来帮助裁判员判断运动员是否犯规。

四、比赛规则

（一）跳高比赛规则

跳高比赛中，有下列情况之一，即被判为犯规：

(1) 使用双脚起跳。

(2) 由于运动员的试跳动作致使横杆未能停留在横杆托上。

(3) 在越过横杆之前，身体触及立柱前沿垂直面以外的地面或落地区。但如果裁判员认为运动员并没有受益，则不应由此判该次试跳失败。

(4) 试跳时，运动员有意用手或手指把即将从横杆托上掉下的横杆放回。

（二）跳远比赛规则

跳远比赛中，有下列情况之一，即被判为犯规：

(1) 运动员以身体任何部位触及起跳线之前的地面。

(2) 从起跳板两端之外起跳，无论是否超过起跳线的延长线。

(3) 触及起跳线和落地区之间的地面。

(4) 在落地过程中触及落地区以外的地面，而落地区外的触地点较落地区内的最近触地点更靠近起跳线。

(5) 在助跑或跳跃中采用任何空翻姿势。

(6) 运动员在试跳通知发出前进行试跳，不论成功与否，都被判为试跳失败。

第四节　从人类生存技能演化而来的运动——投

一、基本技术

（一）推铅球

推铅球的技术有侧向滑步、背向滑步和旋转式 3 种，下面我们仅介绍运用最普遍的背向滑步推铅球技术。背向滑步推铅球可分为握球和持球、预备姿势、滑步、最后用力和维持身体平衡 4 个阶段。

1. 握球和持球（以右手为例，下同）

(1) 五指自然分开，手腕背屈，将铅球放在食指、中指和无名指的指根处，拇指与小指自然扶于球的两侧，如图 5-11 所示。

(2) 球握好后，屈肘，手持球放在肩上锁骨窝处，贴于颈部，右肘外展略低于肩，掌心向前，左臂自然上举，如图 5-12 [②]所示。

② 本节动作示范者：王石鑫，湖南软件职业技术大学人文素质教学部，体育教研室教师。

2. 预备姿势

(1) 持球后，背对投掷方向，双脚前后开立，相距 20 ～ 30 厘米。

(2) 右脚尖贴近投掷圈后沿，脚跟正对投掷方向；左脚前脚掌着地，自然弯曲；上体挺直、放松。

(3) 左臂自然上举，身体重心落于右腿上，如图 5-13 所示。

图 5-11　握球

图 5-12　持球

图 5-13　预备姿势

3. 滑步

(1) 滑步前需先做 1 ～ 2 次预摆。预摆时，左腿向投掷方向摆出，右腿协调配合向下蹬伸，上体前俯，左臂前伸；左腿收回靠近右腿，右腿屈曲，重心下降，预摆结束。

(2) 左腿用力向投掷方向摆出，右腿用力蹬伸，如图 5-14(1) 所示。

(3) 当右脚蹬离地面后，身体向投掷方向快速平稳移动，此时迅速收拉右小腿，右脚尖向内转扣，以右前脚掌落于投掷圈中心附近；左脚迅速在抵趾板偏右侧位置以前脚掌内侧蹬踩着地，准备最后用力。如图 5-14(2) 所示。

4. 最后用力和维持身体平衡

(1) 右脚用力向投掷方向蹬转，同时带动右髋向投掷方向转动，左臂向左侧摆动，上体逐渐抬起。

(2) 随髋部扭转，身体重心逐渐移至左腿，上体向投掷方向转动，挺胸抬头，如图 5-14(3) 所示。

(3) 当左臂摆至体侧时制动，双脚积极蹬伸，右臂迅速用力将铅球向前推送。当铅球快离手时，手腕推送、手指拨球，将球推出，如图 5-14(4) 所示。

(1)　(2)　(3)　(4)

图 5-14　背向滑步推铅球

(4) 铅球离手后，两腿迅速换位，降低身体中心，以维持身体平衡。

(二) 掷标枪

掷标枪可分为握枪和持枪、助跑、最后用力和维持身体平衡 3 个阶段。

1. 握枪和持枪(以右手为例，下同)

(1) 握枪。

握枪的方法有现代式和普通式两种。

现代式握枪(拇指和中指握法)：将标枪斜放在掌心上，拇指和中指握在缠绳把手末端边缘，食指自然弯曲斜放在枪杆上，无名指和小指自然握于把手上。

普通式握枪(拇指和食指握法)：拇指和食指握在缠绳把手末端边缘，其余手指顺着食指握在缠绳把手上面。

(2) 持枪。

持枪的方法是屈臂举枪于肩上，大小臂夹角约为 90 度，稍高于头，枪尖稍低于枪尾。

2. 助跑

助跑距离一般为 25 ～ 35 米，可分为预跑阶段和投掷步阶段。

(1) 预跑阶段。

从第一标志线开始起跑至第二标志线为预跑阶段，距离一般为 15 ～ 20 米，通常用 8 ～ 10 步完成。预跑阶段主要是完成加速，在跑进中上体稍前倾，用前脚掌着地，大腿抬高，用力后蹬，动作轻快而富有弹性，持枪臂随着跑的节奏与左臂配合，前后自然摆动，并与下肢动作协调一致，在加速中进入投掷步，如图 5-15 所示。

(2) 投掷步阶段。

从第二标记到投掷弧为投掷步阶段，其距离为：男 12 ～ 14 米，女 10 ～ 12 米。这段任务主要是完成引枪、交叉步、最后用力、缓冲。此阶段的技术有五步、六步、七步投掷。我们仅简单介绍一下五步投掷步技术的动作要领。

第一步：左脚踏上第二标志线，右脚积极前迈，同时，右肩后撤并开始向后引枪，左肩逐渐向标枪靠近，左臂自然摆至胸前，眼向前看，髋部正对投掷方向，持枪臂尚未伸直。

第二步：右脚落地，左脚离地前迈，髋稍向右转，右肩继续后撤并完成引枪动作。右手接近于肩的高度，枪身与前臂夹角较小，枪尖靠近右眉，保证标枪纵轴和投掷方向一致。

第三步：由左脚落地开始，左脚一落地，右腿膝关节自然弯曲，大腿带动小腿积极有力地向前摆出。当右腿靠近左腿时，左腿快速有力地蹬伸，促使右腿加速前迈。此时髋轴转向投掷方向，并与肩轴形成交叉状态。

第四步：左臂自然摆至胸前，有助于左肩继续向右转动，加大躯干的向右扭转。右脚尖外转，用脚跟外侧先落地，然后过渡到全脚掌，与投掷方向成 45 度左右。躯干和右腿呈一条直线，整个身体向后倾斜，与地面形成一定的夹角。

第五步：在交叉步右脚尚未落地之前，左腿就要积极前迈。右腿落地，体重落到弯曲的右腿上。接着，右腿积极蹬地，加快髋部向水平方向移动，同时也加快了左腿的前

图 5-15　掷标枪的助跑、投掷步

迈。左腿前迈时，大腿不宜抬得过高。左脚用内侧或脚跟先着地，做出强有力的制动和支撑。左脚落地的位置应在右脚落地前投掷方向线的左侧约 20 ～ 30 厘米。

3. 最后用力和维持身体平衡

投掷步的第二步右脚着地后，由于惯性，髋部迅速向前移动，在超越了右腿支撑点之后（左脚未着地），右脚就开始最后用力。当左脚着地，便形成了从左脚到左肩的左侧支撑，为右腿继续蹬地转髋创造条件。

右腿继续蹬地，推动右髋加速向投掷方向运动，使髋轴超过肩轴，同时髋部牵引着肩轴向投掷方向转动。在肩轴向投掷方向转动的同时，投掷臂向上转动，带动前臂、手腕向上翻转。当上体转为正对投掷方向时，形成了“满弓”姿势。

此时投掷臂处于身后，与肩同高，与躯干几乎成直角。弯曲的左腿做迅速有弹性的蹬伸，同时胸部尽量前送，并带动小臂向前做爆发性“鞭打”动作，使全身的力量通过手臂和手指作用于标枪纵轴。

标枪离手的一刹那，手腕和手指的积极动作能使标枪沿着纵轴按顺时针方向自转，这可以保持标枪在空中飞行的稳定性，提高标枪的滑翔效果。标枪出手的适宜角度为 30 ～ 35 度。标枪出手后，双腿应迅速交叉换位，降低身体重心，以维持身体平衡。

最后用力阶段动作如图 5-16 所示。

图 5-16　掷标枪的最后用力

二、投掷类运动项目

投掷是人体运用自身的能力，通过一定的运动形式，将手持的规定器械掷出尽可能远距离的体育运动项目，其具体项目内容见表 5-3。本节主要介绍推铅球和掷标枪。

表 5-3　投掷类运动项目

男 子 项 目	女 子 项 目
铅球、铁饼、标枪、链球	铅球、铁饼、标枪、链球

三、比赛场地及器材

(一) 铅球场地及器材

铅球场地如图 5-17 所示。

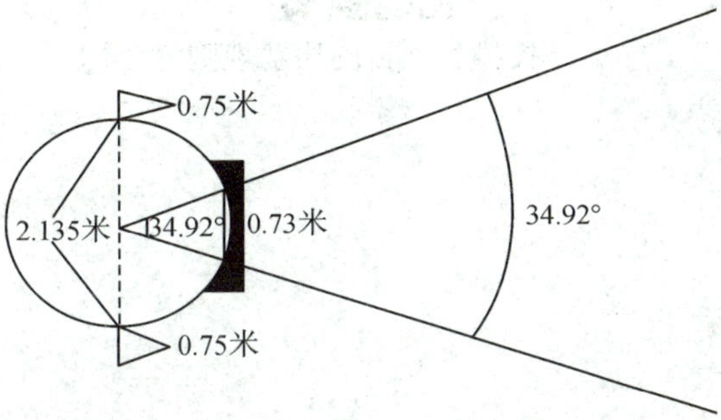

图 5-17　铅球场地示意图

投掷圈：铅球投掷圈直径为 2.135 米，投掷圈外围是金属镶边，厚度为 6 毫米，顶端涂白。

落地区：铅球落地区为圆心角为 34.92 度的扇形区域。

抵趾板：投掷圈正前方的木质挡板，长 1.21 ～ 1.23 米，用来防止运动员滑出圈外。

铅球：用实心的铁、铜或者其他硬度不低于铜的金属制成，表面必须光滑。男子铅球重量为 7.26 千克，女子铅球重量为 4 千克。

(二) 标枪场地及器材

标枪场地如图 5-18 所示。

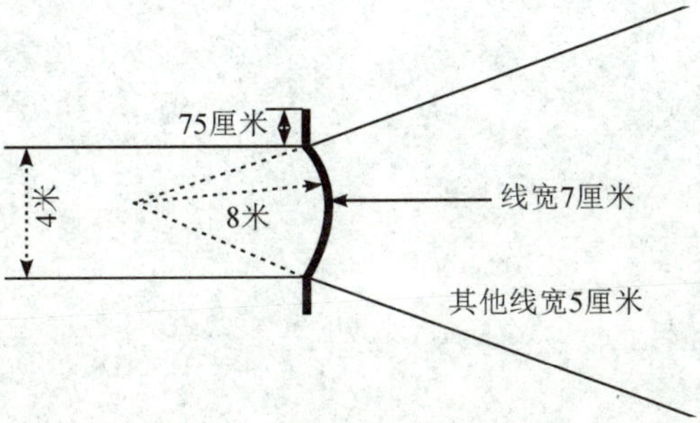

图 5-18　标枪场地示意图

投掷区：标枪投掷区是一条宽 4 米，长为 30 ～ 36.5 米的助跑道。

边线：助跑道两边有两条宽 5 厘米的边界线。

投掷弧：助跑道前端有半径为 8 米的弧线。投掷弧可以画出，也可用木料或金属制成，弧宽 7 厘米，涂成白色，与地面齐平。

落地区：标枪的落地区为圆心角为 29 度的扇形区域。

标枪：标枪分枪身、枪头和缠绳把手。枪身是光滑的金属杆，两端逐渐变细；枪头是固定在枪身前端的锋利金属尖；缠绳把手包绕枪的重心。男子标枪重量为 0.8 千克，女子标枪重量为 0.6 千克。

投掷类项目的比赛规则

第六章 篮球运动

学习目标

- 了解篮球运动的起源及健身价值
- 学习篮球运动的基本技术和基本战术
- 掌握篮球运动的练习方法
- 了解篮球比赛规则及裁判法，能够从不同角度欣赏篮球赛事

课程思政点

独臂男孩张家城，用热爱点亮人生

这位独臂少年叫张家城，是广东云浮市云安区高村镇中学的学生。5 岁那年，小家城的右臂意外被搅拌机“咬了一口”，尽管父母带着他四处求医，小家城还是失去了部分右臂。面对突如其来的变故，年幼的家城并未怨天尤人。“他比我们还乐观，刚开始我们很担心他会因为只有一只手受到歧视，对生活失去信心”，家城的父亲张北海说道。在受伤康复的日子里，家城日复一日地练习使用左手，从简单的吃饭穿衣开始，再到学习、帮家里干活，正是这段艰难的时光，让家城学会了独立和坚强。

2018 年 7 月，在一次当地举办的暑假少儿篮球培训班上，12 岁的张家城第一次接触到篮球，从此深深地爱上了这项体育运动。从左右运球，再到背后、胯下运球……从学校的操场到村里的运动场，再到家里的客厅，张家城家中墙壁上的贴画被他当作篮板，贴画的右上角已经被旋转的篮球磨破。

对于篮球，张家城表示：“摸到了 (篮球) 就不想放下，有一种兴奋的感觉，希望将来打一场正式的比赛。”

2019 年暑假，张家城的父母为他找来了专业的篮球教练，经过刻苦的训练，他的球技突飞猛进，篮球运动的潜力也渐渐显露出来。2019 年元旦，他与同学在《篮球秀》

表演中获得了一等奖。

张家城所在的高村镇中学校长陈锡荣说："他是我从教20年来印象最深刻的学生，他只有一只手，但是他托起了美好的明天，他阳光、自信、励志，是我们高村中学的优秀学生。"

张家城在球场上的表现让无数网友献上掌声，他也用汗水和坚毅赢得了大家的尊重。

篮球运动的持续时间可长可短，但需要参与者快速奔跑、突然起跳，需要敏捷的反应与力量的抗衡，要求运动员具有技战术能力，在比赛中表现出智慧、胆略、意志、活力与创造力，运动员也必须具备勇敢顽强的斗志和团结协作的精神。

进行篮球运动能够发展体能，促进人的身体健康，比较而言，篮球运动在发展体能方面的优势在于能够全面地发展人的身体素质，同时改善人的感受器官和神经系统的功能；还可促进人的心理健康，作为集体的运动项目，为人与人之间的正常交往提供了理想平台，能使人在运动过程中愉悦身心。

第一节　篮球运动概述

美国马萨诸塞州斯普林菲尔德市基督教青年会国际训练学校体育教师詹姆士·奈史密斯博士于1891年创造了篮球运动。开始时，他从一些儿童用球向"桃子筐"做投准的游戏中得到启发，设计了将两只桃篮分别钉在健身房内看台的栏杆上，桃篮上沿距离地面3.048米(10英尺)，用足球做比赛工具，向篮内投掷，投球入篮得一分，按得分多少决定胜负的规则。后来逐步将竹篮改为活底铁质球篮，并在铁篮下沿挂了网袋。由于在每次投中篮后，须将球重新取出来显得很麻烦，于是剪开网底，形成了近似现代的篮圈和篮网。因这项游戏起初使用的是桃篮和球，遂取名为"篮球"。

篮球运动产生后，由于它本身所具有的趣味性、竞争性和对抗性的特点，很快就在各地传播开来。1904年，美国青年会篮球队在第三届奥林匹克运动会上进行了篮球表演赛。1908年，美国制定了全国统一的竞赛规则，并用多种文字在全世界出版发行。此后，篮球运动逐步在中美洲、亚洲、欧洲、非洲和大洋洲开展起来。1932年国际业余篮球联合会成立。1936年第11届奥运会上将男子篮球列入正式比赛项目，1976年第21届奥运会上又增加了女子篮球比赛项目。目前国际上重大的篮球赛事主要有奥运会篮球比赛和世界篮球锦标赛。世界高水平的篮球职业联赛主要有美国职业篮球联赛(NBA)和欧洲职业篮球联赛。

自20世纪30年代篮球运动登上世界体育舞台之后，由于规则的不断完善，对篮球的技战术水平提出了更高的要求，因此比赛也日趋激烈。随着技战术水平的进一步提高和高大队员的相继出现，世界各强队经过近20年的努力，开始力争在速度与高度方面取得优势，同时更加注意进攻与防守的平衡。到20世纪70年代，篮球运动形成了身高与技术同步发展的基本格局，使身体、技术、智力、心理等各种对抗因素融为一体，为现代篮球运动奠定了基础。

进入20世纪80年代后，篮球运动开始向职业化方向发展。1986年，国际业余篮球联合会取消“业余”二字，更名为国际篮球联合会，翌年又通过了职业球员可以参加大赛的决定。这一重大改革促使了20世纪90年代世界篮球运动迅速向高速度、高空优势、激烈对抗的方向发展。

21世纪的今天，篮球将继续向高、快、全、准、变和女篮男子化发展，明星队员更加突出，技战术运用向“精练化”“技艺化”“智谋化”发展。今后，篮球运动的发展，将会使我们感到球场越来越小，比赛时间越来越短，篮球架越来越低，篮圈越来越大，场上变化越来越快，攻守队员身体接触越来越激烈，明星队员的特殊功能越来越突出，女子与男子的对抗形式越来越接近。

篮球运动于1896年传入中国。一百多年来，篮球运动在中国已成为人们喜闻乐见的社会文化形态，在教育科学领域已成为一门教育学科，是一项重点发展的竞技运动。我国的篮球运动近几年来有较大的变革，篮球运动已进入职业化改革发展阶段，全国职业篮球联赛(CBA)和全国大学生篮球联赛(CUBA)呈现出良好的发展势头。我国的一些优秀运动员如王治郅、姚明、易建联等，进入了世界最高水平的篮球联赛(NBA)发展。在2008年北京奥运会上，中国男子篮球队进入了前八名，女子篮球队获得了第四名的好成绩。

经常参加篮球运动，能改善中枢神经系统的机能，有利于促进学生完成动作的协调性，提高观察、判断和反应能力，增强循环、呼吸等器官系统的功能。紧张激烈的篮球比赛，还可以培养运动员积极、果断、勇敢、顽强的战斗意志和集体主义精神。

第二节 篮球运动的基本技术

篮球技术是队员在比赛中为了达到攻守目的所运用的各种专门动作的总称，包括移动技术、传球技术、接球技术、投篮技术、运球技术、持球突破技术、防守技术及抢篮板球技术。它们是篮球比赛的基础，是篮球比赛得以顺利进行的必要条件。

一、移动技术

移动技术是运动员在比赛中，为了控制身体重心，改变位置、方向、速度和争取高度所采用的各种脚步动作的总称。它是篮球技术的基础，与掌握和运用篮球技术，有着密切的联系。

(一) 移动的分类

(1) 基本站立姿势和起动。

(2) 跑：侧身跑、变速跑、变向跑、后退跑。

(3) 跳：双脚跳、单脚跳。

(4) 急停：跨步急停、跳步急停。

(5) 转身：前转身、后转身。

(6) 跨步：同侧步、异侧步。

(7) 滑步：侧滑步、前滑步、后撤步。

(8) 攻击步。

(二) 移动技术分析

1. 基本站立姿势和起动

运动员在球场上需要保持一个既稳定又便于移动的站立姿势，即基本站立姿势。基本站立姿势有利于迅速、协调地去完成各种攻守技术。

(1) 基本站立姿势：双脚自然开立，稍屈膝，重心落在双脚之间，上体稍前倾而放松，双眼注视全场。

(2) 起动：运动员在场上由静止状态变为运动状态并获得位移初速度的一种起始动作。在攻防中突然起动是摆脱对手和抢占有利位置的重要方法。向前起动时，上体迅速前移，后脚用力蹬地并前移身体重心，起动后，前两三步应短促迅速，并配合手臂的快速摆动；向侧面起动时，异侧脚前掌用力蹬地，上体侧转 (脚尖指向迈进方向)，并向跑动方向移动重心，手臂协调摆动。

2. 跑

(1) 侧身跑：比赛中队员为了抢位和接球，以及更好地观察场上的情况而经常采用的一种方法。向前跑动时，脚尖指向跑动方向，头和上体自然地转向有球方向。

(2) 变速跑：队员在跑动中利用速度的变换来完成攻守任务的一种争取主动的方法。加速时，利用双脚突然短促而有力地连续蹬地，上体前倾，加快跑的频率，手臂相应地摆动配合；减速时，脚前掌用力抵地减缓向前的冲力，同时上体直起，步幅放大，降低跑速。

(3) 变向跑：队员在跑动中突然改变方向或速度来摆脱防守或堵截进攻的一种方法。从右向左变向时，右脚前脚掌内侧用力蹬地，脚尖内扣，上体向左倾斜，移动重心，左脚向左前方跨出迅速超越；从左向右变向时动作相反。

(4) 后退跑：队员为了观察球场上的攻守情况，背对前进方向的一种跑动方法。后退跑时，用双脚的前脚掌交替蹬地向后跑动，同时上体放松挺直，双臂屈肘配合摆动，保持身体平衡，双眼平视，观察场上情况。

3. 跳

跳是队员在场上争取高度和远度的一种动作方法。队员掌握跳跃的动作要领，有利于提高跳跃的高度和远度，可以加强对球的控制，以便获得更有利的进攻和防守时机。

(1) 双脚跳：准备起跳时，双脚开立，屈膝下蹲，上体稍前倾，双臂弯曲后摆。起跳时双脚快速用力蹬地，伸膝提腰向前上方摆臂，使身体向上腾起。身体在空中自然伸展，维持平衡。落地时用前脚掌先着地，并屈膝缓冲下落的重力，迅速恢复身体平衡，以便做下一个动作。双脚跳多在原地进行。

(2) 单脚跳：起跳时，踏跳腿微屈前送，用脚跟先着地制动并迅速屈膝过渡到前脚掌用力蹬地，同时提腰摆臂，另一腿快速上抬。当身体达到最高点时，摆动腿自然下放，与起跳腿并拢。落地时双脚要屈膝缓冲身体重力，保持平衡。单脚跳多用于跑动中。

4. 急停

急停是队员在跑动中突然制动的一种动作方法，它也是随时转换和衔接各种脚步动作的过渡动作。能否掌握好急停动作直接影响到其他脚步动作的质量。

急停动作分跨步急停和跳步急停两种。

(1) 跨步急停：当队员在快速跑动中需要急停时，先向前跨出一大步，用脚跟着地并过渡到前脚掌抵住地面，迅速屈膝，腰胯用力，重心在双脚之间，双臂自然张开，保持身体平衡。

(2) 跳步急停：在跑动中，用单脚或双脚起跳 (离地不要太高)，上体稍后仰，双脚同时落地，屈膝降重心，保持身体平衡，重心放在双脚上，以便任何一脚做轴迅速起动。

5. 转身

转身是队员以一只脚作为中枢脚，另一脚用力蹬地，使身体旋转，借以改变身体方向的一种脚步动作。它分前转身和后转身两种。

(1) 前转身：移动脚向中枢脚前方跨步旋转，从而改变身体方向。其动作方法是：双膝微屈，上体稍前倾，重心落在双脚之间偏前脚掌上，向左转身时，左脚为中枢脚，重心移到左脚并用前脚掌为轴用力碾地，同时右脚用力蹬地，以肩带腰向左转动；向右转身时动作相反。

(2) 后转身：移动脚向中枢脚后方撤步转动，从而改变身体方向。其方法类同前转身，只是方向相反。转身时，身体重心要保持水平转动，不要上下起伏。转身后，保持身体平衡，以便衔接下一个动作。

6. 跨步

跨步是在基本姿势的基础上，以一只脚为轴，另一只脚向侧或前方跨出的技术方法，包括同侧步和异侧步两种。跨步时，双腿屈，重心降低，做轴脚的跟腱提起，用力蹬地，另一侧脚向身体侧方向或前方跨出，跨出后要控制好身体的重心，以便衔接下一个动作。

7. 滑步

滑步是防守时的一种主要移动方法。常用来堵截对方的移动路线，调整自己的防守位置。下面介绍侧滑步、前滑步和后撤步三种。

(1) 侧滑步：双脚平行站立，双膝较深弯曲，上体微前倾，双臂 (根据进攻者的情况) 张开。向左侧滑步时，左脚向左跨出一步落地的同时，右脚前脚掌内侧迅速用力蹬地，紧贴地面跟随左脚滑动，双脚保持一定距离。向右侧滑步时，动作相反。滑步时身体不要上下起伏，重心保持在双脚之间。

(2) 前滑步：动作的结构和用力过程与侧滑步相同，只不过滑行方向和用力不同。

(3) 后撤步：队员在防守时变前脚为后脚的一种起步方法。撤步时，用前脚掌内侧蹬地，腰部用力向后转体，前脚后撤，同侧臂后摆，同时后脚的前脚掌碾地，当前脚后撤着地后，紧接滑步，保持合理的防守姿势和位置。

8. 攻击步

攻击步是防守队员突然前窜，进行抢球、打球或破坏对方接球、传球、投篮等攻守行动的一种动作。做攻击步时，后脚要猛力蹬地，前脚突然向前跨出逼近对手，重心放在前脚上，用前脚同侧的手臂干扰对方。

二、传、接球技术

传、接球技术是篮球比赛中进攻队员之间有目的地转移球的方法，是进攻队员在场上相互联系和组织进攻的纽带,是实现战术配合的具体手段,也是比赛中运用最多的一项技术。

传、接球是传球动作和接球动作相结合，由两个队员共同完成的配合技术。接球是持球进攻的基础，只有接好球才能完成其他进攻动作。

（一）传、接球技术分类

传球的动作方法很多，基本的传球方式有双手胸前传球，单手肩上传球，单、双手反弹传球，单手体侧传球，头上传球。接球动作也有两种：双手接球和单手接球。

（二）传、接球技术要点

1. 双手胸前传球

传球由持球和传球动作组成。

动作要领：

在双手持球的基础上，双臂弯曲，肘关节下垂，持球于胸腹之间，肩、臂、腕肌肉放松。传球时，后脚蹬地，身体重心前移，同时双臂前伸，手腕由下向上翻转，拇指下压通过食、中指用力弹拨将球传出。出手后，手心向下，手指指向传球方向，如图 6-1 所示[①]。

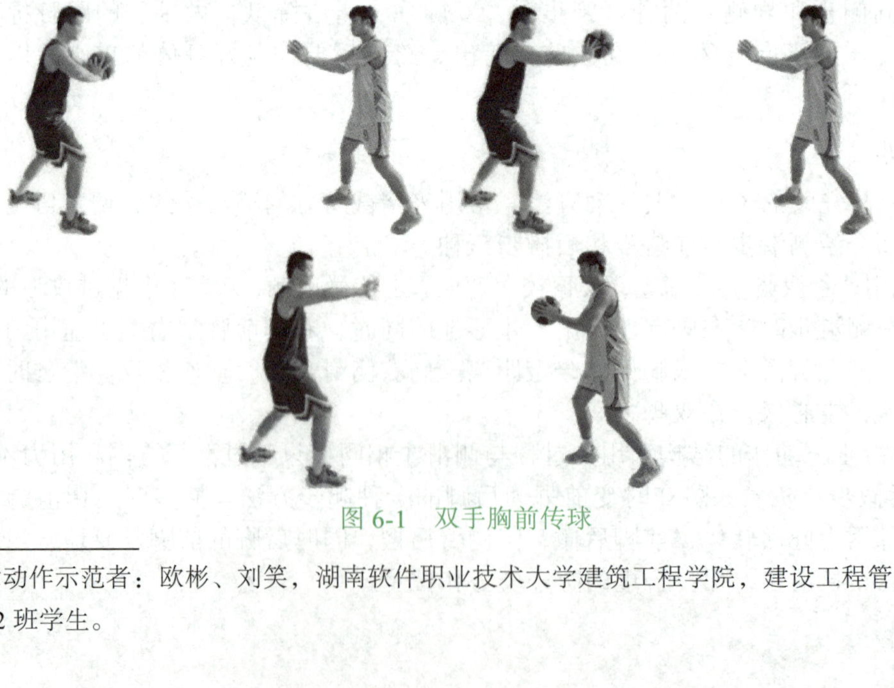

图 6-1　双手胸前传球

① 本章动作示范者：欧彬、刘笑，湖南软件职业技术大学建筑工程学院，建设工程管理专业 2102 班学生。

2. 单手肩上传球

一种常用于中、远距离的传球方法。特别在抢到后场篮板球或掷后场界外球发动长传快攻时运用最多。

动作要领：

在单手高手持球的基础上，右手传球时，左脚向传球方向跨出半步，使左肩对着传球方向，同时将球引到右肩上方，右手持球的后下方。出球时，右脚蹬地的同时转体带动上臂，肘领先，迅速地向前挥臂，手腕前屈，由食、中指拨球将球传出，如图 6-2 所示。

图 6-2　单手肩上传球

3. 单、双手反弹传球

反弹传球是一种最常用的近距离隐蔽式传球方式，方法很多，如单手体侧，单、双手胸前，单手背后等。反弹传球的动作与其他传球相同，只是改变了传球时的用力方向和击球点。传球时出手的用力是向前下方，击地点应在传球人距离接球人 2/3 处，球弹起的高度一般在接球人的腹部为宜，如图 6-3 所示。

图 6-3　单、双手反弹传球

4. 单手体侧传球

动作要领：

将球移至右手引到身体右侧，出球前一刹那，持球手的大拇指在上，掌心向前，手腕后屈，出球时前臂向前做弧线摆动，当球摆过身体右前方时，迅速收前臂，用手腕、手指的力量将球传出，如图 6-4 所示。

5. 头上传球

动作要领：

瞄准接球者的头部以上部分，双手持球两侧于头顶，后脚蹬地，以腰为轴，上半身后仰向前发力，手指手腕要进行拨球来控制球的高度和方向，如图 6-5 所示。

图 6-4　单手体侧传球

图 6-5　头上传球

三、投篮技术

投篮技术是进攻队员为了将球从篮圈上面投入篮筐而采用的各种专门动作方法的总称。它是篮球运动的主要进攻技术，是唯一的得分手段。因此，投篮技术掌握得好坏，对比赛胜负起着决定性的作用。

(一) 投篮技术分类

(1) 原地投篮：双手胸前投篮、双手头上投篮、单手肩上投篮、单手头上投篮。

(2) 行进间投篮：单手肩上投篮、单手低手投篮、双手低手投篮、反手投篮、勾手投篮。

(3) 跳起投篮：原地跳起投篮、急停跳起投篮、转身跳起投篮。

(4) 补篮：双手补篮、单手补篮。

(5) 扣篮。

(二) 投篮动作要点

投篮动作包括持球方法、准备姿势、瞄准点、出手动作、球的旋转和抛物线。

1. 持球方法

持球是完成投篮动作的前提，其方法分单手和双手两种。

(1) 单手持球法的动作要领：以原地单手肩上投篮为例。由双手持球开始，右手投篮时，五指自然分开，用手掌外沿和指根以上部位托住球的后下方，手心空出，手腕后仰，球的重心落在食指和中指之间，肘关节自然下垂，将球置于同侧肩的前上方，左手扶住球的侧下方。

(2) 双手持球法的动作要领：以原地双手胸前投篮为例。双手五指自然分开，握球的两侧稍后部位，两拇指成八字形，掌心空出，手腕放松，双肘自然下垂，肩关节放松，将球置于胸前。

2. 投篮准备姿势

首先，要使身体各部分处于开始工作的适度紧张状态；其次，要维持身体重心使其处于便于投篮动作开始的高度和位置；第三，要使身体便于由投篮转换为其他技术动作。因此，进攻队员接球后，必须面向篮圈并抢占有利投篮位置，保持能投篮、能传球、能运球的进攻姿势。

3. 瞄准点

瞄准点是投篮时的目标注视点，是提高投篮命中率的重要环节。投空心篮时，通常是瞄篮圈离自己最近的一点，其优点是有实体目标；投碰板篮时，一般是投篮角度越小，距离越远，则弧度越高，碰板点越高；反之，越近则弧度越低。

4. 出手动作

出手动作指投篮时球最后出手的动作，是完成投篮的最后一个环节。这一环节对于球是否中篮具有决定性的作用。因为手腕用力、手指前屈、指端拨球，直接影响着球飞行的方向、出手角度、入篮角度和球的旋转。

5. 球的旋转

球离手后能正确地旋转，使球沿着正确的方向飞行，有助于提高命中率。球旋转的方向和速度取决于手指、手腕的动作。一般情况下，球在空中飞行大都沿着球的横轴向后旋转，向后旋转的球不但有助于保持球飞行的稳定性，而且由于球的上、下面所受的空气压力不同(球的下方气流速度慢、压强大，将球向上托)，所以，带有后旋的球，有助于加大球飞行的弧度。另外，向后旋转的球碰到篮圈时，球的反弹方向是向下的，所以较易中篮。在篮下侧面碰板投篮时，应使球向侧旋转；行进间单手低手和双手低手投篮时，应使球向前旋转。

6. 抛物线

篮球出手后在空中飞行的路线为抛物线。抛物线分低、中、高三种。实践证明中抛物线是最理想的。因为中抛物线大致与篮板上沿在一条水平线上，球篮的大部分暴露在球的下面，易命中。但是由于投篮的距离、人的高度和跳起的高度不同，加之防守的干扰，投空心篮和碰板篮的不同，投篮的弧线就有所不同。最好的弧线应该既能控制球飞行的路线，又适合球进篮的角度。

上述投篮各要素是相互影响、相互促进和相互制约的，只有合理地组合起来，才能体现一个完整的投篮技术。

(三) 投篮技术动作要领

1. 原地投篮

(1) 双手胸前投篮的动作要领：双手持球于胸前，肘关节自然下垂，双脚前后自然或左右开立，双膝微屈，重心落在双脚之间，目视瞄准点；投篮时双腿蹬地，腰腹伸展，双臂向前上方伸出，前臂内旋，两手腕同时外翻，拇指下压，使球通过拇指、食指、中指端投出。球出手后，脚跟提起，腿、腰、臂随出球方向自然伸展，如图 6-6 所示。

图 6-6　双手胸前投篮

(2) 单手肩上投篮的动作要领：右手投篮时，右脚在前，左脚稍后，双膝微屈，重心落在双脚之间。右手五指自然分开，手腕后屈持球于右肩上，左手扶球的侧下面；投篮时下肢蹬地发力，身体随着向前上方伸展，同时抬肘伸臂，用手腕前屈和手指拨球动作，使球柔和地从食指、中指端投出。球离手时，手臂要随球自然跟送，脚跟微提起，如图 6-7 所示。

图 6-7　单手肩上投篮

2. 行进间投篮

(1) 单手高手投篮的动作要领：以右手投篮为例，右脚跨出一大步的同时接球，接着左脚跨出一小步并用力蹬地起跳，右腿屈膝上抬，同时举球至头右侧，腾空后上体稍后仰，当身体接近最高点时，右臂向前上方伸直，手腕前屈，食、中指用力拨球，通过指端将球投出。

(2) 单手低手投篮是在快攻中和突破防守切入篮下时最常用的一种方法。动作要领：以右手投篮为例，跑动步法与单手高手投篮基本相同，只是在接球后的第二步要继续加快速度，向前上方起跳，右腿提膝，双手向前上方举球，当身体接近最高点时，左手离球，右手掌心向上，五指自然分开托球的下部并充分向球篮的方向伸展，接着屈腕，食指、中指用力拨球，使球向前旋转从指端拨出。

3. 跳起投篮

(1) 原地跳起单手投篮起跳前的姿势与原地单手投篮相同，不同的是起跳后在空中完成投篮动作。动作要领：起跳时，双腿迅速屈膝用力蹬地向上起跳，同时双手举球至额前上方，右手托球，左手扶球的侧下方。当身体接近最高点时，保持身体平衡，左手离球，右臂向前上方伸直，手腕前屈，食指、中指用力拨球，通过指端将球投出。落地时，屈膝缓冲，准备下一个动作。

(2) 运球急停跳投的动作要领：在快速运球中，突然运用跨步或跳步急停，向上起跳，同时双手持球上举，当身体接近最高点时，伸前臂，屈手腕，食指、中指用力拨球将球投出。

四、运球技术

持球队员用单手连续按压和迎引从地面反弹起来的球，称为运球。运球技术是篮球运动中主要的基本技术之一，它是队员控制、支配球和组织战术配合及突破防守的重要手段，是个人攻击的有效方法，也是组织全队进攻战术配合的重要桥梁。

（一）运球技术分类

运球技术包括高运球、低运球、运球急停急起、体前变向换手运球、体前变向运球、背后运球、运球转身、胯下运球。

（二）运球技术要点

运球技术的要点由队员的身体姿势、手型、手按压球的动作和球的运行及落点等环节组成。

动作要领：

(1) 身体姿势：双脚前后开立，双膝微屈，上体稍前倾，屈肘抬头，非运球手臂屈肘保护。

(2) 手型：五指自然分开，用手指根以上部位触球，掌心空出，手腕放松。

(3) 手按压球的动作：以肘关节或肩关节为轴，带动臂、腕、指主动按压和迎引从地面反弹起来的球。

(4) 球的运行：球的运行方向和速度取决于按压球的部位与力量。按压球的部位不同，球向地面的入射角和从地面反弹起来的反射角也不同；按压的力量不同，球从地面反弹起来的高度和速度也不同。

(5) 球的落点：运球时要控制球的落点，使球完全保持在自己所能控制的范围内，以便利用自己的身体、手臂、腿来保护球；如运球向前推进时，球的落点应控制在身体的侧前方，并保持适当的距离，以免脚踢到球。在对手紧逼防守时，应使球远离对手，采用身体侧对防守的运球方法，将球的落点控制在身体的侧后方。

（三）运球技术的动作方法

1. 高运球

动作要领：

双腿微屈，上体稍前倾，抬头平视，以肘关节为轴，带动臂、腕，手指柔和有力地按压球的后侧上方；球的落点在运球手臂的同侧脚的外侧前方，球的反弹高度在胸腹之间，手脚配合要协调。高运球一般在队员由后场向前推进并无防守阻挠时运用，如图 6-8 所示。

2. 低运球

动作要领：

运球中对方紧逼时，双腿迅速弯曲，降低重心，上体前倾，用手腕和手指短促按拍球的后上方，使球落点在体侧，球的反弹高度在膝关节处，并注意用肩、臂、腿保护球。低运球一般在遇到防守堵截时运用，如图 6-9 所示。

图 6-8　高运球

图 6-9　低运球

3. 运球急停急起

动作要领：

运球急停时，要采用跨步急停，屈膝降重心，同时按拍球的前上方，转入低运球，用手臂、身体和腿保护好球；急起时，后脚用力蹬地，上体快速前倾起动，按拍球的后侧上方，人、球同步快速前进，超越对手。运球急停急起一般运用于对手紧逼时，利用节奏的变化来摆脱防守。

4. 体前变向换手运球

动作要领：

以右手运球为例，从右向左变向突破时，按压球的右后上方，使球经体前右侧反弹至左侧前方，右脚向左脚前方跨出，上体左转侧看，以臂、腿、上体保护球，同时换左手按压球的后上方，左脚跨出并用力蹬地突然加速。体前变向换手运球一般运用于对方紧逼时，利用突然改变运球方向加速来摆脱防守，如图 6-10 所示。

图 6-10　体前变向换手运球

还有几种常用运球动作如单手前后运球、单手左右运球、背后运球，如图 6-11 ～图 6-13 所示。

图 6-11　单手前后运球

图 6-12 单手左右运球

图 6-13 背后运球

五、持球突破技术

持球突破技术是持球队员将脚步动作和运球技术相结合来快速超越对手的一项攻击性很强的进攻技术。若突破技术能与传球、投篮、假动作等结合起来运用，其攻击性和灵活性就更加显著。

（一）持球突破技术要点

持球突破技术由蹬跨、转体探肩、推放球和加速等四个环节组成，这几个动作几乎是在同一时间完成的。

动作要领：

(1) 蹬跨：持球队员要从原地突然发挥出速度来，就必须依靠双脚积极有力地蹬地，同时上体要前倾，重心要前移，以此带动摆动脚迅速跨出。跨出的第一步要大一些，这样不仅可以缩小后蹬腿与地面的夹角，增加后蹬的力量，而且可能在第一步就超越对手。跨步时脚尖稍转向突破的方向，紧贴对手的身体，抢占有利的突破路线。第一步落地后中枢脚的膝关节要保持弯曲，以便第二步的蹬地加速。

(2) 转体探肩：在中枢脚开始后蹬和上体前倾的同时，要求转体探肩，其作用主要是加快突破的速度，用上体占据有利的空间位置，超越对手和保护球。

(3) 推放球：在蹬跨、转体探肩的同时，就迅速将球引向远离对手一侧的膝部高度，以便及时地放球。

(4) 加速：加速是突破技术的重要环节，在上述三个动作完成后，中枢脚用力蹬地对突破加速超越对手起着决定性的作用。

（二）持球突破技术动作方法

1. 交叉步持球突破

动作要领：

以右脚做中枢脚为例，双脚左右开立，屈膝降低重心，持球于胸腹前；突破时，左脚前掌内侧迅速蹬地，上体稍向右转，左肩向前下压，左脚向右侧前方跨出，用右手将球放于右脚侧前方，然后左脚迅速蹬地加速超越对手，如图 6-14 所示。

图 6-14 交叉步持球突破

2. 顺步（同侧步）持球突破

动作要领：

以左脚做中枢脚为例，突破时，左脚前掌内侧用力蹬地，右脚迅速向右侧前方跨出一步，同时上体稍向右转侧身探肩，用右手推放球于右脚外侧偏前方，左脚前掌迅速蹬地跨步抢位，超越对手，如图 6-15 所示。

图 6-15 顺步（同侧步）持球突破

3. 跳步急停持球突破

动作要领：

跳步急停前，应根据同伴的传球以及自己与防守者所处位置的情况，随时做好向两侧或向前做跳步急停的准备，看到同伴传来球，应该迅速向来球方向伸臂迎球，同时一脚（侧向时用异侧脚）蹬地，双脚稍腾空，向侧方或前方跃出接球，然后双脚先后或同时着地。落地后，双腿屈膝，重心降低，保持身体平衡，保护好球，根据防守队员的位置和情况，迅速用交叉步或同侧步持球突破。

4. 后转身变向换手运球突破

动作要领：

后转身变向换手运球可以使队员在防守很紧的情况下摆脱防守队员。运球向前时，队员突然向另一侧后转身，背对防守队员，使身体保持在防守队员与球之间，再次正向前方，换另一只手来控球，如图 6-16 所示。

图 6-16　后转身变向换手运球突破

5. 胯下变向运球突破

动作要领：

胯下变向运球快速、隐蔽，可迷惑防守队员。当运球向前时，队员利用外侧脚蹬地，同时运球手对侧的腿快速向前跨出，将球从胯下变换至另一侧手，如图 6-17 所示。

图 6-17　胯下变向运球突破

6. 背后运球突破

动作要领：

进攻队员贴近防守队员后，快速将球在背后换至另一只手运球，如图 6-18 所示。

图 6-18　背后运球突破

六、防守技术

防守技术是指防守队员合理地运用各种防守动作，积极抢占有利位置，阻挠和破坏对手进攻，以争取控球权为目的的一种动作方法。积极防守可以阻止对手在有效的攻击区内接球，即使对手勉强接到球，也要使他处于不利的位置。严密的防守不仅能堵截对手运球突破，封锁其助攻传球，而且还能干扰和破坏其投篮，给对手投篮得分造成极大的威胁，如图 6-19 所示。

图 6-19　防守技术

防守技术动作要领：

（一）位置与距离的选择

一般来说，防守队员应站在对手与球篮之间的有利位置上。根据球所在的位置，若对手离篮近则离对手近些，对手离篮远则离对手远些，采取错位防守，与对手保持适当的距离，防止对手接球和突破。

（二）选择正确的防守姿势

面向人侧向球的站位：一般当球在近处紧逼对手时采用。防守时，身体面向对手，用眼睛的余光注意球，与前脚同侧的手前伸，切断对手的接球路线；离球远的手臂弯曲，靠近对手，屈膝降重心。眼睛既要看到人，又要能兼顾球，利用上步、滑步、撤步、交叉步、碎步跑等脚步动作，抢占有利的防守位置，堵截其移动路线，不让对手到有利的位置上接球。

侧向人面向球的站位：一般当球在远处时为了人球兼顾而采用。防守时，身体正面向球，用眼睛的余光注意对手的活动情况。

七、抢篮板球技术

比赛中双方球员在空间争夺投篮未中、从篮板或篮圈上反弹出来的球，称为抢篮板球。篮球比赛中，抢得篮板球是获得控球权的重要手段，是增加进攻次数发动快攻的重要保证，是攻守矛盾转化的关键。

（一）抢篮板球的技术要点

(1) 观察判断：正确地判断对手投篮的位置、时间、距离、球的反弹方向和落点是能否获得篮板球的关键。篮板球的反弹方向、距离和落点，与投篮方向、距离、弧度、力量有很大关系。一般篮板球反弹的规律是：投篮距离与反弹距离成正比，投篮距离远，反弹距离远，投篮距离近，反弹距离近；在球篮一侧 45 度角区域投篮时，大多数球反弹到另一侧 45 度角区域或反弹回来；在底线一侧的零度角区域投篮时，大多数球反弹到另一侧零度角区域或反弹回来；在中间地区投篮时，球多是反弹在限制区附近。以上是篮板球反弹的一般规律，在比赛中还要根据当时的情况做出判断及时抢占有利位置。

(2) 抢占位置：无论是抢进攻篮板球还是抢防守篮板球，都应抢占对手与篮之间的有利位置，要用转身挡人和跨步摆脱对手抢位，做到转、挡、靠、贴一气呵成。

抢防守篮板球多用转身挡人抢位，把对方挡在身后；抢进攻篮板球多用跨步摆脱对手抢位。抢位时，先向一侧跨一步，错开对手之后快速向另一侧横插步把对手挡在身后。

(3) 起跳动作：力争手与球在最高点相遇，这是抢到篮板球的关键。起跳前，双膝深屈，上体稍后仰，双臂屈肘，举手体侧以占据空间，双脚用力蹬地，双臂上摆，腰腹协调用力，身体充分伸展，准备抢球。

(4) 获球后的动作：进攻队员抢到篮板球后，首先补篮或继续投篮，如无机会，应将球传给同伴组织再进攻。防守队员抢到篮板球落地后，应迅速传出或运球突破。

无论防守或进攻队员，抢到篮板球落地时，都应双膝弯曲，双肘外展，护球于胸腹间，并迅速衔接其他进攻动作。

(二) 抢篮板球的动作方法

1. 双手抢篮板球

动作要领：

身体在空中应充分伸展，尽量扩大制空范围，双臂伸向球落点的方向，当指端触到球的刹那，双手用力握球，腰腹用力，迅速屈臂将球拉至胸前部位，双肘外展保护球。

2. 单手抢篮板球

动作要领：

在空中身体要充分伸展，近球一侧的手臂要尽量向球伸出，当手指端触及球时，应迅速屈指、屈腕、屈肘及臂，将球拉至胸前，另一只手迅速扶球，双手将球握住。

3. 点拨球

动作要领：

点拨球的技术与单手抢篮板球方法相似，只是运用指端将球点拨给同伴或是挑拨到便于自己获球的位置。其优点是触球点高，可以直接补篮和缩短传球时间，但稳定性和可靠性差，易失误。

第三节　篮球运动的基本战术

篮球运动的战术是比赛中队员之间有目的地协同配合的组织形式，有基本的落位布阵、移动路线、攻守点面和特定的变化规律等。

一、进攻战术与防守战术的基本配合

(一) 进攻战术的基本配合

简单的两三个人间的传切、掩护、策应、突分的配合是组成全队进攻战术的基础，这些配合在半场和全场都可以使用。

只有熟练地掌握和运用进攻战术基础配合，才能使全队战术有效地发挥作用。

1. 传切

传切是指进攻队员利用传球和切入技术组成的配合，指进攻队员把球传给同伴后，利用快速起动、改变方向及身体虚晃等假动作摆脱防守队员，切入篮下接球投篮的一种简单的进攻方法。

2. 掩护

掩护是指以合理的移动用身体挡住同伴防守人的移动路线，使同伴摆脱防守。

掩护的技术动作：掩护时，面向被掩护同伴的防守队员，双脚自然分开，双腿微屈，上体稍前倾，这样可以扩大掩护面积。掩护的面积愈大，防守队员绕过防守就愈困难，掩护就愈容易成功。但面积大，必须有利于掩护后做进攻的跟腿动作。掩护队员位置应在被掩护同伴的防守者的防守移动路线上，掩护的瞬间身体是静止不动的，距离不宜过近或过远。过近容易冲撞对方造成掩护犯规，过远易让防守队员穿过防守，造成掩护不成功。当掩护动作完成后，应根据场上当时情况切换到下一步战术，如对方作交换防守时，立即后转身向篮下切入接球上篮。掩护的配合，包括选择时机、掩护位置、摆脱切入路线、传球及时、转身跟进及切分配合等。若某一环节配合不好，掩护就完成不好。

掩护的方法分为前掩护、后掩护、侧掩护、定位掩护、反掩护、双人掩护等。

掩护多用于突破人盯人防守。防守愈紧，掩护愈容易成功。

3. 策应

策应是指内线队员背对篮或侧对篮接球后，与同伴的空切或绕切相结合，以摆脱防守，制造各种进攻机会的一种配合形式。

策应的应用范围较广，在阵地进攻中采用较多。如果对方采用全场紧逼盯人防守，可在中场或圈顶一带进行策应。有时甚至在后场就利用策应配合来突破防守。总之，策应的范围应根据本队战术和防守情况而定。

策应配合的关键与要求：策应前要注意及时抢占有利位置；视野要广，能知道队友及防守队员的跑动情况，以便及时传球；注意防守队员抢球或打球，用身体和持球晃动动作保护球；根据不同情况运用不同的传球方式。

4. 突分

进攻队员持球或运球突破，遇到对方协防时，及时将球传给插入防守空隙地带接应的同伴，这种突破中根据情况及时传球的配合叫突分配合。突分配合主要用于对方采用缩小盯人和松动盯人防守技术，而己方外围投篮又不准的情况下使用。

突分配合的关键与要求：队员在突破过程中，要随时注意观察攻守队员的位置变化，做好投篮或分球的两种准备，上篮动作必须逼真，才能真正吸引防守，便于分球。其他进攻队员则要在持球同伴突破的一刹那，及时摆脱防守，占据有利位置，以便接球投篮；如遇到一般性的防守，要争取篮下强攻，造成杀伤力。

(二) 防守战术的基本配合

防守战术是指两三个防守队员之间采用协同防守的方法，包括挤过、绕过、交换防守、关门、夹击、协防等防守配合。

(1) 挤过配合：防守队员在掩护队员临近自己时，积极向前迈出一步，贴近自己的防守对手，从掩护队员前挤过去，继续防守自己的对手。

(2) 绕过配合：在松动盯人或对手无投篮威胁时采用。

(3) 交换防守配合：防守队员之间在进攻队员掩护的一刹那，进行换人防守，以破坏进攻的掩护配合。

(4) 关门配合：邻近的两个防守队员协同防守对方突破的配合。

(5) 夹击配合：指运球队员向边角运球或在边角停球时，邻近的防守队员突然上前封堵传球角度，限制持球队员的正常传球路线和活动范围，并组织断球，造成对方失误或违例的防守配合。

注意：要选择合适的夹击区域，如边线、边角、边线和中线的夹角区域；要尽量挥动双臂封堵对方的传球路线，不要因为急于抢球而造成不必要的犯规；其他队员要迅速补位，将强侧进攻队员防住，果断放掉弱侧对手。

(6) 协防配合：指防守队员失去防守位置，进攻队员运球突破或空切在篮下，有可能直接得分时，临近的防守队员立即放弃自己的对手，进行协助防守。协防时，要注意动作要迅速、果断，其他防守队员也要观察突破队员的分球意图，以便及时抢占有利位置争取断球。

二、全队进攻战术与防守战术

(一) 全队进攻战术

1. 快攻

快攻是以最快的速度、最短的时间超越对手，创造以多打少优势的一种战术。快攻的路线有交叉、直线等，组织形式有长传快攻、短传快攻和结合运球突破快攻几种。快攻战术结构一般分发动、推进、结束三个阶段。

发动快攻的机会有抢篮板球、断球、掷界外球和跳球几种。

(1) 发动。能否打成快攻，往往取决于能否及时发动。从防守获球后，全队应全速快下，持球队员应首先观察前场快下的队员，抓住战机及时长传，组织长传快攻；不能长传时，接应队员应迅速选位接第一传，转入推进。接应方法有固定地区固定队员接应、机动接应两种。

(2) 推进。当接应队员接球后，其他队员应根据自己的跑动路线，全速跑向前场。接应队员运用短传或快速运球加快中场推进速度，超越中场的防守队员。

(3) 结束。结束部分是快攻的最后部分，也是最重要的部分。结束部分有三种情况：一是无队员防守；二是防守队员少于进攻队员；三是攻守队员人数相等。进攻队员要根据对方防守队员人数情况，利用有利时机，采用合理的进攻配合方法。

对于任何进攻方式，都要做到传球方式多、传球及时，投篮方式也要根据不同防守位置多种多样，在保证传球质量的基础上，力求提高投篮命中率。

2. 阵地进攻

当防守队员已布好防守阵型后，进攻队员则进入阵地进攻。进攻队员的落位阵型要根据攻守双方的特点来决定，常用的有 2—3 阵形、1—3—1 阵形、2—1—2 阵形、1—2—2 阵形，如图 6-20 所示。

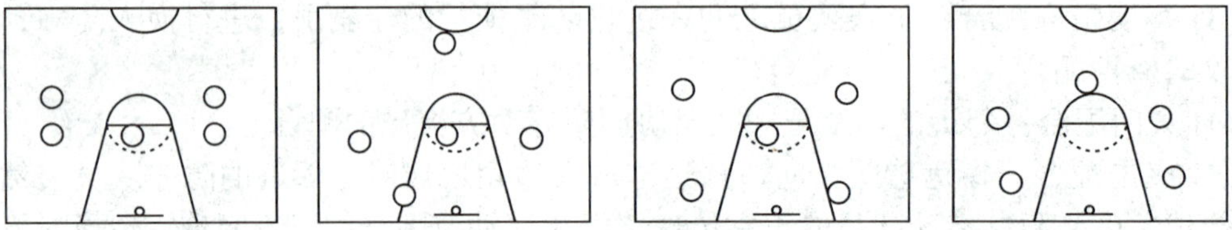

图 6-20 进攻落位阵型

进攻区域联防的基本要求：加快外围倒手传球，迫使对方反复移动出现漏洞；攻击防守薄弱区，如人力少的区域或防守差的区域；加强中远距离投篮，拉大攻击距离，扩大防守区域；加强中区及底线的背向（指防守队员身后）穿插；在对方还没有组织好防守阵型之前采用快攻，一举而攻破；合理地运用掩护投篮。

（二）全队防守战术

1. 防守快攻

防守快攻是篮球防守战术的重要组成部分。它能制约对方的进攻速度，为本队组织防守争取时间，使对方没有和少有抢断球和掷界外球发动快攻的机会。其主要作用有：

(1) 提高进攻成功率。

(2) 封堵快攻第一传，有组织地堵截第一传是防止快攻的重要手段。

(3) 紧逼接应队员，干扰、破坏其枢纽作用，造成其传球失误，或延误传球时间，以便使防守队员迅速退回。

(4) 退守时应注意先卡两边，对先下队员及时防住，防止长传偷袭。

(5) 提高以少防多的能力，如一防二、二防三的防守能力。

2. 半场人盯人防守

半场人盯人防守是篮球运动中各种防守战术的基础。它的特点是：在预先分工盯人的基础上，以球为主，人球兼顾，分工明确，针对性强，能加强队员的责任感，发挥队员的积极性，并根据对方进攻情况，及时调整位置，有效地控制对方进攻重点。

原则：根据对手、球篮、球来选位置。近球紧，远球松，随时抢占有利位置，破坏对方进攻配合，加强防守的集体协作。

半场人盯人防守可分为缩小盯人防守和扩大盯人防守两种形式。这两种战术形式都是在个人防守的基础上，运用各种防守基础配合而组成的。运用时，可视对手情况来确定采用哪一种防守形式。

半场缩小人盯人防守是控制在 5 ～ 6 米防区内的集体防守方法，一般用于对方外围中远投不准而内线攻击较强的队，它有利于保护篮下和争夺篮板球。

半场扩大人盯人防守是一种扩大控制在 7 ～ 8 米防区内的集体防守方法，一般用于对方中远投较准、个人突破能力及内线攻击较弱的队，它能起到打乱对方进攻部署的作用。

3. 区域联防

区域联防是防守队员退回后场，每个队员负责一定区域，并把每个区域有机地联系在一起的集体防守战术。要求队员协同一致，积极随球移动，加强有球一侧的防守，相互补位，封堵断抢。对付个人突破能力强、内线威胁大的队可采用此战术。

区域联防的站位队形是固定的，常用的有 2—1—2、2—3、3—2 和 1—3—1 联防形式。形式虽多，但最常用、最基本的是 2—1—2 联防，因为这种形式下，队员分布均匀，便于协防。

篮球运动中的防守和进攻是相互制约又相互促进和共同提高的。现在国内外一些强队运用的区域联防已扩大了控制区域，具有针对性和综合性的特点，已发展成为轮转式的、带紧逼和夹击的、攻击性较强的综合性防守战术。

4. 全场区域紧逼

这种战术综合了区域联防和人盯人防守两种战术的优点，在于全场每个防守队员既有区域分工，又体现紧逼盯人、协同进行堵截、夹击、抢断等攻击性的整体防守效果。

采用全场区域紧逼防守，一般用于对方速度、灵活性和体力较差而进攻速度较慢、突破能力较弱、篮下攻击力较强的情况。在比赛开局先发制人，在比赛结局时扩大战果，或挽回败局时运用全场区域紧逼防守也会取得较好的效果。

全场区域紧逼防守的形式有 1—2—1—1、1—2—2、2—1—2、2—2—1 等。在运用时，队员只要前后左右移动位置，就可变成其他类型的防守阵形。

1—2—1—1 形全场区域紧逼多用于本队投中或罚中后，对方在端线外发球时，全队迅速进入各自分工区域紧逼对手，球发进场后要围追、堵截、夹击、抢断，迫使对方 5 秒违例，利用中线、边线迫使对方球回后场或出界，给对方造成心理上的压力。

篮球运动竞赛规则

第七章 足球运动

学习目标

- 了解足球运动的起源及健身价值
- 学习足球运动的基本技术和基本战术
- 掌握足球运动的练习方法
- 了解足球比赛规则及裁判法，能够从不同角度欣赏足球赛事

课程思政点

玫瑰绽放

水庆霞曾经是女足队员，自2021年起担任中国国家女子足球队主教练，2023年当选全国人大代表。2022年，她和女足队员们一起时隔十六年重夺了亚洲杯冠军。

水庆霞17岁开始参加足球训练，与足球结缘已有40余年。无论是作为球员还是教练员，都经历了太多的感动。1996年亚特兰大奥运会是中国女足首次进入奥运会，作为运动员，水庆霞与队员们一起经受了考验。在对阵巴西队的半决赛前，全队开了动员会，面对五星红旗宣誓："为国家荣誉而战"。当时所有队员都有一种想到战场上冲锋陷阵的感觉。比赛开始后，中国队1∶0领先，到下半场却被对手反超。此时所有队员都没有放弃，奋力拼搏，最后顶住压力，以3∶2取得逆转进入了决赛，最终获得亚军。当五星红旗在领奖台上升起，作为一个中国人，我们无不感到自豪和骄傲。

2022年，水庆霞作为教练员再一次代表中国站在亚洲杯的决赛舞台上。在与韩国队的对抗中，上半场结束时中国队0∶2落后，中场休息时，水庆霞与教练组成员对场上的形势和数据进行了快速研判，觉得有机会也有可能打回来。所以，除了对技战术做一些调整和改变之外，更重要的是把一种心态和信心传递给运动员们。到休息室推开门时，看到队员们都低着头，情绪低落。水庆霞努力克制自己的情绪，和队员们说："今天国内的球迷都在电视机上看中国女足比赛，他们希望看到的是中国女足顽强拼搏的样子，所以，我们还有45分钟。都忘记上半场比赛，相信我们一定可以，一定可以打回来！"于是下半场时队员们积极进攻、防守、转换，激发出了应有的斗志，经过不懈努力，最终以3∶2逆转，夺得了亚洲杯冠军。

足球运动在广大人民群众当中有很大影响力，之所以大家喜欢把中国女足称为

铿锵玫瑰，主要因为她们身上有团结协作、勇于拼搏、永不言弃、永不放弃的精神。其实在祖国的各行各业、各个集体当中都有这样的精神，它会让我们更好地建设我们的祖国，让我们的祖国变得更加强大。对于中国女足来讲，更要处处体现和传承这种精神。

足球运动需要队员综合运用跑、传、射等技术动作进行密切的团队配合，队员要经常进行力量、速度、灵敏、耐力、柔韧等方面非常充分的训练。由于对抗强度大，足球运动除了能锻炼大腿、腰部等核心肌肉群外，还能增强人体心血管系统、呼吸系统等内脏器官的功能，进而促进人体的健康。

第一节　足球运动概述

足球运动是一项古老而悠久的体育活动，根据史书记载，远在 3000 多年前的殷商时期，我国就有了类似足球运动的“足球舞”。早在公元前 475—211 年的战国时代，有一种球类游戏称为“蹴鞠”，这就是我国早期的足球运动。所以说，足球的故乡是中国。1958 年 7 月，时任国际足联主席的阿维兰热来中国时曾表示：“足球起源于中国。”另外据说希腊人和罗马人在中世纪以前就已经玩一种足球游戏了。他们在一个长方形场地上，将球放在中间的白线上，用脚把球踢滚到对方场地上，当时称这种游戏为“哈巴斯托姆”。

现代足球的起源地在英国。19 世纪初，足球运动在当时的欧洲及拉美一些国家，特别是在英国已经相当盛行。但是直到 1848 年，足球运动有史以来第一个文字形式的规则《剑桥规则》才诞生。所谓《剑桥规则》，是在 19 世纪早期的英国伦敦，牛津大学和剑桥大学之间进行比赛时制定的规则。因为当时在学校里每套宿舍住有 10 个学生和 1 位教师，因此他们就每方 11 人进行宿舍与宿舍之间的比赛。现在的 11 人足球比赛就是从那时开始的。

1863 年 10 月 26 日，英国人在伦敦成立了世界上第一个足球运动组织——英国足球协会，并统一了比赛规则，人们称这一天为现代足球的诞生日。这次制定的规则共 14 条，它是现今足球比赛规则的基础。从 1900 年的第 2 届奥运会开始，足球被列为奥运会正式比赛项目，但不允许职业运动员参加。1904 年 5 月 21 日，国际足联在巴黎成立。1930 年起，每 4 年举办一次世界足球锦标赛（又称世界杯足球赛），取消了对职业运动员的参赛限制。从此，现代足球运动得到了日新月异的发展。

我国现代足球运动在 1949 年后得到了长足的进步和发展，1955 年中国足球协会成立，1956 年开始实行甲、乙级联赛，1994 年开始实行甲 A、甲 B 联赛。2004 年开始的中国足球超级联赛（简称“中超联赛”），是中国职业足球运动的顶级赛事。但是由于种种原因，我国的足球运动发展水平还远不尽如人意，因此还需要更多青少年的积极参与和广大从业人员的进一步努力，为尽快使我国足球运动进入世界强林之列作出贡献。

第二节 足球运动的基本技术

足球技术，就是运动员在足球比赛中所采用的合理行动和动作方法的总称。它是在比赛实践中逐步形成、发展和完善起来的。

随着足球运动的日益发展，足球技术不仅在内容上更加丰富，而且动作的难度也在不断提高。技术是完成战术配合的重要前提和保证。运动员只有熟练地掌握足球技术，才能在足球比赛中有目的地采取行动和正确地处理球，以达到战术的要求。而战术的不断发展和丰富，对技术又提出了更高的要求，因而又促进了技术的发展和提高。这就要求在教学、训练中必须加强对足球技术的训练，特别是青少年更应重视对足球技术的训练，这对迅速提高我国足球运动水平有着深远的意义。足球技术又分无球技术和有球技术两大类。

一、无球技术

无球技术是指运动员在比赛中，在不控球的情况下完成的各种技术动作。一场 90 分钟的足球比赛，扣除各种情况下的死球停止比赛时间外，仍有 60 分钟左右的纯比赛时间。据统计，在这么长时间里，即便是一名优秀的足球运动员，真正的控球时间也只有短短的 2 ～ 3 分钟，而其他时间却是在无球情况下活动的。无球技术主要包括以下几种。

（一）起动

起动是指运动员于静止或活动中突然加速快跑，占据有利空间或地域的一种技术。足球比赛中的起动在许多情况下是与各个技术动作紧密联系的，因此，突然快速的起动会为完成各项有球技术赢得有力的时间优势。

（二）急停和转身

急停是指快速运动状态突然转换成静止状态的一种制动方式。常见的急停方式有跨步急停和跳步急停。

转身是指利用脚步的移动和身体的转动来改变身体原来所处状态的一种方法。分为前转身和后转身两种。

（三）跳跃

跳跃是指运动员在比赛中为获得有利的空间位置而采取的一种腾空方法。一般采用单脚或双脚两种起跳方法。

（四）假动作

假动作是指在比赛中，为摆脱对方的紧逼或为抢夺对方控制的球，常用快速而逼真的身体虚晃动作，使对方产生错觉，做出错误的判断和动作，从而达到自己的预定目的。

二、有球技术

有球技术是指在快速和激烈对抗的条件下，最能体现完成攻守任务的技术。它是足球运动中个人技术的主要部分，是足球运动的主体。有球技术主要包括：踢球、停球、运球、头顶球、抢截球、掷界外球、守门员技术等。

（一）踢球技术

踢球是运动员有目的地用脚的某一部位把球踢向预定的目标。

踢球是足球技术中最重要的技术，在比赛中运用得最多。踢球时，要求动作熟练、灵活、快速、准确，用力要适当。比赛时，踢球主要用于传球和射门。

踢球的动作过程：踢球的方法很多，动作要领也有所不同，但是每一种踢法都是由助跑、支撑脚站位、踢球腿摆动、脚触球和踢球后的随球动作五个环节组成。这五个环节是整个踢球动作的统一过程。

1. 脚内侧踢球

脚内侧踢球的动作特点是触球面积大，可控性强，出球平衡准确，是短距离传球和射门常用的脚法。

动作要领：

直线助跑，支撑脚立于球侧 15 ～ 25 厘米处，膝微屈，踢球腿以髋关节为轴由后向前摆动，膝关节外展，脚尖稍翘，以脚内侧部位对准来球，当膝关节接近球体上方时，小腿加速前摆，击球刹那，脚跟前顶，脚型固定，用脚内侧部位击球的后中部，屈膝提起，如图 7-1 所示[①]。

图 7-1 脚内侧踢球

易犯的错误：身体重心过高或侧倾不够，影响运球变向；踢球动作不稳定，影响控球效果。

练习方法：

(1) 两人一组做原地模仿练习。

(2) 两人一组相距 10 米踢定位球。

(3) 两人一组行进间传球。

---

① 本章动作示范者：韩彦豪，湖南软件职业技术大学现代设计学院，广告艺术设计专业 2101 班学生。

(4) 射门练习。

2. 脚背正面踢球

脚背正面踢球的动作特点是踢球脚摆幅和脚背与球接触面相对较大，踢摆动作顺畅，踢球力量大，准确性较强。但出球的方向及性能相对缺乏变化。在比赛中经常使用脚背正面踢定位球、地滚球、空中球、反弹球及倒钩球。

动作要领：

直线助跑，最后一步稍大些，支撑脚积极着地支撑，在球的侧后面 10 ～ 12 厘米处，脚尖正对出球方向，支撑腿膝关节微屈，踢球腿随跑动向后摆动，小腿弯曲，支撑的同时踢球腿以髋关节为轴，大腿带动小腿由后向前摆动，当膝关节摆动至接近球的正上方时，小腿做爆发式加速摆动、脚面绷直、脚趾扣紧，以脚背正面击球的后中部，如图 7-2 所示。

图 7-2　脚背正面踢球

易犯的错误：

(1) 支撑脚选位不当，影响摆踢发力和击球效果。

(2) 击球刹那，脚型不稳，趾尖上挑，影响出球力量和方向。

(3) 踢球腿摆踢路线不直，出球方向不正。

练习方法：

(1) 两人一组做原地模仿练习。

(2) 两人一组相距 10 ～ 20 米踢定位球。

(3) 射门练习。

3. 脚背内侧踢球

脚背内侧踢球用第一跖骨与跖骨关节部位触击球的踢球方法，其踢摆动作顺畅、腿的摆幅大，且脚触球面积大，出球平衡有力，出球的方向富于变化，是中远距离射门和传球的重要方法。

动作要领：

斜线助跑，助跑方向与出球方向约呈 45 度角，最后一步稍大，以支撑脚底积极着地，脚尖正对出球方向，距球内侧后方 20 ～ 25 厘米，膝关节微屈；以髋关节为轴大腿带动小腿由后向前摆动，当大腿摆至与支撑腿接近同一平面，小腿做爆发式摆动，此时脚尖外转、脚面绷直、脚趾扣紧，以脚背内侧部位击球；击球后身体及踢球腿随球前移，如图 7-3 所示。

易犯的错误：

(1) 支撑脚的位置偏后，踢球时上体后仰，易把球踢高。

图 7-3　脚背内侧踢球

(2) 踢球脚脚尖外转不够，接触部位不正确。

(3) 没有向出球方向摆腿，形成划弧动作，以致击球点偏外。

练习方法：

(1) 两人一组做原地模仿练习。

(2) 两人一组相距 10 ～ 20 米踢定位球。

(3) 两人一组加大距离做长传练习。

(4) 传球射门。

4. 脚背外侧踢球

脚背外侧踢球除具备脚背正面踢球的特点外，还有踢球时脚腕灵活性较大和摆腿方向变化较多等优点，它是踢远近距离弧线球和用来进行弹拨、削球的主要方法。

动作要领：

直线助跑，支撑脚的位置和踢球腿的摆动方式基本上与脚背正面踢球相同，只是用脚背外侧接触球。在踢球腿的膝盖摆到接近球的垂直上方时，小腿加速前摆，膝盖和脚尖内转，脚面绷直，脚趾扣紧，以脚背外侧部位踢球的后中部。踢球后，踢球腿随球继续前摆，如图 7-4 所示。

图 7-4　脚背外侧踢球

易犯错误：

(1) 踢球时，膝盖和脚尖内转不够，造成接触球部位不正确。

(2) 支撑脚靠后，造成踢球时身体后仰，踢球的后下部，出球角度偏高。

练习方法：同脚背内侧踢球。

（二）停球技术

停球是一个球员和全队控制球的基础。停球时球员应尽快移动到球的运行路线上，迅速选好位置，触球时，身体应放松、缓冲，或身体紧张起来，用切压和后引的方法将球停下来。

停球的方法很多，除了使用双手外，身体每一个部位都能停球。停球又分为停地滚球、空中球和反弹球。无论采用哪一种停球方法，动作都由 4 个环节组成：观察和移动、选择停球的部位和停球方法、改变来球的力量、随球移动。

常见的停球技术有以下几种。

1. 脚内侧停球

脚内侧停球比较容易掌握。脚接触球的面积大，易停稳，并且便于改变方向和结合下一个动作，可以用来停地滚球、反弹球和空中球等。

1) 脚内侧停地滚球

动作要领：

支撑脚正对来球，膝关节微屈，停球腿屈膝外转并前迎。当脚与球接触前的刹那开始后撤，脚底与地面平行，后撤过程中用脚内侧接触球，把球控制在下一个动作需要的位置上。

内侧切挡式停地滚球：当来球力量不大时，只需将脚提到球的 2/3 高度，并使脚内侧与地面形成锐角轻触球，如图 7-5 所示，可在触球时用下切动作使球的前进之力部分转变为旋转力，将球停在脚下。

图 7-5　内侧切挡式停地滚球

内侧缓冲式停地滚球：在脚内侧与球接触的一刹那迅速后撤，把球停在脚下，如图 7-6 所示。

图 7-6　内侧缓冲式停地滚球

2) 脚内侧停空中球

动作要领：

脚内侧停空中球应根据来球的高度，将停球脚举起，脚内侧对准来球路线，在脚与球接触前的刹那开始后撤。在后撤过程中用脚内侧接触球，把球控制在衔接下一个动作需要的位置上，如图 7-7 所示。

图 7-7 脚内侧停空中球

易犯错误：

(1) 停球腿的踝关节过于紧张，不易把球停稳。

(2) 停地滚球时，脚离地过高，使球漏过。

(3) 停反弹球时，对球落地的时间判断不准，使球漏过或停不稳。

练习方法：

(1) 两人一组互踢停球。

(2) 两人一组，一人踢地滚球，另一人跑上停球。

(3) 两人一组停球后快速传球。

2. 脚底停球

脚底停球动作简单，容易掌握，可停迎面来的地滚球和反弹球。尤其是停反弹球时，更利于捕捉落点，争取时间。

动作要领：

脚底停地滚球：如图 7-8 所示，身体正对来球方向，移动前迎，支撑脚站在球的后方，脚尖正对来球方向，膝关节微屈。同时接球腿提起，膝关节微屈，脚背上勾，使脚底与地面所呈夹角约小于 45 度 (且脚跟离开地面)，一般以前脚掌接触球的上部为宜。在触球瞬间接球脚的前脚掌下点将球停住，也可根据需要在接球的同时将球推向前方或拉向身后。

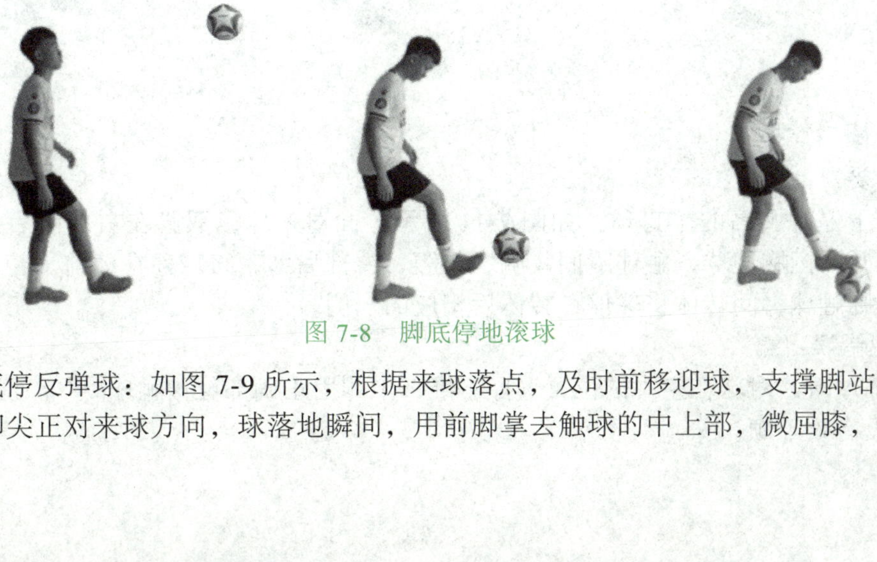

图 7-8 脚底停地滚球

脚底停反弹球：如图 7-9 所示，根据来球落点，及时前移迎球，支撑脚站在落点侧后方，脚尖正对来球方向，球落地瞬间，用前脚掌去触球的中上部，微屈膝，用脚掌将

图 7-9 脚底停反弹球

球停在体前。若需停在身后，则应在触球瞬间继续屈膝，将球回拉，并以支撑脚前脚掌为轴转体 90 度以上。

3. 胸部停球

由于胸部停球部位较高，加之胸部面积大、肌肉较丰满等特点，动作易于掌握，故是一种停高球的好方法。胸部停球分为挺胸式、收胸式两种。

1) 挺胸式停球

动作要领：

如图 7-10 所示，面对来球站立 (双脚左右或前后开立)，双膝微屈，重心置于支撑面内，上体稍后仰，下颌微收，双臂自然张开，维持身体平衡。接触球瞬间，双脚蹬地，膝关节伸直用胸部轻托球的下部使球微微弹起于胸前上方。对于较高的平直球也可采用这种方法将球停于胸前，但触球瞬间膝关节由直变屈，脚由提踵状态变为全脚掌落地，整个身体保持停球时的姿势，下撤将球停在胸前。

图 7-10 挺胸式停球

2) 收胸式停球

动作要领：

多用于停齐胸高的平直球。如图 7-11 所示，面对来球，双脚左右或前后开立，双臂自然张开，挺胸迎球，触球瞬间收胸、收腹、臀部后移，将球停在体前。若需将球停在体侧，则触球瞬间转体将球停在转体后相应的一侧。

易犯错误：

(1) 停球时，对球在空中的位置选择不准，未能用正确部位接触球。

(2) 没有收下颌。

图 7-11 收胸式停球

(3) 收胸停球时，收胸和收腹过晚，未能缓冲来球力量。

练习方法：

(1) 两人一组互抛互停。

(2) 两人一组加大传球速度互抛互停。

除了上述停球技术，队员还可用大腿、腹部、头部等部位停球。

(三) 运球技术

运球是运动员在跑动中用脚的推拨动作，使球保持在自己控制的范围内的连续触球动作。运球过人则是运动员利用合理的运球动作越过对手。运球与运球过人是运动员个人控球能力和个人进攻能力的集中表现，它是为完成战术配合和个人摆脱对手防守服务的。

常用的运球方法有脚背正面运球、脚背外侧运球、脚背内侧运球和脚内侧运球。

1. 脚背正面运球

脚背正面运球多在越过对手之后，前方纵深距离较长，仍需快速运球前进的情况下使用。

动作要领：

跑动时，身体自然放松，上体稍前倾，双臂自然摆动，步幅不要过大。运球脚提起时，膝关节弯曲，脚跟提起，脚尖下指，在迈步前伸着地前，脚背正面推拨前进，如图 7-12 所示。

图 10-12 脚背正面运球

2. 脚背外侧运球

脚背外侧运球，大多在快速奔跑和向外改变奔跑方向时使用。

动作要领：

跑动时，身体自然放松，上体稍前倾，双臂自然摆动，步幅要小些。运球脚提起时，膝关节弯曲，脚跟提起，脚尖稍内转。在迈步前伸着地前，用脚背外侧推拨球，如图 7-13 所示。

图 7-13　脚背外侧运球

3. 脚背内侧运球

脚背内侧运球，多在改变方向并需要用身体掩护球的情况下使用。

动作要领：

跑动时，身体自然放松，步幅要小些，上体前倾，重心下降保持在球的上方。运球脚提起时，膝关节稍弯曲，脚跟提起，脚尖稍外转。在迈步前伸着地前，用脚背内侧推拨球，如图 7-14 所示。

图 7-14　脚背内侧运球

4. 脚内侧运球

脚内侧运球是速度最慢的一种运球方法，当带球接近对方需要用身体掩护护球时，多采用脚内侧运球方式。

动作要领：

运球时，支撑脚向前跨出一步，踏在球的前侧方，膝关节稍弯曲，上体前倾并向里转，承受身体的向前移动。然后运球脚提起，用脚内侧拨球的后中部，如图 7-15 所示。

图 7-15　脚内侧运球

在改变方向运球前进时，经常是用两只脚交替推球。例如，用右脚脚背外侧直线运球需要改向左侧运球时，就用脚背内侧扣球的前侧方。

（四）头顶球技术

头顶球指运动员有目的地用额部将球击向预定目标的动作，是现代足球运动中争取时间、争夺空间的重要技术手段之一，不论前锋或后卫都要熟练地掌握此项技术。它在进攻时可以直接射门或巧妙地传球配合；防守时可以破坏对方的空中传球或解除门前危机以达到转守为攻的目的。头顶球技术按顶球的部位可分成前额正面顶球和前额侧面顶球。

头顶球技术动作由移动选位、身体的摆动、头触球、触球后的身体平衡4个环节组成。

1. 前额正面头顶球

动作要领：

这是用额肌覆盖着的额骨正面部分去击球的一种动作，与球接触的部位是眉骨至发根之间的部位。以原地头顶球为例，身体正对来球方向，眼睛注视运动中的球，双脚左右开立(或前后开立)，膝关节微屈，重心置于双脚间的支撑面上(或后脚上)，双臂自然张开，当球即将垂直于地面下落时，双腿用力蹬地，迅速向前摆体，微收下颌，在触球瞬间颈部做爆发式振摆，用前额正面击球中部，上体随球前摆，如图7-16所示。注意顶球前，身体要形成背弓。

图7-16 前额正面头顶球

2. 前额侧面头顶球

动作要领：

根据来球的运行速度、运行轨迹，及时移动到位，眼睛注视来球，前膝微屈，双臂自然张开，当球运行至体前上方时，用力蹬地起跳，上体随之向出球方向扭摆，同时用力向击球方向甩头，以前额侧面击球的后中部，如图7-17所示。跑动或跳起用前额侧面顶球时应注意保持身体平衡，同时注意身体的摆动，其他与原地头顶球相同。

易犯错误：

(1) 上体与下肢动作脱节，不协调，影响发力效果。

(2) 击球时机掌握不好，使头在被动位置顶球，影响顶球效果。

(3) 击球刹那闭眼缩颈，影响顶球力量和准确性。

(4) 跳起顶球时，起跳点、起跳时机和击球时机掌握不好，影响顶球动作质量和出

图 7-17　前额侧面头顶球

球效果。

练习方法：

(1) 做原地模仿练习。

(2) 自抛自顶。

(3) 两人一组相距 5 米，一人抛球，另一人原地顶球。

(五) 抢截球技术

抢截球是利用规则所允许的方法和动作夺回控球权或破坏对方的进攻。它是转守为攻的积极手段，也是主要的防守技术。

抢截球是凭借争夺、堵截、破坏以延缓和阻拦对方进攻，是把在对方队员间踢出的球(空间运行或地面滚动球)堵截住或破坏掉。一旦把球争夺过来，就意味着进攻的开始。

1. 正面跨步抢截球

动作要领：

双脚前后开立，双膝稍弯曲，身体重心下降平均落在双脚上，面向对手。对手运球前进，当脚触球即将着地或刚着地时，一脚立即用力蹬地，抢球脚以脚内侧正对球并向球跨一步，膝关节弯曲，上体前倾，身体重心移至抢球脚上。另一脚立即前跨成支撑脚。如双方的脚同时触球，则要顺势向上提拉，使球从对方脚背滚过。身体要迅速跟上，把球控制住。动作如图 7-18 所示。

图 7-18　正面跨步抢截球

2. 合理冲撞抢截球

侧面合理冲撞，是与运球者平行跑动或从侧后方追成平行跑动时的抢截球方法。

动作要领：

当与对手并肩跑动时，身体重心稍下降，同对方接触一侧的臂要紧贴身体。当对方靠近自己一侧的脚离地时，利用身体合理冲撞对方相应部位，使对方失去平衡而离开球，乘机将球控制过来。动作如图 7-19 所示。

图 7-19 合理冲撞抢球

3. 铲球

如图 7-20 所示，抢球者移动接近控球者，膝关节微屈，重心下降，当控球者触球脚触球后尚未落地时，抢球者双脚沿地面向球滑铲，随即尽快起身。

图 7-20 铲球

（六）掷界外球技术

掷界外球可分为原地掷界外球和助跑掷界外球两种方式。

1. 原地掷界外球

双脚前后开立或左右开立，膝关节微屈，上体后仰呈背弓，双手持球置于头后。掷球时，双腿用力蹬地，同时收腹含胸使上体迅速前摆，带动手臂前摆，当双臂持球摆至头上时，用力甩腕将球掷出，如图 7-21 所示。

图 7-21 原地掷界外球

2. 助跑掷界外球

双手持球于胸前，在助跑迈出最后一步时，上体后仰呈背弓，同时将球摆至头后，掷球时的动作与原地掷界外球一样。

(七) 守门员技术

守门员技术有位置选择、准备姿势、移动、接球、掷球、运球和抢截球等。

1. 位置选择

守门员为了守住球门，首先要选择正确合理的位置。位置的选择应根据对方的射门地点和射门角度来决定。一般情况下应站在两球门柱与射门时球所处的位置所形成的分角线上，当对方近射时，守门员应靠前些，这样可以缩小射门角度。在对方远射时也可适当前移，但要防备对方吊球进门。当球向中场或前场发展时，守门员可前移到球门区线附近，并根据球的发展及时调整自己的位置。当对方在中场直传插入突破时，守门员应抓好时机及时出击截球。

2. 准备姿势

双脚左右开立，约与肩同宽，双膝自然弯曲并稍内扣，脚跟稍提起，身体重心落在前脚掌上，上体稍前倾。双臂于体前自然屈肘，双手五指自然张开，掌心相对。双眼注视来球。

3. 移动

守门员为了更好地堵截和接住对方的传球和射门，必须根据对方射门前球和人的位置变化相应调整自己的位置，一般采用侧滑步和交叉步两种步法。

4. 接球

接球是守门员最主要的技术，包括接地面球、接平直球、接高空球等。

1) 接地面球

地面球的接球方式常见的有直腿式和跪撑式两种。直腿式指面对来球，弯腰时双膝伸直，双腿距离以球不能通过为原则。双手张开前迎将球收入怀中。跪撑式多见于向两侧移步接球时，接左侧球时，左腿屈，右腿近于跪，反之亦然。其他要求近于直腿式，如图 7-22 所示②。

图 7-22　接地面球

2) 接平直球

接平直球主要指接胸部高度以下的平直半高球。接球时要面对来球，双手掌心向上，

② 本节动作示范者：谢魁钰，湖南软件职业技术大学经济管理学院，电子商务专业（本）2102 班学生。

手指张开，两手小指相靠，上体前屈，当手触球时微撤缓冲，将球抱于胸前，如图 7-23 所示。

图 7-23 接平直球

3) 接高空球

接高空球主要指接胸部以上高度的球，有单脚或双脚跳起接球两种形式。接球时注意双臂上伸引球，双手大拇指相互靠近，当手触球时手指和手腕适当用力并转腕，将球收抱于胸前，如图 7-24 所示。接高空球成功的关键在于及时到达接球点。

图 7-24 接高空球

第三节 足球运动的基本战术

一、进攻战术

(一) 个人进攻战术

个人进攻战术是指个人采用运球、跑位、接应、摆脱、传球等方式以达到进攻目的的行动。

1. 运球

运球是指有球队员在跑动中不断用脚连续推拨球，使球处于自己控制范围内的触球动作。

2. 跑位

跑位是指无球队员有目的地跑向有利位置或空当。

3. 接应

接应是指无球队员有目的地利用跑位、拉扯占据有利位置或空当接应有球队员。

4. 摆脱

摆脱是指无球队员原地突然启动、突然变向、突然变速以及急停等甩掉对方的防守。

5. 传球

传球是指有球队员有目的、有意识地将球传给队友，它是集体配合的基础，是完成战术配合创造射门得分的主要手段。

（二）局部进攻战术

局部进攻战术是指两人以上采用直传斜插二过一、斜传直插二过一、踢墙式二过一、回传反切二过一、交叉掩护二过一、三过二等战术的配合行动。

1. 直传斜插二过一

进攻队员直线传球，接球队员从对方防守队员的内线空当斜线插入到他身后的空当接球。如图 7-25 所示，⑨接⑩横传球，向前直线传球，⑩斜线插入接球；⑦接⑧运球横传，向前直线传球，⑧斜线插入接球。

2. 斜传直插二过一

进攻队员作斜传，直接插到对方的身后空当接球，突破对方的防守。如图 7-26 所示，⑨接⑩横传，向前斜线传球，⑩直线插入接球；⑧接⑥运球横传球，斜线传出，⑥向前直线插入接球。

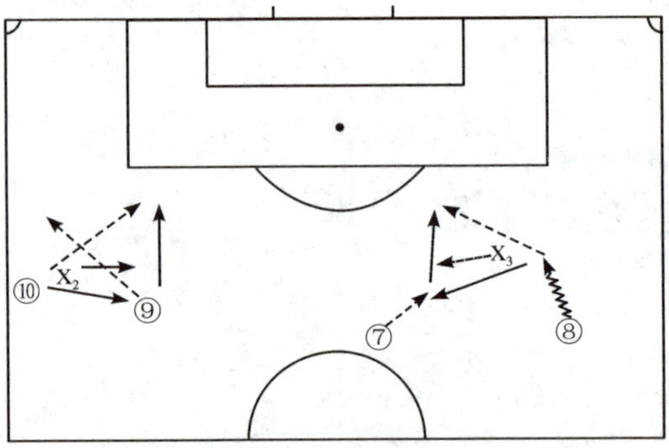

图 7-25　直传斜插二过一

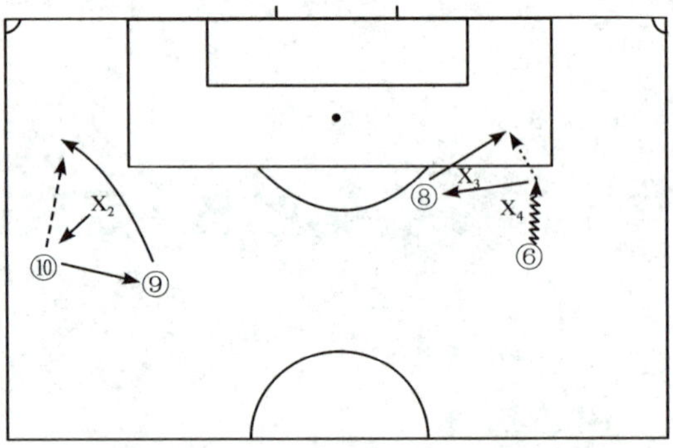

图 7-26　斜传直插二过一

3. 踢墙式二过一

进攻队员带球向前逼近后向另一队员脚下传球，该队员接球后直接将球传至防守队员背后空当，接应队员快速切入接球。如图 7-27 所示，⑦运球向⑧传脚下地滚球，⑧直接出球，球好像碰到墙上弹向 x_2 背后的空当，⑦快速切入接球。

4. 回传反切二过一

进攻队员回撤迎球，防守队员紧逼，接应队员接球后再回传，立即返身切入防守队员身后空当接球。如图 7-28 所示，⑩回撤接⑨传球遇 x_2 紧逼，⑩将球回传给⑨并转身反切，接⑨传至 x_2 身后空当的球。

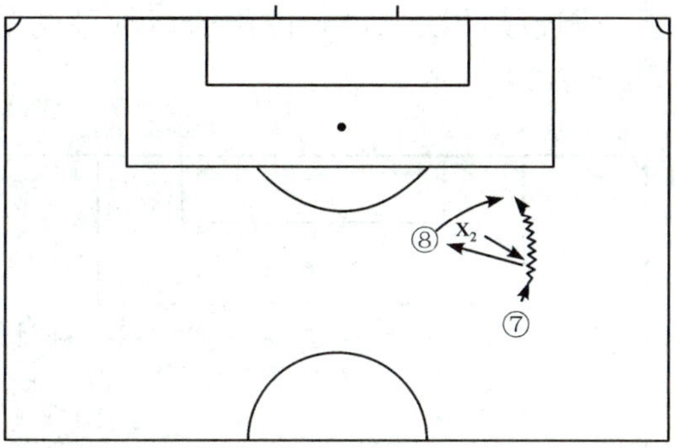

图 7-27 踢墙式二过一

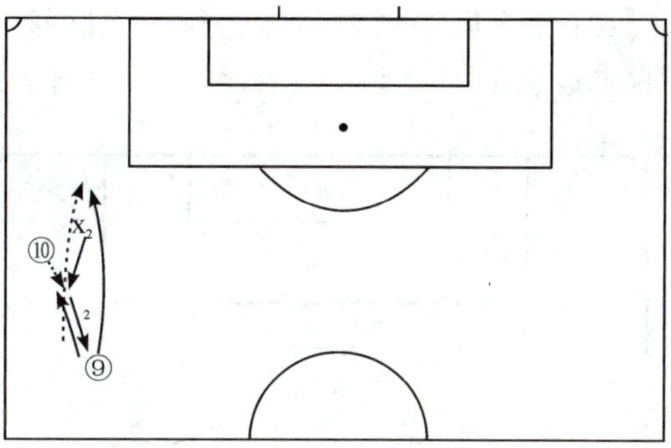

图 7-28 回传反切二过一

5. 交叉掩护二过一

如图 7-29 所示，⑧向侧面运球，⑨与⑧交叉跑到二人贴近的时候，⑨运球快速切入 (或向前斜传给切入的⑧)。

6. 三过二

一般是指在比赛中局部地域出现三名进攻队员攻击两名防守队员 (三打二) 的有利局面时，所采用的战术手段。三人配合归纳起来可分为下列两种。

(1) 一名队员跑向一个有利的空当，牵制一名防守队员，使该地域出现第二个空当，第二个队员迅速插向该空当与控球队员利用传切配合战胜另一防守队员，如图 7-30、图 7-31 和图 7-32 所示。

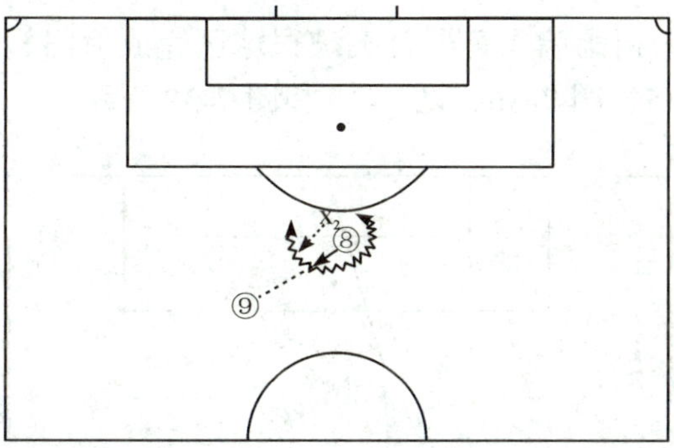

图 7-29 交叉掩护二过一

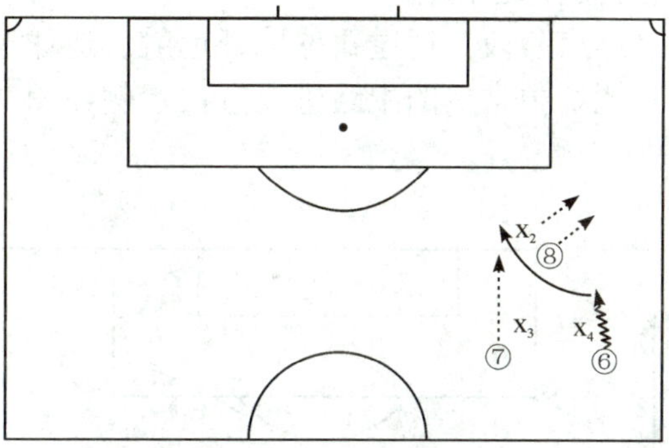

图 7-30 三过二 1

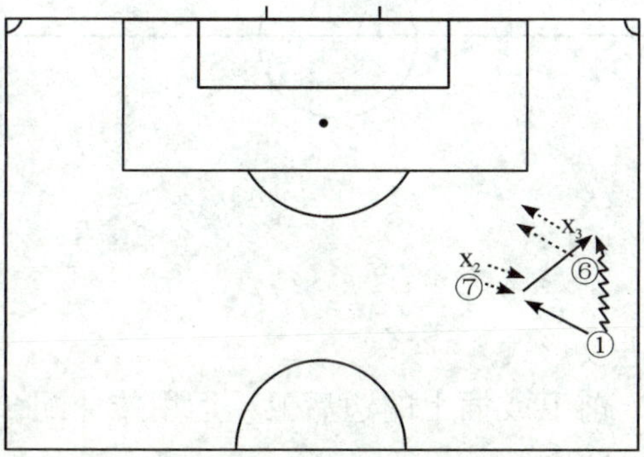

图 7-31 三过二 2

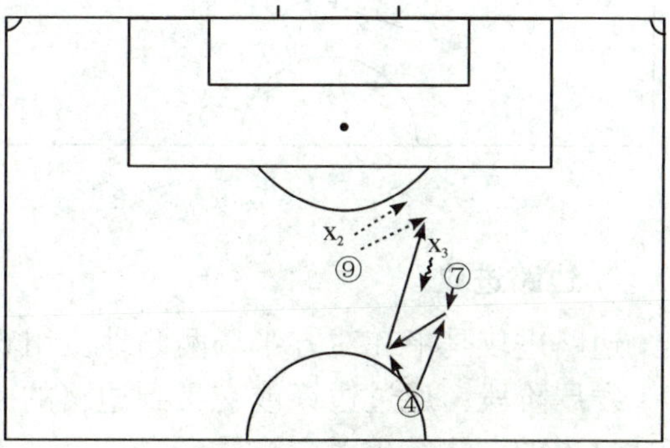

图 7-32 三过二 3

(2) 三个队员通过传球进行一次间接二过一或连续两次二过一的配合以战胜两个防守队员。进行“三过二”配合时，如图 7-33 和图 7-34 所示。

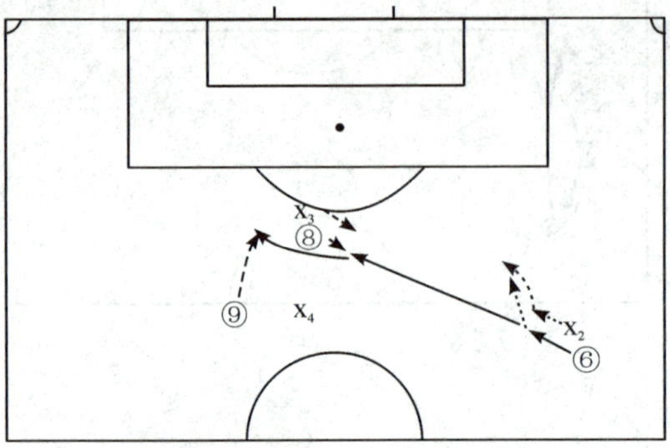

图 7-33　三过二 4

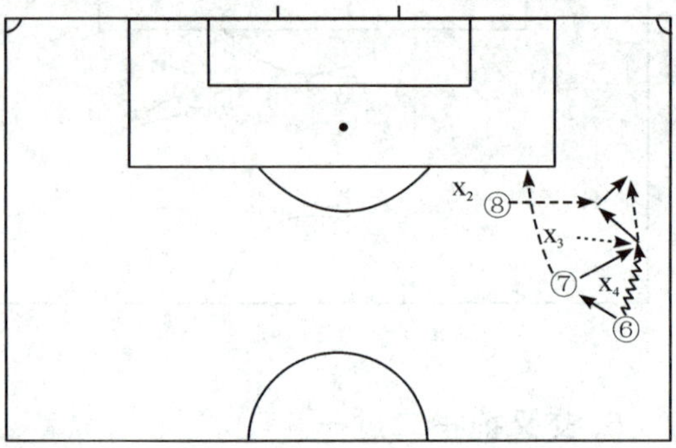

图 7-34　三过二 5

(三) 整体进攻战术

整体进攻战术是指两个以上局部进攻，通过采用中路进攻、边路进攻和快速反击进攻，进行密集反击、逐步推进、压迫式进攻等配合所完成的战术行动。

1. 中路进攻

中路进攻是指在对方半场中间地带组织的进攻形式。

发展阶段：通过中锋、内切的边锋或插上的前卫，运用传球配合或有球过人，把进攻推向罚球区附近。

结束阶段：通过罚球区外远射、运球过人和踢墙式等配合突破罚球区完成射门。

比赛中常见的中路进攻方法示例如图 7-35、图 7-36、图 7-37 和图 7-38 所示。

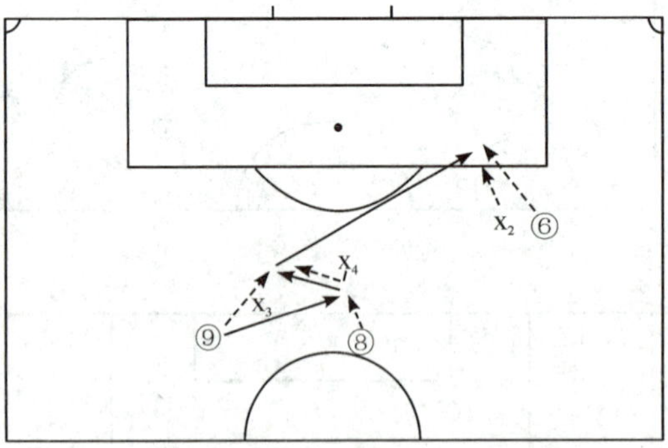

图 7-35　中路进攻 1

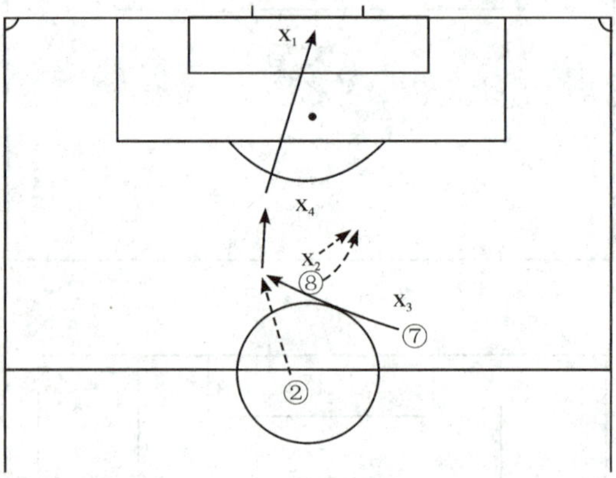

图 7-36　中路进攻 2

2. 边路进攻

边路进攻是指在对方半场两侧地区组织的进攻形式。

发展阶段：通过边锋或交叉到边路的中锋、前卫或插上的边后卫，运用传球配合或运球过人的方法突破对方防线。

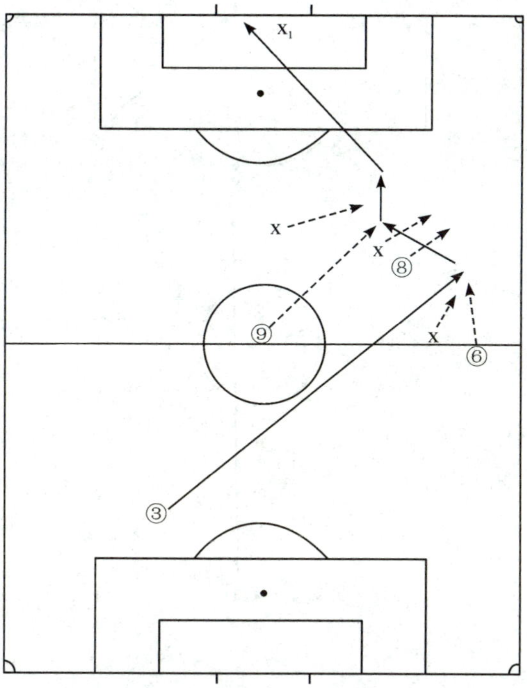

图 7-37 中路进攻 3

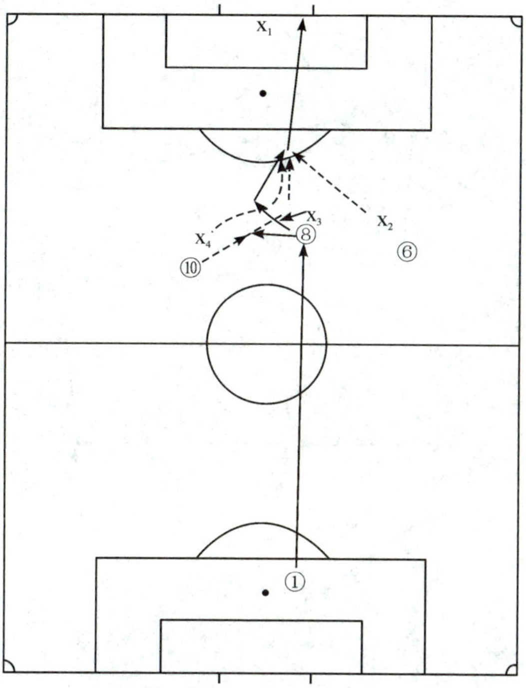

图 7-38 中路进攻 4

结束阶段：一般是快速下底传中或切底回扣传中，中间包抄射门或跟进射门，边路队员也可以运球内切完成射门。

比赛中常见的边路进攻方法示例如图 7-39、图 7-40、图 7-41 和图 7-42 所示。

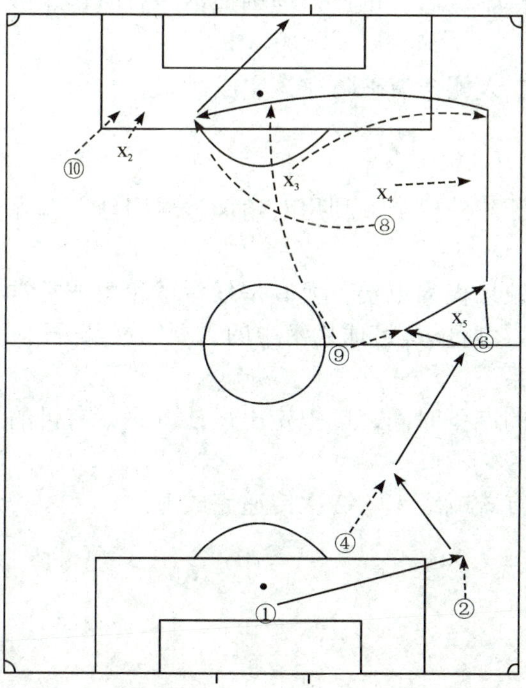

图 7-39 边路进攻 1

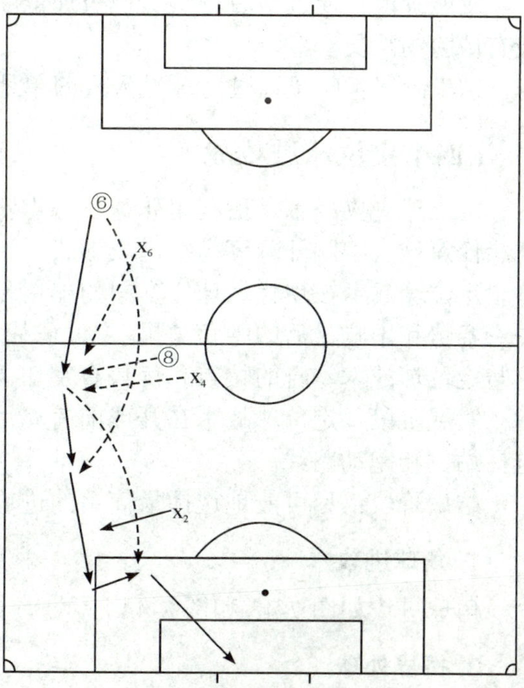

图 7-40 边路进攻 2

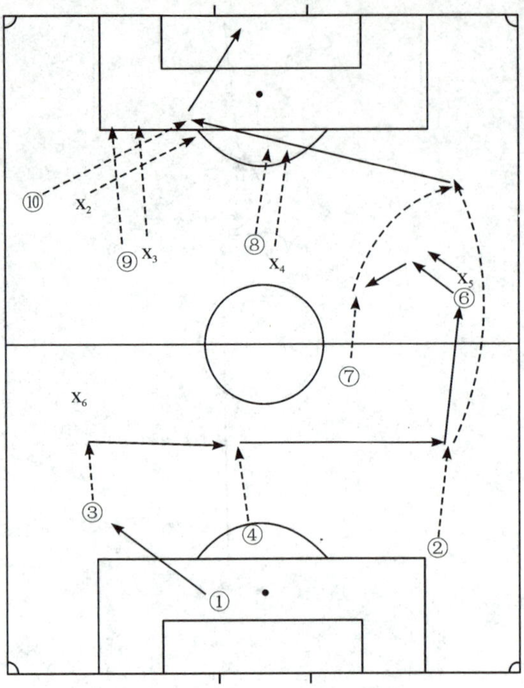

图 7-41 边路进攻 3

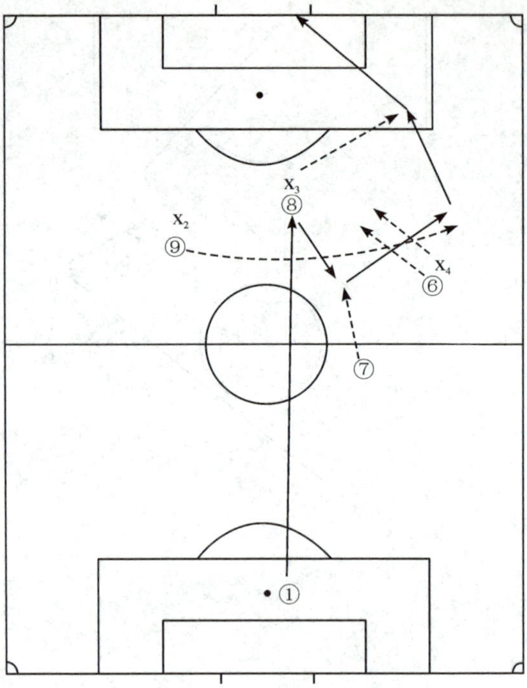

图 7-42 边路进攻 4

3. 快速反击进攻

快速反击进攻指获球队员尽快地把球输送给处于有利位置的中、前场队员，使他们在对方还没有完全组织好严密防守之前得到一次良好的射门机会。

发展阶段：通过中后场队员积极地抢断得到球后，迅速、准确地第一时间将球传给最有威胁的队员。

结束阶段：队员通过运球过人或简单地二人配合突破防守，完成射门。

（四）定位球进攻战术

定位球进攻战术是指利用死球获得重新开球的机会，利用对角球、球门球、掷界外球、任意球、中圈开球等组织进攻形式。

定位球战术在现代足球比赛中的作用和效果极为重要，尤其是任意球和角球常常会左右赛势和影响最后的胜负结果。定位球战术之所以是足球战术中的重要组成部分之一，这与定位球战术本身的特点和优势有密切关系。

发展阶段：定位球战术在开球前有充足的准备时间，应拟定出最佳方案，有目的地选择站位和跑动路线。

结束阶段：尽可能地选择最简单的进攻方式或经 1 ～ 2 次传递完成射门。

1. 角球进攻

角球进攻如图 7-43 和图 7-44 所示。

2. 掷界外球

掷界外球如图 7-45 和图 7-46 所示。

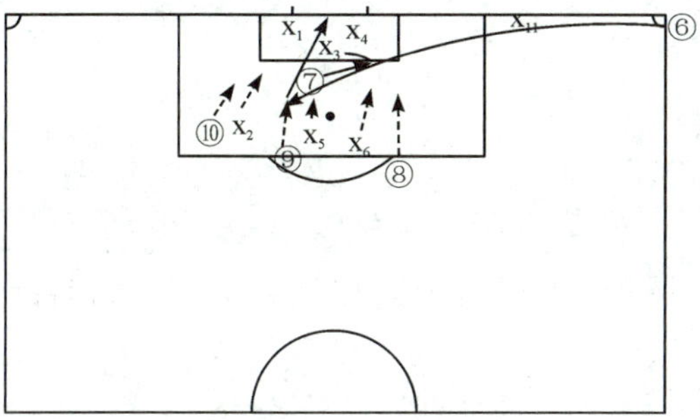

图 7-43 角球进攻 1

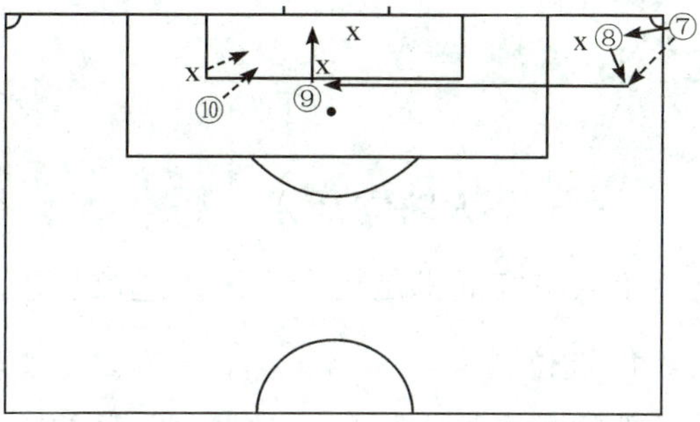

图 7-44 角球进攻 2

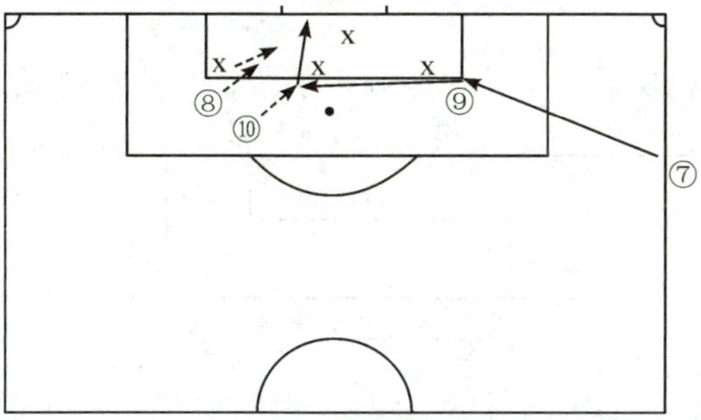

图 7-45 掷界外球 1

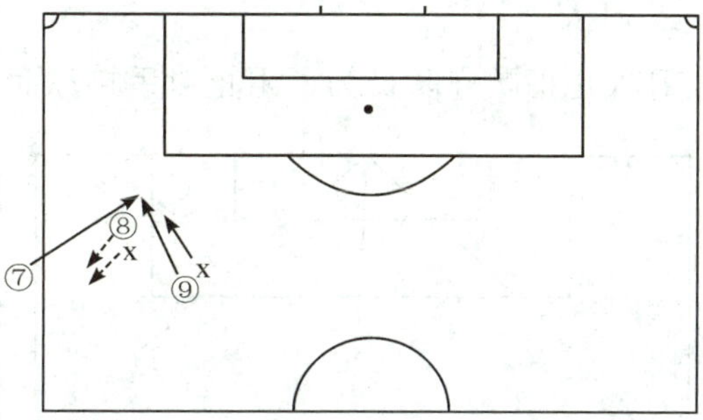

图 7-46 掷界外球 2

3. 任意球

直接任意球如图 7-47 和图 7-48 所示。

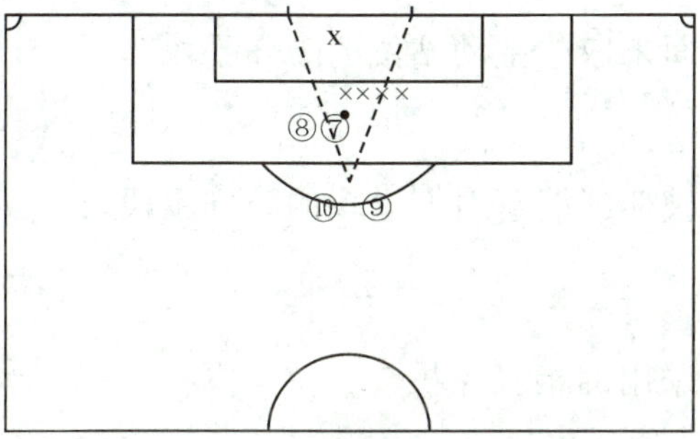

图 7-47 直接任意球 1

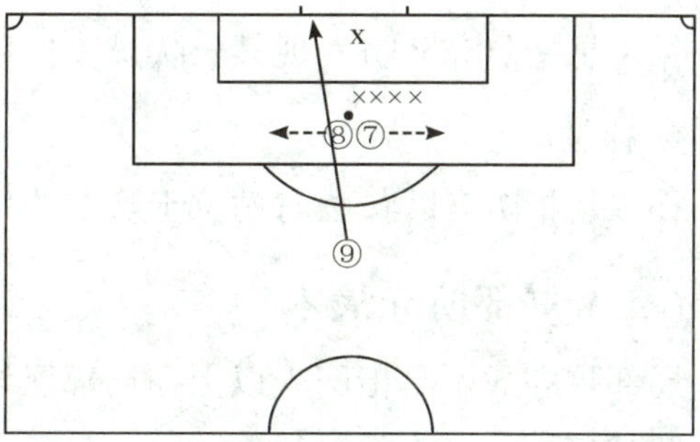

图 7-48 直接任意球 2

间接任意球如图 7-49 和图 7-50 所示。

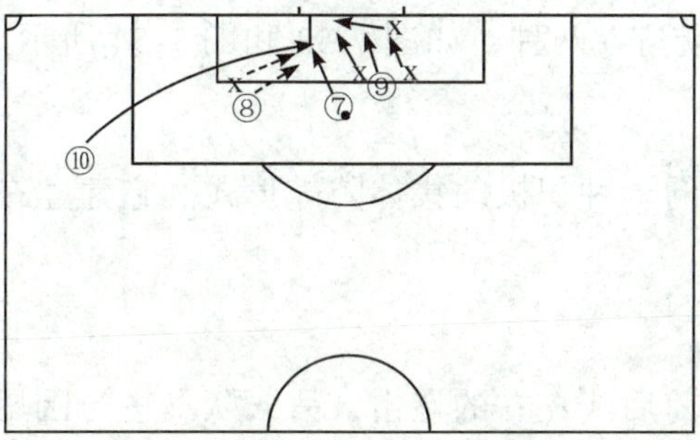

图 7-49 间接任意球 1

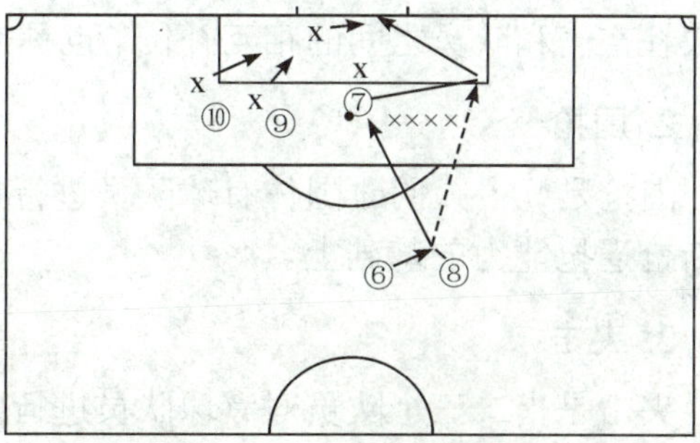

图 7-50 间接任意球 2

二、防守战术

（一）个人防守战术

个人防守战术是指个人采用选位、盯人、保护、补位等方式以达到防守目的的行动。

1. 选位

选位是指防守队员针对进攻队员的跑位情况所采取的站位方式，如图 7-51 所示。

2. 盯人

盯人是指防守队员为了阻止对手接球而采取紧逼、压迫的防守手段，如图 7-52 所示。

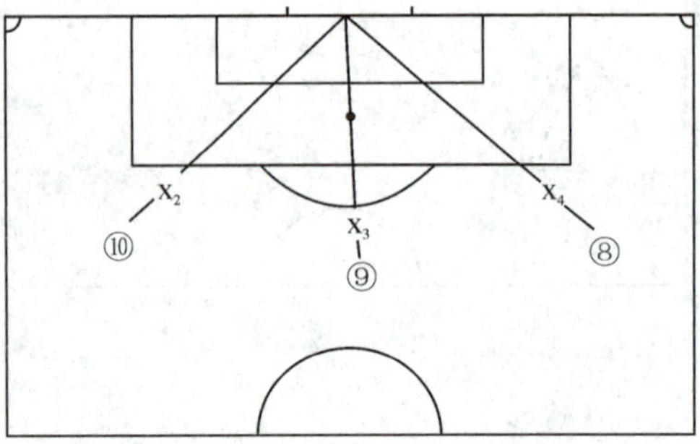

图 7-51　选位

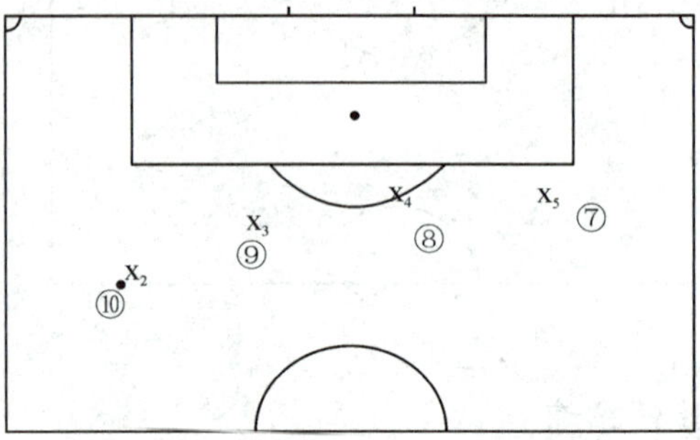

图 7-52　盯人

3. 保护

保护是指防守队员发现某一队员失位后，而采取的主动站位的防守手段。

4. 补位

补位是指防守队员临时站位于队友的位置破坏或缓解对方进攻的防守手段。

（二）局部防守战术

局部防守战术是指两人以上在局部区域内采用的相互保护与补位、围抢、夹击等战术的配合行动。

1. 保护与补位

保护是补位的前提，没有保护就没有有效的补位，它是防守的基础。一般补位有队员去补空当和队员之间的相互补位（也称交换防守）两种，如图 7-53 和图 7-54 所示。

2. 围抢

围抢是几个人同时围住有球队员进行抢断的一种积极的集体防守形式。它建立在个人断抢逼抢能力的基础上。

3. 夹击

夹击是指二三个队员对有球队员进行二人前后或左右的堵击，另一队员进行围堵抢断的防守形式。

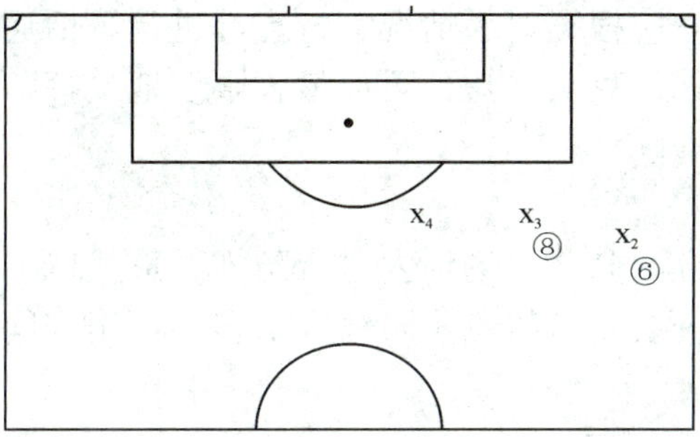

图 7-53 补空当

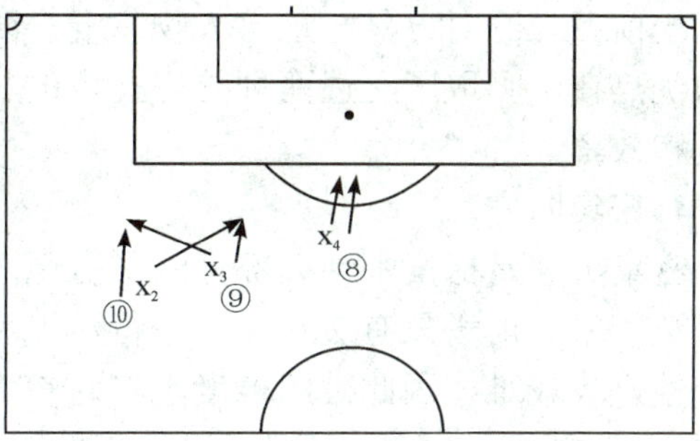

图 7-54 相互补位

4. 制造越位

制造越位是指防守队员利用越位规则对进攻队员的限制，主动故意制造对手越位位置，从而瓦解对手的进攻跑位和极具威胁的进攻意图。制造越位要求防守队员准确地把握制造越位的时机，负责指挥的队员应是善于观察、判断能力强的防守线的最后一名队员，此外还要求参与队员必须协同一致。制造越位如图 7-55 所示。

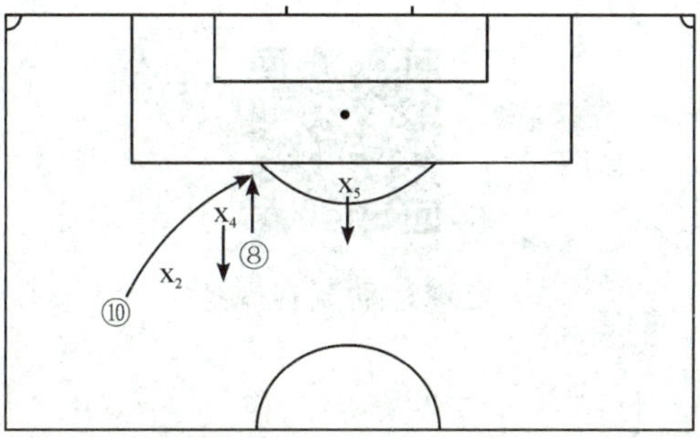

图 7-55 制造越位

(三) 整体防守战术

整体防守战术是指两个以上局部防守，采用人盯人防守、区域盯人防守、混合防守、密集防守等配合所完成的行动。

1. 人盯人防守

人盯人防守是指除拖后中卫外每个人都有盯住一个指定对手的任务，原则上是对手跑到哪里就盯到哪里，由拖后中卫 (自由人) 进行区域防守，执行补位的任务。

2. 区域盯人防守

区域盯人防守是指每个防守队员在自己的防守区域内进行盯人防守，不管是哪个对手进入该区域都进行盯防，原则上不跨越区域盯人，由拖后中卫 (自由人) 执行补位的任务。特别要求防守队员注意各区域间接合部的防守，因此需明确队员的职责、任务以减少或避免出现防守漏洞。

3. 混合防守

混合防守是指把人盯人防守和区域盯人防守结合起来，一般为前锋和前卫区域盯人，三个后卫盯人，由拖后中卫 (自由人) 执行补位的任务。同时也可根据对方的情况，指定某一前卫死盯对方某一重点人物。混合防守应根据对手情况、特点等进行灵活运用。它的优点在于吸取了上述两种防守技术的长处，克其之短，可以最大限度地发挥防守的力度和效率。

4. 密集防守

密集防守是指集中绝大部分队员撤至本方四分之一场地内进行防守，形成以多防少的优势，中、前场只有 2 ～ 3 人进行游弋和突袭。其特点是防守人数多，可用空间少，渗透性进攻较难，因此破门难度也相对较大。

（四）定位球防守战术

定位球防守战术是指针对死球、角球、球门球、任意球、中圈开球、掷界外球等进行的有目的、有意图的布置防守行动。面对定位球的防守首先应迅速组织回撤防守队员并进行合理、有效、针对性强的人员布局，除排人墙的队员外，其他队员要注意相互间对位置、空间的保护、补位并适时制造越位以瓦解对手的进攻。

足球运动竞赛规则

第八章 排球运动

学习目标

- 了解排球运动的起源及健身价值
- 学习排球运动的基本技术和基本战术
- 掌握排球运动的练习方法
- 了解排球比赛规则及裁判法，能够从不同角度欣赏排球赛事

课程思政点

女排精神

世界杯排球赛、世界排球锦标赛和奥运会是代表世界排球最高水平的三项大型比赛。1979 年年底，在中国恢复国际奥委会席位仅一个月之后，中国女排就夺得了亚洲女排锦标赛冠军，成为我国“三大球”中第一个冲出亚洲的项目。中国女排曾先后在 1981 年和 1985 年的世界杯排球赛、1982 年和 1986 年的世锦赛、1984 年的洛杉矶奥运会上夺得冠军，成为世界上第一个夺得“五连冠”的队伍，并在 2003 年世界杯排球赛、2004 年奥运会、2015 年世界杯排球赛、2016 年奥运会四度夺冠，共九度成为世界冠军。2017 年 9 月 9 日，中国女排在女排大冠军杯赛中，提前一轮夺冠，是时隔 16 年再次夺得大冠军杯赛的冠军。中国女排也是中国三大球中唯一一个拿到世界冠军奖杯的队伍。

1981 年，中国女排以亚洲冠军的身份参加了在日本举行的第三届世界杯排球赛。经过 7 轮 28 场激烈的比赛，11 月 16 日，中国队以 7 战全胜的成绩首次夺得世界杯赛冠军。袁伟民获“最佳教练奖”，孙晋芳获“最佳运动员奖”“最佳二传手奖”“优秀运动员奖”，郎平获“优秀运动员奖”。随后，在 1982 年的秘鲁世锦赛上中国女排再度夺冠。紧接着，在 1984 年的第 23 届奥运会上，中国女排实现了“三连冠”的梦想。然而中国女排并未就此止步，在 1985 年的第四届世界杯排球赛和 1986 年的第十届世界女排锦标赛上，中国女排连续两次夺冠。于是，从 1981 年到 1986 年，中国女排创下了世界排球史上第一个“五连冠”，开创了我国大球翻身的新篇章。

1981 年 11 月，中国女排首次夺得世界冠军后，当时的《人民日报》报道，截至 1981 年 12 月 4 日，中国女排收到的贺信、贺电和各种纪念品达 3 万多件。北京商标一厂、

无锡钟表厂等生产单位的职工在信中表示，要“学习女排精神，保证完成和超额完成生产任务”。受“女排精神”鼓舞的北大学子则喊出了“团结起来，振兴中华”的时代最强音。

中国女排夺得“三连冠”后，各种媒体加大了对女排精神的宣传力度，例如，有媒体报道“某工厂女工看了女排的事迹之后，每天早来晚走，精心操作，班产量天天超额完成计划”“某煤矿工人看完女排比赛之后，自觉加义务班，日日超产”等。《人民日报》还开辟了“学女排，见行动”的专栏。

更多的中国人则通过女排精神，真实地体会到一种从未有过的自豪感。“学习女排、振兴中华”成为口号，在全社会掀起了一股学习中国女排的热潮。女排精神简而言之，就是拼搏精神。这种精神在当时的中国被大力提倡，有着深刻的时代背景。社会学家王春光指出：“改革开放初期，国人意识到我们的国家实力与发达国家还有很大的差距，而变得有些失落和彷徨。在这一背景下，‘女排精神’的广为传颂，其实就是在向国人和全世界庄严宣告中华民族崛起的信心和能力。”

1986 年中国女排实现历史性的“五连冠”后，女排精神开始被人们口口相传直到今天。实际上，女排精神从一开始就超出了体育竞技的范围，对各行各业的劳动者都起到了激励、感召和促进作用。

看着女排姑娘们一次次飞身鱼跃救球，一次次带伤参加比赛，这种不抛弃、不放弃的精神，一直持续影响着各行各业的普通民众。

女排精神曾是时代的主旋律，是中华民族精神的象征，影响了几代人积极投身到改革开放和社会主义现代化建设的伟大事业当中。女排精神不仅是中国体育的一面旗帜，更是整个民族锐意进取、昂首前进的精神动力。在 21 世纪的今天，女排精神仍具有巨大的现实意义和时代价值。

弘扬女排精神有利于改善社会风气，引导人们树立正确的价值观，增强人们的思想道德意识。在改革开放的大环境下，人们在享受市场经济发展带来的好处的同时，也感觉到经济活动中存在着投机取巧的心理和极端个人主义、损人利己的不道德行为。社会主义市场经济的最终价值取向是人民和国家的利益得到实现。如果每个人为满足个人利益而损害国家和人民利益，甚至不惜损德犯法，那么整个社会将成为一盘散沙，个人利益最终也难以实现。因此，必须弘扬女排精神，团结协作、无私奉献，让人们明确认识到国强我荣、国弱我辱，从而正确处理国家、集体、个人三者之间的利益关系。让人们明确知道实现良好的社会风气，需要每个人勇敢奉献，真诚付出，建立同心同德、团结互助、和谐美好的社会关系，最终用正确的精神力量规范、矫正人们的行为和价值观念，促进人生价值的最终实现。

弘扬女排精神有利于调动人们建设社会主义的积极性，激励人们迎难而上，加快中华民族伟大复兴中国梦的实现。

女排精神所蕴含的意义已经远远超出了体育的范畴，女排精神被视为融入各项事业的宝贵精神财富，已经深深扎根在中国人的心中，化作浓浓的解不开的情结，显示了强大的生命力和感召力，它将永远激励着中国人民。

第一节 排球运动概述

一、排球运动的起源和发展

排球运动由美国人威廉•摩根于1895年创造，1905年传入我国。排球运动几经演变，先后从16人制、12人制、9人制发展到现在的6人制。1947年在法国巴黎成立了国际排球联合会，目前已有200多个会员国，排球运动已发展成为世界上开展最广泛的运动项目之一。

二、排球运动的主要赛事

奥运会排球赛、世界排球锦标赛、世界杯排球赛和世界青年排球锦标赛是世界排球运动最高级别的比赛，这些比赛每四年举行一次。我国的排球运动主要赛事有全运会排球赛、全国排球锦标赛、全国排球超级联赛。

三、我国排球运动的发展及取得的主要荣誉

在我国，排球是“三大球”中的“后起之秀”，兴起时间晚，但发展较快。中国女排运用“快速反击”“位置差”“单脚起跳背飞”等新技术，于1981年至1986年连续五次获得世界大赛冠军（被誉为“五连冠”），确立了中国女排世界女排强队的地位，同时开创了现代排球运动的新纪元。在过去的40年里，中国女排取得了辉煌的成就。截至2022年，中国女排共获得了10次世界冠军。其中三次是奥运会冠军，分别是1984年洛杉矶奥运会冠军（总教授袁伟民）、2004年雅典奥运会冠军（总教授陈忠和）及2016年里约奥运会冠军（总教授郎平）。中国的“女排精神”给全国人民以巨大的精神鼓舞，女排精神就是永不放弃、永不服输精神的代表。

四、排球运动的主要形式

排球运动的形式多种多样，除了室内6人制排球外，还有沙滩排球、气排球、残疾人坐式排球、软式排球等。

（一）室内6人制排球

室内6人制排球是两队各6名队员分立于长18米、宽9米，中间隔一球网的场地上，主要以手击球过网决定胜负的球类运动。在比赛场上，按照比赛规则，比赛双方运用各种合理技术和战术相互攻防，以得分和胜负局数决定最终胜负，如图8-1所示。

图 8-1　室内 6 人制排球

（二）沙滩排球

沙滩排球（如图 8-2 所示）简称“沙排”，诞生于 20 世纪 20 年代，是目前唯一在沙地上进行比赛的奥运会正式项目。沙滩排球的基本规则、场地大小、排球大小、得失分和交换发球权等方面与室内排球运动基本一样。比赛场区的长、宽分别为 16 米和 8 米。沙滩排球一般采用三局两胜制，每局（决胜局除外）先得 21 分并至少超过对方 2 分的队胜 1 局。如果前两局双方打成 1 : 1 平局，则第三局为决胜局，先得 15 分并至少超过对方 2 分的队获胜。

图 8-2　沙滩排球

（三）坐式排球

坐式排球（如图 8-3 所示）是专为双下肢残疾的人设计的一种坐在地面上进行的排球活动。比赛场地长、宽分别为 10 米和 6 米，进攻线距中线 2 米，男子网高 1.15 米，女子网高 1.05 米，网宽 0.8 米。比赛采用 6 人制排球规则，只是增加了比赛中击球时击球员臀部不得离地这一规定。

（四）气排球

气排球（如图 8-4 所示）是一项集运动、休闲、娱乐为一体的群众性体育项目。作为一项新的体育运动项目，气排球的打法和记分方法与竞技排球基本相同。气排球由软塑料制成。比赛用球质量约为 120 克，比普通排球轻 100 ～ 150 克；圆周为 74 ～ 76 厘米，比普通排球圆周长 15 ～ 18 厘米。

图 8-3　坐式排球

图 8-4　气排球

(五) 软式排球

软式排球运动(如图 8-5 所示)诞生于 20 世纪 80 年代末期，其球具有质量轻、体积大、制造材料柔软、不伤手指等优点。1995 年，软式排球运动进入我国，考虑到软式排球的特点，中国排球协会在青少年中大力开展和推广软式排球活动。2000 年年末，教育部正式将软式排球列入中小学体育教学大纲，从此软式排球运动在我国得到迅速发展。

图 8-5　软式排球

第二节 排球运动的特点与作用

一、排球运动的特点

（一）群众性

排球运动场地、设备简单，比赛规则容易掌握，既可在球场上比赛和训练，又可在一般空地上进行运动，运动量可大可小，适合不同年龄、不同性别、不同体质、不同训练程度的人参加。

（二）全面性

排球运动规则规定，每个队员都要进行位置轮转，既要到前排扣球与拦网，又要轮换到后排防守与接应。因此，队员必须全面地掌握各项技术，才能在各个位置上比赛。

（三）技巧性

排球运动规则规定，比赛中球不能落地，不得持球、连击球。击球时间的短暂、击球空间的多变决定了排球运动的高度技巧性。

（四）对抗性

排球比赛中，双方的攻防转换始终是在激烈的对抗中进行的。在高水平的比赛中，对抗的焦点是网上的扣球、拦球。在一场比赛中，夺取一分往往需要经过六七个回合的交锋。水平越高的比赛，对抗程度越激烈。

（五）两重性

排球是各种技术都既能得分、也能失分的运动项目，这种情况在决胜局比赛中更加突出，所以说每项技术都具有攻防的两重性。因此，要求技术既有攻击性，又有防守性。

（六）集体性

排球运动是集体比赛项目，除发球外，其他技术和战术都是在集体配合下进行的。没有严密的集体配合，再好的个人技术也难以发挥战术的作用。水平越高的球队，集体配合越默契。

二、排球运动的作用

（一）增进健康、强健体魄

经常参加排球运动，不仅能改善人体中枢神经系统和内脏器官的功能，而且能提高人的力量、速度、弹跳、灵敏、耐力等各项身体素质和运动能力。总之，经常参加排球运动能使人们在兴奋与愉快中增进健康、强健体魄。

（二）培养良好的心理素质

经常参加排球运动的训练或比赛，可以学到很多控制自己情绪和调节自身心理的手段和方法，如连续失误时使自己尽快冷静下来而且不灰心，比分落后时沉着、不气馁，争夺关键比分时冷静、自信等，这些都是对良好心理品质的培养和锻炼。

（三）培养勤奋、助人、拼搏的优秀品质

排球比赛中，有球不能落地而且击球至多 3 次必须过网的特殊规定，使参加排球比赛的队员总要随时准备补救同伴因判断失误而无法接住的球，或因其他原因没接到位的球，为了发挥本方的进攻力量而不惜奔跑扑救，给下一次击球队员创造有利条件。因此经常参加排球运动，可以培养优良的体育道德作风和团结协作的集体主义精神。

（四）培养信息意识，提高配合及应变能力

排球运动在某种意义上是一项依靠判断的运动，尤其在现代排球比赛中，准确的判断已成为制胜因素之一。判断的基础是“眼观六路、耳听八方”，通过观察对方和同伴的动作、击球的声音、场上的布局等，预测将要发生的情况而迅速作出决策。排球比赛是一项靠集体配合取胜的球类竞赛，个人特长的发挥往往建立在同伴发挥特长的基础之上。因此，运动员在场上要相互协调配合，并不断观察同伴的意图，只有这样才能默契地与同伴合作。

第三节　排球运动的基本技术

一、准备姿势

为了完成各种技术动作而采取的合理的身体姿势称为准备姿势。按照身体重心的高低，排球运动的准备姿势分为稍蹲、半蹲和低蹲 3 种，如图 8-6 所示[①]。

图 8-6　准备姿势

① 本章动作示范者：张程，湖南软件职业技术大学人文素质教学部，体育教研室教师。

（一）稍蹲准备姿势

动作要领：

上体前倾，双臂置于腹前；脚跟稍提起，膝关节保持一定弯曲，便于及时向各个方向蹬地起动；预先拉长伸膝肌群和增大移动时的后蹬力量，也便于及时起跳、下蹲和倒地。

（二）半蹲准备姿势

动作要领：

身体重心比稍蹲准备姿势略低，上体前倾，有利于向前或向侧前移动；双臂置于胸腹之间，有利于移动时的摆臂和随时伸臂做各种击球动作。

（三）低蹲准备姿势

动作要领：

身体重心比半蹲准备姿势更低、更靠前，双脚左右、前后的距离更宽一些，膝部弯曲的程度更大一些。身体重心要更靠前，肩部垂直线过膝，膝部垂直线超过脚尖，双臂置于胸腹之间。

练习方法：

(1) 全班站成 4 列纵队，听到信号后做相应的准备姿势，教师纠错，反复练习。

(2) 队形同上，两人一组面对面依次做三种准备姿势，互相纠错。

(3) 队形同上，在移动或跑动中给予信号，立即制动，完成相应的准备姿势。

易犯错误及纠正方法：

(1) 踏地太死，全脚掌着地，启动慢。纠正方法：以前脚掌着地，小步快速原地左右、前后移动练习。

(2) 臀部后坐，重心靠后，身体过于紧张。纠正方法：进行低重心的摸地移动练习。

二、移动

移动的目的是及时接近球，调整人与球的位置关系，便于完成击球动作。通过正确的移动，可以使人与球保持合理的距离，迅速在场上占据有利位置，便于击球。

（一）并步与滑步

并步与滑步用于离身体较近、弧度较高的来球。

动作要领：

如向右方滑步时，右脚先向右迈一步，左脚迅速跟上，保持好准备姿势。滑步主要用于传球、垫球、拦网等技术，如图 8-7 所示。

（二）跨步

跨步用于来球较低的情况。

动作要领：

同侧脚向移动方向跨出一大步，屈膝，异侧脚用力蹬地，上体前倾。跨步可向前、侧、侧前各方向，也可以过渡到倒地动作。主要用于接发球和接扣球等技术，如图 8-8 所示。

图 8-7 并步与滑步

图 8-8 跨步

(三) 交叉步

交叉步用于来球较近的情况。

动作要领:

向右方移动时，上体稍右转，左脚从右脚前向右迈出一步，右脚迅速向右跨步落于左脚的右边，同时身体转向来球的方向，保持击球前的准备姿势。交叉步主要用于防守、一传、拦网等技术，如图 8-9 所示。

图 8-9 交叉步

(四) 跑步

跑步用于离球较远的情况。

动作要领:

球在侧方或侧后方时，应边看球、边转身、边跑。采用任何一种技术动作都要快起、快停，击球前手臂稳定对准球，占据有利击球位置。

练习方法：

(1) 徒手做各种步法的移动练习。

(2) 按教师给予的手势做不同方向的移动练习。

(3) 两人一组相对站立，一人主动、另一人被动，保持一定距离做移动练习。

(4) 将球抛向不同方向，学生用不同步法迅速将球接住。

三、垫球

垫球是在全身协调用力的基础上通过手臂的迎击动作，使来球从垫击面上反弹出去的一项击球技术。垫球包括正面双手垫球、侧面双手垫球、背垫球、单手垫球、侧倒垫球、前扑垫球和挡球等。下面介绍 4 种常用垫球技术。

（一）正面双手垫球

正面双手垫球是最基本的垫球技术，也是各种垫球技术的基础，适用于接发球、接扣球和接拦网等。

动作要领：

如图 8-10 所示，调整位置迎接来球，双脚前后左右分开站立，屈膝，半蹲，双臂合拢，双手重叠，合掌互握，用臂部击球，手臂伸直，手腕下压，两小臂外翻形成一个平面。触球时，双臂插到球下，以小臂前部的平面触球；击球时肩关节放松，防止挺腹动作，要给球以缓冲的力量。应采用抬臂、提腰、蹬地的全身协调动作，使身体重心向上方移动。垫力量大的来球时，要采用含胸动作，手随球屈肘后适当放松，从而使来球的力量得到缓冲。

图 8-10　正面双手垫球

（二）侧面双手垫球

侧面双手垫球一般在身体来不及移动到最佳位置时使用，也可用于接追胸球。

动作要领 (以左侧垫球为例)：

左脚前脚掌内侧蹬地，右脚跨出一大步，重心右移，双臂夹紧向右伸出，左肩微向下倾斜。利用向右转腰、提右肩和左肩向下倾斜的动作，配合双臂自右后方向前截住球飞行的路线，用双臂垫球的后下部。收臂动作要小，主要靠身体蹬转的力量来控制球，切忌随球做摆臂动作，如图 8-11 所示。

图 8-11 侧面双手垫球

（三）背垫球

背对出球方向的垫球称为背垫球。背垫球大多用于接应同伴垫飞的球或将球处理过网，其特点是垫击点较高。

动作要领：

背垫球时，首先判断来球的轨迹、方向和离网的距离，迅速移到球的下落处，背对出球方向，双臂夹紧伸直，插到球下将球垫起，如图 8-12 所示。

图 8-12 背垫球

（四）单手垫球

单手垫球可采用各种步法接近球，当来球速度快、弧度低、距离远时可用单手垫球。

动作要领：

当球在体前或体侧时，一脚迅速向前或向侧跨出一大步。重心向前移动，以跨出脚的同侧臂向前伸出，插入球下，用虎口（或掌根、手背、前臂）击球的后下部或底部，如图 8-13 所示。

图 8-13 单手垫球

练习方法：

(1) 垫球手形的练习。集体原地徒手模仿练习，教师进行检查纠正。注意动作准确，小臂夹紧，手臂伸直，垫击面要平整。

(2) 垫击固定球。两人一组，一人持球固定在小腹前高度，另一人从准备姿势开始，做垫击动作，但不将球击出，只体会击球动作。

(3) 抛垫。两人一组，一抛一垫。两人距离由近到远，先原地，后过渡到移动垫球。

(4) 自抛自垫。一高一低地自垫。

(5) 对垫。先练习原地对垫，再练习移动对垫，逐步提高练习的难度。

(6) 不隔网的接发球练习。球尽量发准，垫球者力争将球垫到指定位置。

(7) 打垫。一人轻扣，一人垫球，难度逐渐加大。

易犯错误及纠正方法：

(1) 垫球时身体重心过高，移动缓慢，伸臂早。纠正方法：强调判断力，多做半蹲姿势、低蹲姿势的步伐移动练习。

(2) 垫球时双臂屈肘，易造成连击。纠正方法：多做夹臂压腕练习或对墙练习。

四、传球

传球是利用全身协调力量并通过手指手腕的弹力去迎击球的一项技术动作。传球的方式很多，有正面双手传球、背传、侧传、跳传、单手传以及在上述动作基础上传各种战术球。

（一）正面双手传球

正面双手传球是指面对出球方向的传球，是排球中最基本的传球技术。

动作要领：

双脚左右自然开立，一脚稍前，后脚跟略提起，双膝微屈，重心落于双脚之间略偏前脚。上体微前倾，双臂放松，双眼注视来球方向。触球时，双臂屈肘抬起，手腕稍向后仰，双手掌心斜相对，自然张开呈大于半球形的手形，要用手指（而不是手掌）触球；击球时，全脚蹬地，利用手腕的力量及手指弹拨将球送出。击球后，由于用力后的惯性手腕向前随球前屈。正面双手传球动作如图 8-14 所示。

图 8-14 正面双手传球

（二）背传

背传是将球向自己的后方传出。背传的一个重要特点就是隐蔽性强，同时对于救场外球也用得到。

动作要领：

背传时击球点应保持在额头上方。上体比正面传球时稍直立，身体重心稳定在双脚之间。触球时。手腕适当后仰，掌心向上，击球的下部，手形基本与正面传球相同，背传时拇指应托住球底，身体直立，利用蹬地、展腹、抬臂、向后翻腕以及手指弹拨的力量将球传出。背传动作如图 8-15 所示。

图 8-15 背传

（三）侧传

身体侧对目标并向体侧传球的动作叫侧传。

动作要领：

以向左传球为例，采用稍蹲准备姿势，迎球时蹬地抬臂，重心稍左移。击球点在额左前上方，传球手型同正面传球，全身协调用力，上体和手臂向左侧伸展，右侧手臂动作速度和幅度以及用力的距离大于左侧手臂。侧传动作如图 8-16 所示。

图 8-16 侧传

（四）跳传

跳起在空中进行单手、双手传球叫跳传。

动作要领：

跳传的起跳最好是向上垂直起跳，保持好身体的平衡，当身体上升到最高点时，靠迅速伸臂以及指、腕的弹力将球传出，如图 8-17 所示。跳传的正传、背传和侧传，其传球手型、击球点分别与原地的正传、背传、侧传的手型和击球点基本相同。

图 8-17　跳传

练习方法：

(1) 徒手模仿。注意身体的协调性。

(2) 持球模仿动作练习。着重击球时的手形、击球点的位置、身体协调的迎送动作。

(3) 原地自传。先向上自传低一些的球，再进行一高一低的自传，提高控制球的能力和手指触球时的感觉。

(4) 抛传。两人一组，相距 3 ～ 4 米，抛球者尽量将球抛到位，传球者用正确的动作将球传给抛球者。

(5) 含一次自传的抛传。方法同上，传球者自传一次后将球传给抛球者。

(6) 原地对传。在简单条件下练习正面双手传球的完整动作。

易犯错误及纠正方法：

(1) 传球时双手过于紧张，掌心和拇指朝前。纠正方法：强调双手放松，掌心斜向后翻，双手拇指相对呈“一”字形。

(2) 手指太直，易持球。纠正方法：强调手指自然分开，指关节微屈。

(3) 传球时身体重心过高，移动缓慢，伸臂早。纠正方法：强调判断力，多做半蹲姿势、低蹲姿势的步伐移动练习。

五、发球

发球是排球比赛中一项重要的进攻技术。它是1号位队员在发球区内自己抛球后，用一只手将球直接击入对方区域的一种击球方法，是比赛和进攻的开始。这里主要介绍正面下手发球、正面上手发球和跳发球。

(一)正面下手发球

正面下手发球球速慢、威胁小，但难度较低。

动作要领(以右手发球为例)：

运动员面对球网，双脚前后开立，左脚在前，双膝微屈，上体稍前倾，左手将球轻轻抛在体前偏右，高度适中；抛球时，右臂以肩为轴后摆，重心移至右脚；击球时，右脚蹬地，球一抛离左手就迅速前摆右臂击球的后中下部；触球时，手指手腕紧张。击球完毕迅速进场比赛。正面下手发球动作如图8-18所示。

图8-18 正面下手发球

(二)正面上手发球

正面上手发球准确性高、易于控制落点，适用于大力发球。

动作要领(以右手发球为例)：

运动员面对球网，双脚自然分立，左脚在前，左手托球于身前。将球平稳地垂直抛向体前上方，高度适中。在左手抛球的同时，右臂抬起，屈肘后引，比肩稍高，上体向右转，挺胸展腹。击球时，利用蹬地、转体和收腹的力量，带动手臂挥动击球；触球时，手指自然张开与球吻合，手腕迅速做出推压动作，使球呈上旋飞行。击球后迅速回到场内。正面上手发球动作如图8-19所示。

(三)跳发球

动作要领：

面对球网，站在距端线2～4米处，利用单手或双手将球抛在前上方，随着抛球离手向前助跑起跳。起跳时，双臂要协调摆动，摆幅要大。击球时利用收腹和转体动作带动手臂挥动，在身体升至最高点时以全手掌击球的中下部，击球时，手腕要有推压的动作。跳发球动作如图8-20所示。

图 8-19　正面上手发球

图 8-20　跳发球

练习方法：

(1) 徒手模仿发球动作。主要是体会身体的协调用力和挥臂的路线。

(2) 抛球练习。球要垂直上抛，位置和高度要固定。

(3) 近距离发球。两人相距 6 ～ 8 米，对发轻球，要注意击球手法和击球部位。

(4) 近距离隔网的发球练习。两人一组，各离网 5 ～ 6 米，互相对发，逐渐过渡到端线后发球。要求动作正确，弧度适中。

(5) 规定任务的发球。如规定发球区域、发球线路或发球数量等，计算成功率。

易犯错误及纠正方法：

(1) 抛球不稳，挥臂转体动作不协调。纠正方法：多做发球击球模仿动作练习，协调动作，反复练习抛球技术。

(2) 上手发球时，不能在最高点击球。纠正方法：规定适当的高度，挥打树叶或标志。

六、扣球

扣球是指比赛队员跳起在空中，用全身的力量，通过收腹含胸、快速挥臂等动作，将高于球网的球从球网上两标志杆之间击入对方场地的方法。扣球是排球重要的技术之一，是排球比赛中最积极、有效的进攻手段，是完成进攻战术的关键。下面介绍 4 种常用的扣球技术。

(一) 正面扣球

动作要领(以右手扣球为例):

采用稍蹲准备姿势，站在进攻线后，身体面向来球方向。选择合适的路线助跑，左脚先迈出一步，接着右脚迅速跨一大步，左脚及时并上，踏在右脚前方，双腿起跳。双臂在体侧做弧线向上的摆臂运动，上体稍向右转，右臂向后上方抬起，身体呈反弓形。挥臂时，以迅速转体、收腹动作发力，依次带动肩、肘、腕部位呈鞭打动作向前上方挥动。击球时，以掌心为击球中心，击球的后中部，主动用力屈腕向前推压。正面扣球动作如图 8-21 所示。

图 8-21 正面扣球

(二) 扣近体快球

在二传队员体前或体侧 50 厘米左右扣出的快球统称为近体快球。扣近体快球时，应随一传队员助跑到网前，当二传队员传球时，扣球队员在其体前或体侧近网处迅速起跳，起跳后要快速挥臂，将刚刚传出网带的球扣入对方场区。击球时，利用收胸动作，带动前臂和手腕迅速鞭打甩动，以全手掌击球的后上部。

(三) 扣半高球

扣半高球的技术方法和正面扣球基本相同，但在传球的高度上有所区别，半高球的高度一般在网上 1 米左右，需要二传队员和扣球队员密切配合，进攻队员需要提前预判球的轨迹，快速上步，将球击出。

(四) 单脚起跳扣球

单脚起跳扣球采用与球网呈小夹角或顺网的一步、两步或多步助跑。助跑后，左脚跨出一大步，上体后倾，在右腿向前上方摆动的同时，左腿迅速蹬地跳起，双臂配合摆动，帮助起跳，起跳后扣球动作与正面扣球动作一致。

练习方法:

(1) 徒手模仿动作，熟悉扣球技术动作。

(2) 扣固定球。1 人手持球高举做固定球另一人扣该固定球。

(3) 扣抛球，扣球者可在 4 号位扣隔网抛来的球。

(4) 练习完整扣球动作，上网扣一般球，并练习在此基础上扣直线，斜线，小斜线等。

易犯错误及纠正方法：

(1) 助跑起跳前冲。纠正方法：在地上画起跳线防止前冲。

(2) 上步起跳时间过早或过晚。纠正方法：以口令、信号体会上步起跳的时间，加强对上步起跳时间的判断。

(3) 挥臂动作僵硬、拖时。纠正方法：掷垒球；用中等力量原地扣球，放松鞭甩动作。

七、拦网

拦网是排球运动的基本技术之一，是队员靠近球网，将手伸向高于球网处阻挡对方来球的行动，如图 8-22 所示。下面介绍 3 种常用的拦网技术。

图 8-22 拦网

（一）单人拦网

单人拦网技术本身并不难，难的是对拦网时机的判断。队员面对球网，距网 30 ～ 40 厘米，双膝微屈，双臂在胸前自然屈肘，原地起跳时，重心降低，双膝弯曲，用力蹬地，使身体垂直起跳。跳起后双手从额前平行球网向网上沿前上方伸出，双臂平行尽力伸过网向对方上空，双手接近球，自然张开，手触球时要突然紧张，主动盖帽捂球。

（二）双人拦网

由前排两个队员互相靠近同时起跳组成的拦网称为双人拦网。双人拦网时应以一人为主拦队员，另一人为配合队员，但主拦队员不是固定的。主拦队员必须抢先移到对正扣球点的位置，做好起跳准备，配合队员则迅速移动靠近主拦队员准备同时起跳。两队员之间的距离要合适，两人的手臂应该在体前划小弧向上摆伸。手臂在空中既不能重叠，又不能间隔太宽。

（三）三人拦网

三人拦网在对方扣球进攻力强、路线变化多，而且很少轻扣和吊球时使用。三人拦网的动作方法与双人拦网相似。其关键在于迅速移动，取位恰当，配合密切。无论对方从哪个位置扣球，一般都以3号位队员为主拦队员，2号位、4号位队员为配合队员。此时，另两个配合队员应及时移动去靠近主拦队员，同时起跳。

练习方法：

(1) 原地或与网平行移动做徒手拦网练习。

(2) 原地在低网上做扣球拦网练习。

(3) 原地做扣球拦网练习。

易犯错误及纠正方法：

(1) 起跳时间过早或过晚。纠正方法：判断起跳时机，扣球先起跳，拦网后起跳。

(2) 双手前扑、触网。纠正方法：进行徒手模仿拦网练习或结合低网进行原地拦网练习，注意提前屈腕。

(3) 手、网之间漏球，不看扣球动作，盲目起跳伸臂。纠正方法：判断扣球的线路，快速移动，对正拦球或徒手轻跳拦固定球。

第四节 排球运动的基本战术

排球运动战术指在比赛中根据排球运动的规则要求、排球运动的规律、双方的具体情况和临场的变化，合理地运用技术所采取的有组织、有目的和有意识的一种配合行动，如图8-23所示。本节将介绍排球运动的基本战术，包括阵容配备与位置交换、进攻战术、防守战术。

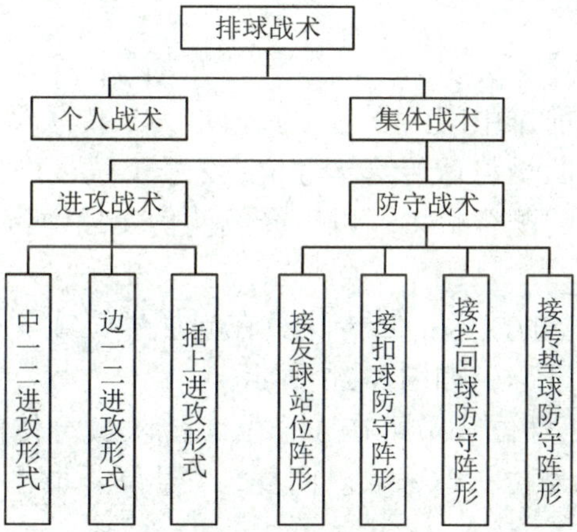

图8-23 排球战术

一、阵容配备

阵容配备就是合理地安排场上队员技术力量的组织形式。阵容配备的主要形式有“四二”配备、“五一”配备等。

“四二”配备指场上队员有4个进攻队员和2个二传队员。4个进攻队员又分为2个主攻、2个副攻，同角色的两名队员站在对角位置，如图8-24所示。

“五一”配备指场上队员有5个进攻队员和1个二传队员。5个进攻队员又分为2个主攻、2个副攻、1个接应二传，同角色的两名队员站在对角位置，如图8-25所示。

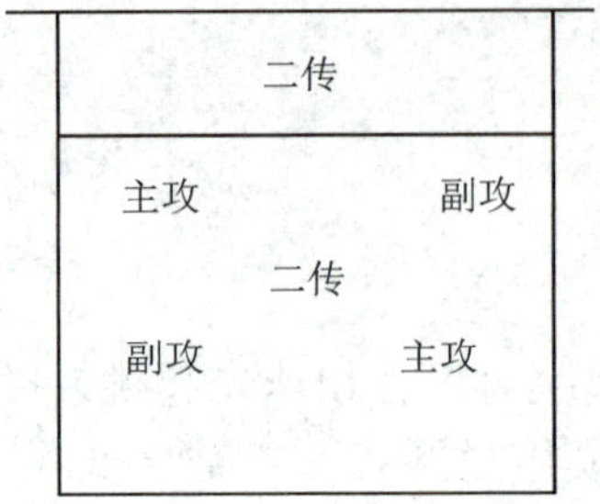

图8-24 “四二”配备

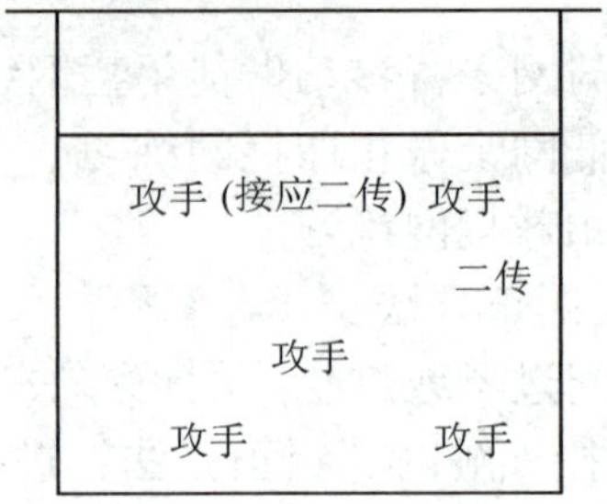

图8-25 “五一”配备

二、位置交换

为了方便每个人发挥特长，根据规则场上队员在发球后可任意交换位置，在比赛中采用专位进攻和防守的方式进行比赛。换位的规律如下。

前排部分：主攻队员换到4号位，拦网好、移动快、弹跳强的副攻队员换到3号位，二传队员换到2号位。

后排部分：把防守灵活的队员换到5号位或6号位，二传队员换到1号位，以便防守反击时插上传球、组织进攻；把后排进攻能力强的队员放在1号位或6号位。

三、进攻战术

(一)“中一二”进攻

“中一二”进攻是由前排中间的3号位队员作为二传队员，其他5名队员将来球垫传给二传队员，再由二传队员将球传给4号位、2号位队员进攻的战术形式。

“中一二”进攻战术的配合较多，以下介绍两例实战中常用的配合，可在平时多加组织练习。

(1) 集中、拉开相结合的战术：二传队员在向2号位或4号位传球时，根据临场情况可传集中球，也可传拉开球，如图8-26所示。

(2) 快球掩护战术：2号位队员可在3号位二传队员身体前扣快球，也可进行快球掩护，由4号位队员在4号位扣球强攻。同样，4号位队员也能视情况采取以上战术，如图8-27所示。

(二)“边一二”进攻

“边一二”进攻是由前排2号位队员担任二传，其他5名队员将来球垫传给二传队员，再由二传队员将球传给4号位、3号位队员进攻的战术形式。其特点是二传队员在边上，对一传队员的要求稍高，但战术变化多，战术可繁可简，适合不同水平的队伍。若采用“四二”配备，当二传队员轮到4号位或3号位时，可以在对方发球后换到2号位。

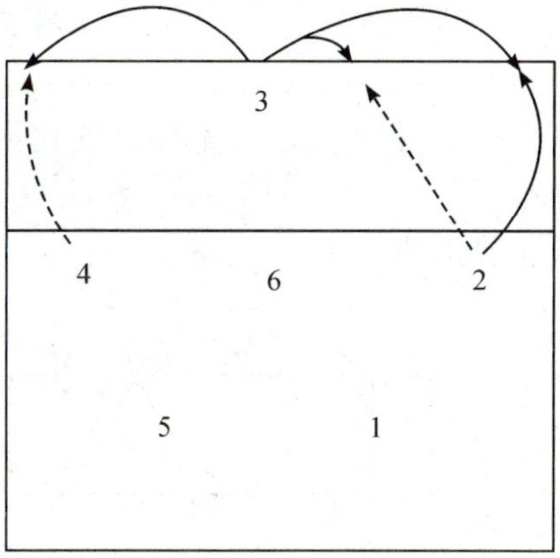

图 8-26 集中、拉开相结合的战术

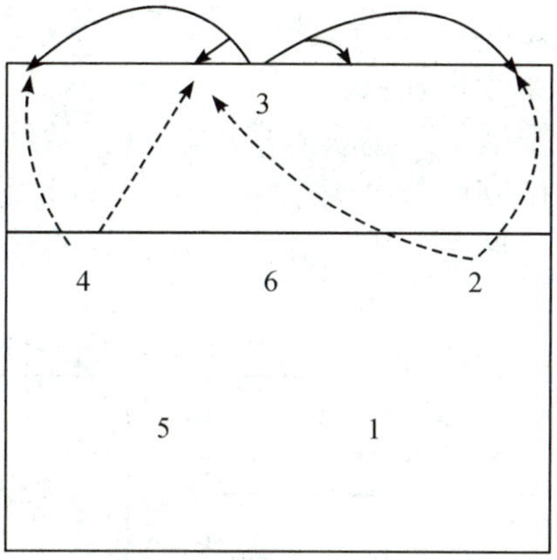

图 8-27 快球掩护战术

下面介绍两种“边一二”进攻战术的具体配合。

(1) 快球掩护活点进攻战术：3 号位队员扣近体快球或快球掩护，4 号位队员跑动活点进攻，如图 8-28 所示。

(2) 围绕掩护活点进攻战术：3 号位队员绕至二传队员背后扣快球或半高球，4 号位队员在 4 号位进行拉开进攻，如图 8-29 所示。

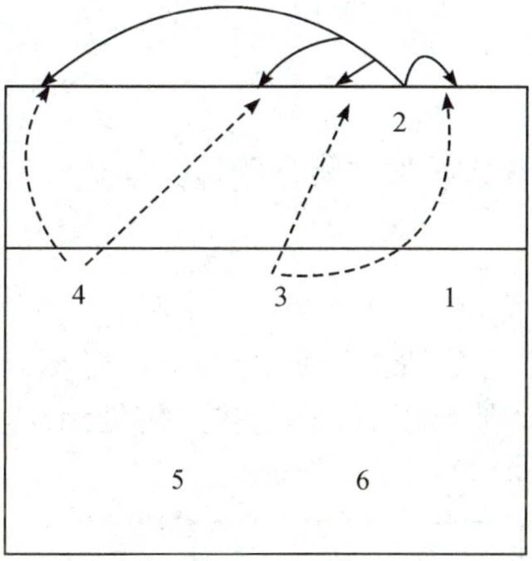

图 8-28 快球掩护活点进攻战术

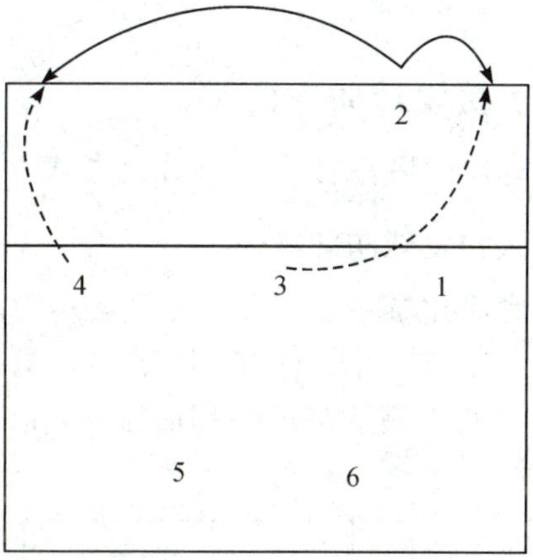

图 8-29 围绕掩护活点进攻战术

(三) 后排“插上”进攻

在对方发球后，由后排一个队员插上到前排担任二传，把球传给前排 4 号位、3 号位、2 号位队员进攻，这种进攻战术称为“插上”进攻。不管是采用“四二”配备，还是采用“五一”配备，对方发球后，后排二传队员分别从 1 号位、6 号位、5 号位插上，在前排组织进攻。

下面介绍三种具体战术配合，平时应作为重点进行演练，如图 8-30 所示。

(1) 前交叉：4 号位队员前冲扣近体快球，3 号位队员交叉外绕至 4 号位强攻，2 号位队员在 2 号位进攻。

(2) 后交叉：3 号位队员扣近体快球，2 号位队员交叉跑动到 3、4 号位之间扣半快球，4 号位队员随时准备 4 号位强攻。

(3) 背交叉：2 号位队员扣背快球，3 号位队员交叉跑到 2 号位进攻，4 号位队员随时准备在 4 号位强攻。

“后排插上”进攻阵形的优点：始终能保持前排三点进攻，战术配合变化多样，并能充分利用网的全长组织进攻。

“后排插上”进攻阵形的缺点：对插上二传队员的水平要求较高。

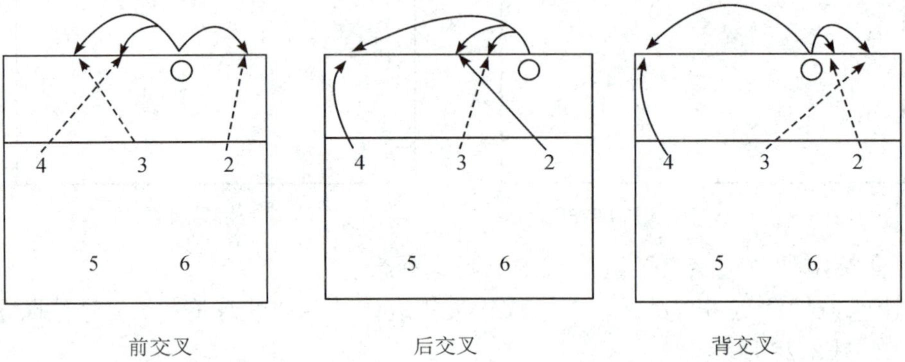

图 8-30　三种插上进攻战术

四、防守战术

(一) 接发球防守阵形

接发球防守阵形按人数可分为 5 人、4 人、3 人接发球防守阵形。

1. 5 人接发球防守阵形

初学者在比赛中多采用“一三二”接发球防守阵形，也称 W 防守阵形，便于打“中、边二传”进攻。二传队员站前排，5 名队员按“W”字分站 3 米线后。每人防守相应的区域，接合部秉承右手侧队员多接和后排队员多接的原则，将球垫向前排二传处组织进攻，如图 8-31 所示。

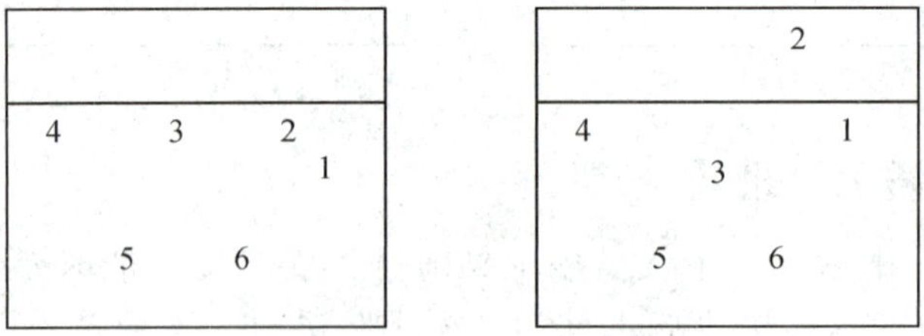

图 8-31　5 人接发球防守阵形

2. 4 人接发球防守阵形

4 人接发球防守阵形的优点是便于二传插上，不接发球的前排队员可以充分做好进攻的准备。但是接发球时每人负责一条线，对接发球队员的前后移动和判断能力要求较高。由于接发球只有 4 名队员，因此大都采用“盆”形站位。“盆”形站位又可分为“浅盆”形和“一”字形两种。“浅盆”形站位主要用于接对方目标落点靠后或速度平快的发球，“一”字形站位主要用于接对方的跳发球、大力球及平冲球，如图 8-32 所示。

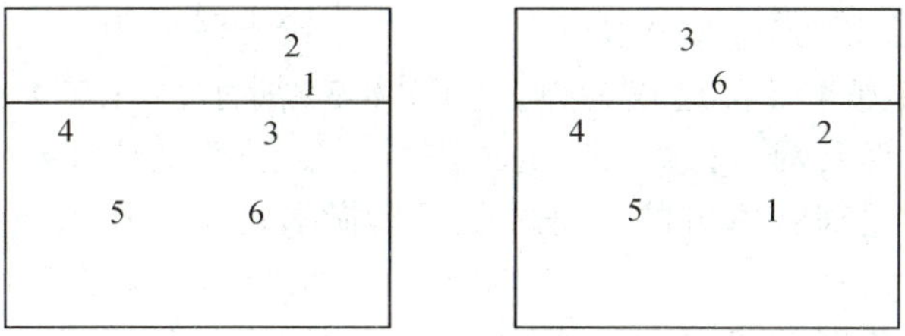

图 8-32 4 人接发球防守阵形

3. 3 人接发球防守阵形

3 人接发球防守阵形一般是前排两名队员和一名插上队员不接发球，或前排 3 名队员都不接发球而由后排队员担负全场一传任务。其优点在于快攻队员不接一传，有利于组织快变战术；前排队员交换位置非常方便，有利于组成快速多变的战术；可让一传差的队员避开接发球，减少一传的失误。但 3 人接发球防守阵形每人负责的区域相对较大，对判断、移动及控制球的能力要求较高。3 人接发球防守阵形主要采用“前一后二”站位和“后三”站位。“前一后二”站位由 1 名前排队员和 2 名后排队员担负全场的接发球任务，“后三”站位由后排 3 名队员担负全场的接发球任务。

（二）接扣球防守阵形

接扣球防守战术又叫反攻战术，它是排球比赛中出现次数较多、战术的组织难度也较大的主要得分手段，对比赛的胜负起着重要作用。组织接扣球防守阵形要根据对方进攻的特点来变化；其次要充分发挥本队队员的特长，合理地配备力量；同时还要适当考虑到防守后的进攻战术打法。接扣球防守阵形根据参加拦网的人数可分为无人拦网、单人拦网、双人拦网和三人拦网四种，以下重点介绍双人拦网防守阵形。

双人拦网防守阵形是防守战术中最主要的战术形式，其主要变化有“心跟进”和“边跟进”两种。

1.“心跟进”防守阵形

这种防守阵形又被称为“6 号位跟进”，即固定由 6 号位队员跟进保护。它多在对方具有一定的进攻威力又善于轻吊球时，为了防止“心空”时而采用。一般由二传队员跟进保护较好，对反攻时的插上和组织反攻有利，有时也可将后排防守技术差的队员作为 6 号位跟进队员。

战术运用：以对方 4 号位进攻为例，如图 8-33 所示，当对方 4 号位进攻时，由本方 2 号和 3 号位队员拦网；6 号位队员跟至进攻线附近，主要任务是防守对方直线扣球和拦网反弹到后场的球，接应 5 号位和 4 号位队员防起的球；本方 4 号位队员后撤至进攻线，主要任务是防对方斜线扣球；1、5 号位队员在后场防守，主要任务是防守对方直线扣球和拦网反弹到后场的球。每个位置各自负责一定的区域，并互相接应。

“心跟进”防守阵形的优点：有利于防吊球和拦网弹起的球，也便于接应和组织进攻。

“心跟进”防守阵形的缺点：后场只有两人防守，空隙较大，容易造成后场中央和两腰空当。

2.“边跟进”防守阵形

这种防守阵形又称为“马蹄形防守”，它是由本方 1、5 号位队员跟进保护的防守战术。

一般在对方进攻力量比较强、战术变化较多、吊球较少时采用。

战术运用：以对方 4 号位进攻为例，如图 8-34 所示，对方 4 号位进攻时，由本方 2 和 3 号位队员组成双人网，1 号位队员跟进，主要任务是防守对方 4 号位的直线扣球以及拦网队员身后的吊球；本方的 4 号位队员后撤与后排队员组成半弧形防守，主要任务是和本方的 5、6 号位队员一起防守对方 4 号位的斜线扣球以及中场空心球。

“边跟进”防守阵形的优点：对防对方重扣球较为有利，同时也便于组织反攻。

“边跟进”防守阵形的缺点：球场中间空隙较大，容易形成“心空”。

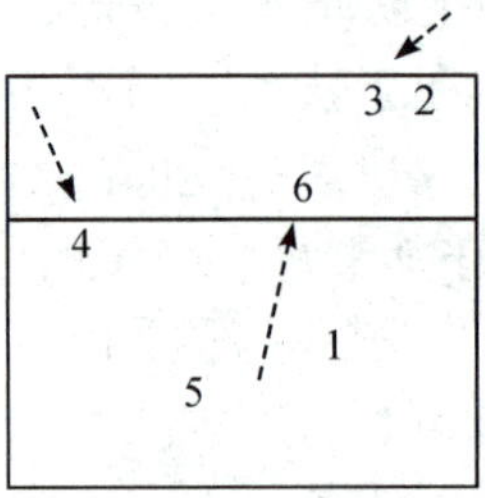

图 8-33 “心跟进”防守阵型战术布置

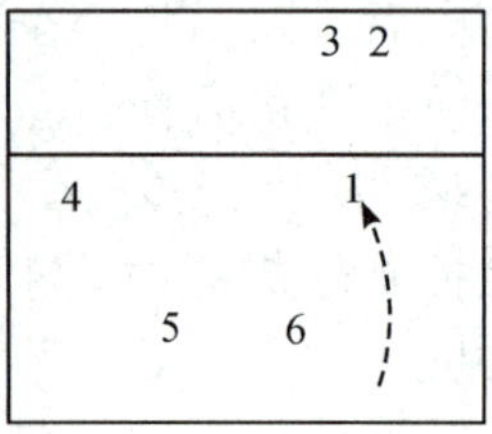

图 8-34 “边跟进”防守阵形战术布置

排球运动竞赛规则

第九章 羽毛球运动

学习目标

- 了解羽毛球运动的起源及健身价值
- 学习羽毛球运动的基本技术和基本战术
- 掌握羽毛球运动的练习方法
- 了解羽毛球比赛规则及裁判法，能够从不同角度欣赏羽毛球赛事

课程思政点

战斗到最后一刻——国羽“凡尘”组合打出拼搏精神

在 2021 年 10 月 17 日举行的尤伯杯决赛上，国家羽毛球队女双组合陈清晨 / 贾一凡击败了日本组合福岛由纪 / 松本麻佑，这是扭转局势的关键一战，为国羽最终夺冠吹响了号角。当时同为 24 岁的两位姑娘，整场比赛中，像两名女战士一样，目光坚毅、充满斗志，战斗到了最后一刻。

同年 8 月举办的东京奥运会上，首次参赛的两人闯入了决赛，最终不敌印尼组合波莉 / 拉哈尤摘得银牌，赛后两人流下了遗憾的泪水。但在场上她们朝气蓬勃、拼劲十足，因为在场上不断用“lucky”（幸运）一词为自己加油，又被粉丝亲切地称为“lucky”组合。之后的陕西全运会上，她们不出意外地拿到了冠军，证明了自己国羽女双第一组合的地位。

2021 年 10 月 3 日，第十七届“苏迪曼杯”总决赛上，陈清晨 / 贾一凡被安排在第四场出场，面对压力，“不给自己留退路”是“凡尘”组合对自己的要求。于是她们又靠着一次次拼搏，击败日本组合，助力中国队第十二次捧起了苏迪曼杯。

十多天后转战尤伯杯，“凡尘”组合对冠军更加渴望。三年前，没有捧起尤伯杯是她们的心结，这次她们誓为团队捧杯，也是她们坚持的最大动力。

决赛中，她们耗时 117 分钟以大比分 2 比 1 力克日本队的福岛由纪 / 松本麻佑，比赛中不论对手领先多少，她们都未曾放弃，陈清晨喊话贾一凡：“死也要死在场上”。坚定的神情，赢下比赛的渴望和为国家荣誉拼尽一切的决心，让她们一次次化险为夷。

决胜局最后一个球，也是一个多拍较量，先是陈清晨连续进攻四拍，然后是贾一凡的连续进攻，最终导致日本组合回球出界。这一球也是本场比赛的缩影，两人相互配合、

相互弥补，形成了 1 加 1 大于 2 的力量。“很享受和同伴一起在场上拼搏的时刻，希望一直拼搏下去”，陈清晨说，“即使再让我选一次，我也会像七年前一样，选择贾一凡搭档”。“我们就是各自心目中最好的搭档”，贾一凡强调。

2021 年是陈清晨和贾一凡搭档的第七年，正是因为两人的相互成就，才有了今天的成绩。她们也感谢奥运会带给她们的成长。“其实我们两人都没有打过这么长时间的比赛，奥运会之后我们两个在思想、心态上进步很多，包括在关键分的处理上，团体赛虽然有压力，但我们进步最大的地方就是克服困难的能力”，贾一凡表示。

羽毛球女双曾经是中国队的传统优势项目，队员们擅长打多拍、打逆风球，更重要的是在场上有一种不服输的斗志。如今陈清晨和贾一凡继承了这些光荣传统，打出了国羽的拼搏精神——球不落地，永不言弃!

羽毛球运动是深受广大群众喜爱的小型球类运动。由于它的运动器材简单，不受场地限制，两把球拍一个球，无论走到哪里，无论有网无网，无论室内、室外，只要有一小块空地，就能进行活动和锻炼。羽毛球运动一方面是一项技巧性很强的竞技性比赛项目，另一方面，它又是一项普及性很强、老少皆宜的活动，既能强身健体，又充满乐趣。无论是从事竞技性运动，还是一般性的大众健身活动，都需要在场上不停地移动、跳跃、转体、挥拍击球。因此，青少年经常进行羽毛球锻炼，能促进生长发育，增强身体各方面的机能，培养不怕困难、不甘心落后、顽强拼搏的精神，从而提高身体素质和促进身心健康。

第一节　羽毛球运动概述

一、羽毛球运动的起源

根据《民族体育集锦》记载，中国在远古时期就有类似羽毛球运动的游戏存在，这种活动主要分布在我国的西南地区。

相传，远古时代，我国苗族的祖先在正月期间总要把一些五颜六色的鸡毛做成花毽，然后成群结队到野外去玩“打花毽”游戏。游戏开始时，姑娘首先向小伙子抛出花毽，小伙子再用手将花毽击回姑娘一方，互相你来我往，尽量不让花毽落地。双方对打时，有时相距较近可以边打边答话，或互相对歌，这种游戏叫“打手毽”。可以说，“打花毽”和“打手毽”等游戏是今日羽毛球运动的鼻祖。据英国《大不列颠百科全书》记载，“原始的羽毛球游戏、羽毛球活动至少在 2000 年前，在中国、日本、印度、泰国等地就开始流行了”。由此可以佐证，在距今 2000 年前或更早，羽毛球游戏活动已在我国的少数民族地区和民间流传了。

到 18 世纪前，亚洲、欧洲的一些国家就有了用木制球板来回拍击球的类似羽毛球运动的活动。19 世纪 60 年代，一批退役的英国军官把印度的“普那”游戏(一种在纸板上绑上羽毛当球击打的游戏)带回了英国。早期羽毛球运动所用的球类似我国民间的毽子。其活动方式是用木拍击打“毽子”球，被人们称为“毽子板”运动，它是现代羽毛球运动的前身。

到了19世纪中叶，经过不断地演变改进，在英国出现了用羽毛和软木制成的球和用弦穿的球拍击球的活动。1873年在英国格拉斯哥附近的鲍弗特公爵的伯明顿庄园里举办了一次游园活动，由于下起了大雨，便改在室内进行游戏，场地呈“葫芦形”，中间狭窄处挂着网，由于这项游戏的趣味性强，参与者个个尽兴而归，于是这项游戏活动便逐渐风行起来，最终发展成为如今的羽毛球运动。

二、我国羽毛球运动的发展概况

20世纪20年代初，羽毛球运动传入我国。1949年前，只有上海、广州、北京、天津等少数城市的一些教会学校会开展羽毛球运动，从未举办过全国性的大规模比赛。解放初期，只有东南沿海的少数城市、少数人打羽毛球。1959年9月，在第1届全国运动会上，羽毛球被列为正式比赛项目，并有21个省、自治区、直辖市的代表队参加了比赛。当时，福建省队以绝对的优势获得了团体总分第一名。从此，福建便成了我国培养羽毛球运动员、教练员的摇篮。

1964年，在广州召开了第一次全国羽毛球训练工作会议，会上充分肯定了“以快为主、积极主动、先发制人”的打法是我国羽毛球技术的发展方向，并确定了“快、狠、准、活”的技术风格，为我国羽毛球运动攀登世界技术高峰奠定了基础，同时宣告了一个崭新的羽毛球技术发展时代的开始。

在1986年的第14届汤姆斯杯赛和第11届尤伯杯赛中，中国羽坛健儿在号称世界羽毛球王国的印度尼西亚，双双荣获世界羽毛球男、女团体冠军。为表彰中国羽毛球队的功绩，感谢中国对发展世界羽毛球运动的贡献，经国际羽毛球联合会批准，在中国设立一个比赛站，每年举办五星级的世界羽毛球大奖赛，即中国羽毛球公开赛。

当今世界各国羽毛球强队的实力旗鼓相当，世界级优秀运动员的水平也相差无几，各有特点，难分伯仲。

三、羽毛球运动的锻炼价值

羽毛球运动是一项趣味性强、基本技术较易掌握、规则简单、场地较小、器材简单、易于开展的球类运动。两个人两只球拍一个球，在大厅、礼堂、过道、广场、校园、公园或一片小空地等处便可打球。因此，羽毛球运动深受人们的喜爱，极易推广和普及。

羽毛球运动的特点是：不受性别、年龄、身体条件和技术水平的限制，运动量可大可小，可根据个人的身体条件和技术情况进行锻炼或比赛。

经常打羽毛球，可以加快人体血液循环，增强心血管系统、呼吸系统等内脏器官的功能，发展人体的灵敏性和协调性，提高动作速度和上、下肢活动能力，提高身体素质，使身体得到全面发展，达到增强体质的目的。同时，经常打羽毛球，还可以培养人们勇敢顽强、敢于胜利、机智灵活、沉着果断等优良的品质和作风。

第二节　羽毛球运动的基本技术

羽毛球技术是指运动员在羽毛球比赛中所采取的合理动作的总称。羽毛球技术是在比赛实践中逐步形成、发展和完善起来的。

技术是战术的前提，是完成战术打法的基础。因此，练习羽毛球要充分认识基本技术的重要性，从基本技术上狠下功夫，全面发展，不断提高。

羽毛球是一项技术动作复杂、技术性很强的运动项目。羽毛球技术大致可以分为手法和步法两大类，如下所示：

- 羽毛球技术
  - 手法
    - 握拍法
      - 正手握拍
      - 反手握拍
    - 发球法
      - 正手发球：高远球、平高球、平快球、网前短球
      - 反手发球：平快球、网前短球
    - 击球法
      - 高手击球：击高球、吊球、扣杀球
      - 网前击球：搓球、推球、扑球、钩球、放网前球
      - 低手击球：挑高球、抽球、接杀球
  - 步法
    - 上网步法：跨步或交叉步上网、垫步上网、蹬跳步上网
    - 后退步法：正手后退步法、头顶后退步法、反手后退步法
    - 两侧移动步法：向右侧移动步法、向左侧移动步法
    - 起跳腾空步法：向右(左)侧移动起跳腾空步法、上网(后退)起跳腾空步法

一、握拍法

握拍法是指运动员手握球拍柄的方法。初学羽毛球者，首先应该认真学习正确的握拍方法。羽毛球拍的握拍方法有两种：正手握拍法和反手握拍法。以下均以右手握拍为例。

（一）正手握拍法

正手握拍法又称“握手”式握拍法。握拍时先用左手拿住球拍杆，使拍面与地面垂直，再张开右手，使虎口对着球拍拍框的内侧，手掌小鱼际肌靠在球拍柄端，小指、无名指、中指自然并拢，食指和中指稍隔开一定距离，大拇指的内侧和食指贴在拍柄的两个宽面上将球拍柄握住。握拍时掌心不要贴紧拍柄，要使掌心与拍柄保持一定的空隙，如图 9-1 所示。

（二）反手握拍法

反手握拍法是在正手握拍的基础上，将大拇指伸直用其第一指节内侧顶贴在拍柄内侧的宽面上，食指收回，与拇指同（或略）高，用大拇指和食指将球拍稍向外转，中指、无名指、小指紧握拍柄，拍柄端紧靠小指根部。握拍手与拍柄之间留有空隙，以便能充

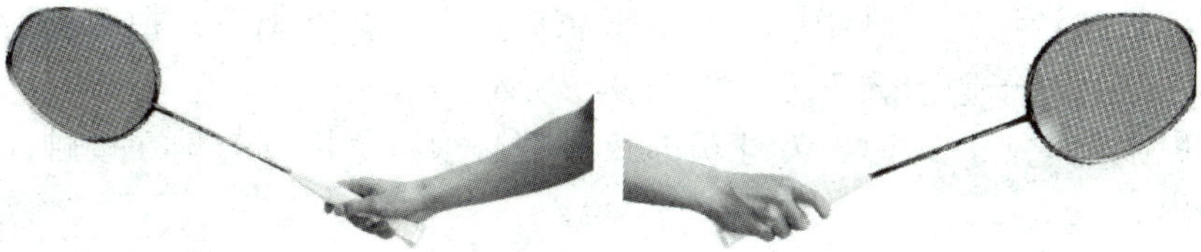

图 9-1 正手握拍

分利用手腕力量和大拇指的内侧压力击球，如图 9-2 所示。

图 9-2 反手握拍

反手发球、身体左侧的击肩下球和肩上球等一般都采用反手握拍法。

易犯的错误：

(1) 握拍手小指、无名指、中指和食指并列，握拍太紧，或呈“拳握”式的握拍。

(2) 握拍手食指贴在球拍柄的上端部分。

(3) 握拍太前，拍柄末端露出过长，影响手腕动作。

(4) 握拍手虎口贴在拍柄的宽面。

二、发球与接发球

(一) 发球

发球是羽毛球运动一项非常重要的基本技术。按其动作可分为正手发球和反手发球两种。按球在空中飞行的弧线可分为高远球、平高球、平快球和网前短球等 4 种，如图 9-3 所示。按比赛项目划分，则有单打发球和双打发球两种。

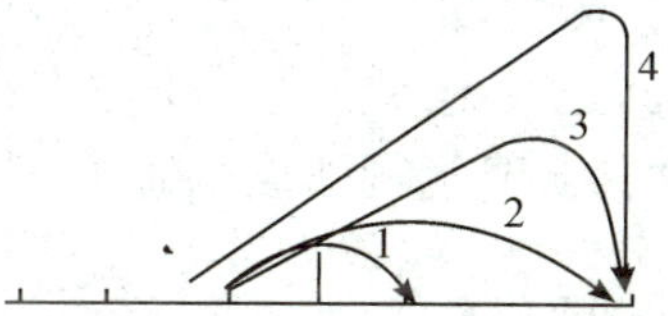

1—网前短球；
2—平快球；
3—平高球；
4—高远球；

图 9-3 发球落点

1. 发球站位与准备姿势

(1) 发球站位。发球站位指运动员在开始发球前，选择有利位置的选位方法。一般情况下，单打发球站位的运动员应选择在球场中心中线附近，站在规定场区内离前发球线 1 ～ 1.5 米处，双打发球站位则可站在靠近前发球线的地方。

(2) 准备姿势。

① 正手发球：运动员双脚前后站立与肩同宽，侧身对网，左脚在前 (脚尖对网)，右脚在后 (脚尖侧对网)，身体重心在后脚。右手持拍向右后侧自然举起，屈肘，左手持球举于身前胸腹间处，眼睛注视对方，发球时，重心由后脚移至前脚，如图 9-4 所示[①]。

② 反手发球：运动员双脚前后站立，右脚在前，左脚在后，上体稍前倾，重心在前脚，

① 本章动作示范者：曹凯嘉，湖南软件职业技术大学软件与信息工程学院，Java2102 班学生。

右手反手握拍将球拍摆在左侧腰前，肘部微屈稍抬高，拍框朝下，拍面稍后仰，握拍手自然放松，左手持球于腹前腰下处，如图 9-5 所示。

羽毛球规则规定：发球时，发球员的双脚都必须有一部分与地面接触，不得移动，直至将球发出。

图 9-4　正手发球

图 9-5　反手发球

2. 正手发球

正手发球一般用于单打比赛中发高远球、平高球、平快球，同时也可用于发网前短球。

1) 正手发高远球

发高远球主要是把球发得又高又远，使球飞行到对方底线上空时，几乎垂直下落，球的落点在对方场内端线附近。

动作要领：

站位与准备姿势如前所述。发球时，重心由后脚移至前脚，持球手松开使球自然下落。紧接着右手持拍沿着从下而上的弧线自然地向身体前上方挥拍，手部自然伸腕。球拍触球前刹那，小臂带动手腕向前上方“闪”动，手紧握拍柄，利用手腕、手指爆发力以及拍面的前半部击球。击球瞬间，拍面正对出球方向，击球点在发球员的右前下方。球拍击球后随惯性向左侧上方继续挥拍。出球飞行弧度与地面仰角一般大于 45 度。正手发高远球动作如图 9-6 所示。

图 9-6　正手发高远球

易犯的错误：

(1) 大臂直臂挥拍，未能发挥小臂、手腕、手指的爆发力量，导致出球无力。

(2) 发球时，身体重心转移力量、手臂挥动力量和手腕、手指力量结合不当，使发球技术动作僵硬、不协调。

(3) 持球手放球与持拍手向前挥拍时机配合不当，导致过早击球，击球点不准，影响发球质量。

(4) 击球瞬间，拍面角度掌握不当，以致出球落点不准。

(5) 发球结束后，球拍未顺势向左上方挥拍缓冲，而是向右上方挥拍，动作失调，影响击球力量。

2) 正手发平高球

平高球在空中的飞行弧度稍低于高远球，而飞行速度稍快于高远球，球较快地越过对方身体落在对方场内端线附近。

动作要领：

站位与准备姿势同发高远球。挥拍击球时不要紧握拍柄，利用小臂挥动力量带动手腕、手指向前上方击球。拍面稍向前推送，使出球仰角小于45度，球运行到最高点后逐渐下落至对方场内端线附近。

3) 正手发平快球

发平快球又称发平球，是把球发得又平又快，使球快速落在对方场内端线附近。

动作要领：

准备姿势同发高远球，站位稍靠后些。击球瞬间紧握球拍柄，利用小臂挥动力量带动手腕、手指力量快速向前击球，拍面仰角小于30度，使球越网而过直插后场，向对方反手部位或空当飞行。

易犯的错误：

(1) 发平高球、平快球时在击球瞬间拍面仰角掌握不好，使出球的飞行弧度不佳。

(2) 击球瞬间发力控制不当，影响球的飞行速度，导致球的落点不准。

4) 正手发网前短球

发网前短球是把球发至对方发球区内前发球线附近。球的飞行速度较慢，飞行弧度较低，使球“贴网”而过。

动作要领：

准备姿势同发高远球。只是在发球时，挥拍幅度较小，击球瞬间不需紧握拍柄，而是利用手腕和手指的力量从右向左横切推送，将球轻轻发出，使球贴网而过，如图9-7所示。

图 9-7 正手发网前短球

易犯的错误：

(1) 不善于利用手腕、手指力量做横切推送的击球动作，使击球力量不当，球的落点不准。

(2) 在击球瞬间，拍面仰角掌握不好，影响球的飞行弧度或发球质量。

3. 反手发球

反手发球一般用于发平快球和网前短球。这种发球主要是用大拇指发力，以大拇指及其他手指力量来控制球速和落点，所以有动作小、速度快、一致性强等特点，易于迷惑对手。一般情况下，双打比赛多采用反手发球法。

1) 反手发网前短球

站位与准备姿势如前所述。

动作要领：

准备击球时手腕内屈，击球瞬间利用小臂带动手腕、手指力量向前横切推送，将球击出。发球时，挥拍较慢，力量较轻，球的落点近网，当球“贴”网而过后即往下坠落在对方发球区内前发球线附近。反手发网前短球动作如图 9-8 所示。

图 9-8 反手发网前短球

2) 反手发平快球

站位与准备姿势同反手发网前短球。

动作要领：

击球时手紧握拍柄，掌握好拍面角度，加快挥拍速度，注意“甩”腕与手指动作的配合，产生爆发力将球向前或前上方 (发平高球时) 击出。

易犯的错误：

(1) 击球瞬间，球拍杆未朝下，使球拍拍框高于发球员整个握拍手部，造成发球“过手”违例。

(2) 击球时有提拉动作，使击球瞬间整个球高于发球员的腰部，造成发球“过腰”违例。

(3) 击球瞬间，拍面角度掌握不当，使出球弧度过低或过高，过低导致下网，过高则易于被对方扑球反攻。

注意事项：

(1) 不论发高远球、平高球、平快球还是发网前短球，都应注意发球姿势和发球动作的一致性，使对手不易发现或看出自己的发球意图，以便取得比赛的主动。

(2) 正手发球时，应注意身体重心转移力量、手臂挥动力量和手腕手指力量的有机结合，使发球动作自然、协调、放松、优美。

(3) 发球结束以后，应迅速调整站位，积极做好回击对方来球的准备，以免措手不及或被动还击造成失误。

（二）接发球

随着羽毛球运动的日益发展和技术水平的不断提高，当今羽毛球比赛中控制与反控制争夺非常激烈。为了对付或克制发球方的发球，以求后发制人，接发球技术也就成为了一项重要的基本功。

下面就接发球技术的站位和姿势以及如何接发球等作简单介绍。

1. 接发球站位和准备姿势

在右发球区接发球时，运动员应站在靠中线离前发球线约 1.5 米处接发球，主要是防备发球员利用发平快球直接进攻反手部位，避免被动接发球；在左发球区接发球时，运动员则应站在该发球区内的中间位置接发球。

准备姿势：双脚前后开立，一般应左脚在前，右脚在后，身体侧身对网，重心在前脚，后脚脚跟稍离地，双膝微屈，收腹含胸，左手自然抬起屈肘，右手持拍于右侧身前，思想集中，双眼注视对方，如图 9-9 所示。

图 9-9 接发球准备姿势

2. 接发球方法

接发球时应根据对方的发球路线、弧度、速度或发球质量，以及对方的技术特点等采取不同的回击办法。接发球的球路和落点变化应结合战术的运用，做到以己之长，攻彼之短，如图 9-10 ～图 9-12 所示。

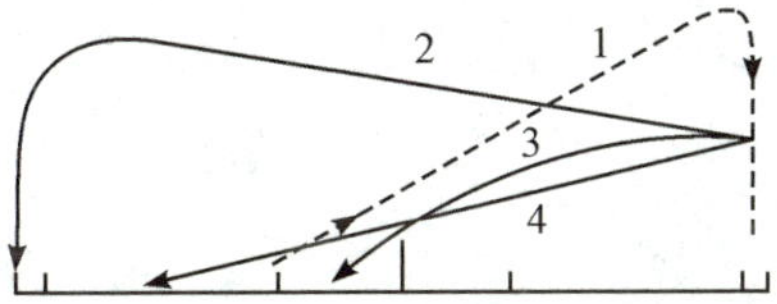

1—发高远球；
2—回击平高球；
3—回击吊球；
4—回击扣杀球

图 9-10 发高球与后场击球

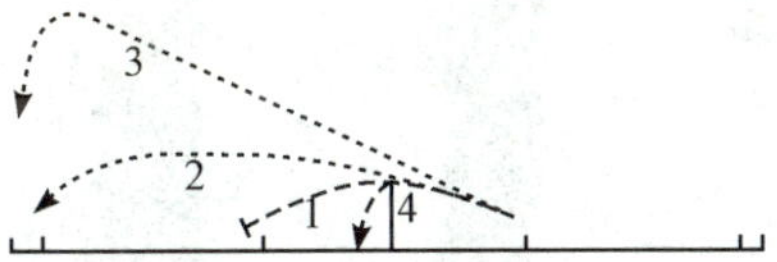

1—发网前短球；
2—回击平推球；
3—回击平高球或高远球；
4—回击放网前球

图 9-11 发网前球与前场击球

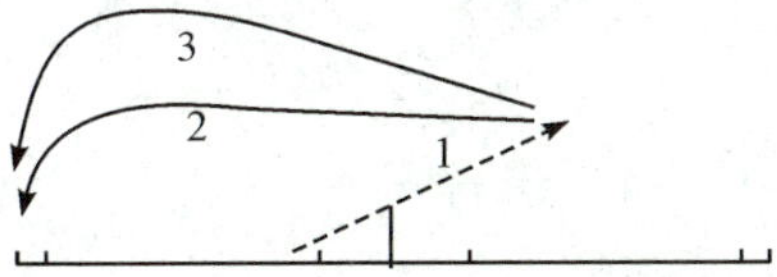

1—发平快球；
2—回击平推球；
3—回击平高球

图 9-12 发平快球与中场击球

三、击球法

击球是羽毛球运动最重要的基本技术之一。要想打好羽毛球，必须掌握正确的击球方法。

根据球与人体的不同位置，击球方法可分为正手击球和反手击球；根据击球点与人体的不同位置，击球方法可分为高手击球、网前击球和低手击球。

（一）高手击球

高手击球又称上手击球，一般将击球点高于头部的击球称为高手击球。它具有击球点高的特点，甚至可以跳起凌空击球，击出接近于平行地面或下行弧线的进攻性球。速度快、力量大、主动性强、进攻威力大是高手击球的最大优点。

1. 击高球技术

高球包括高远球和平高球两种。高远球是指球的飞行弧度高，落点在对方场区底线附近的高球；平高球是指球的飞行弧度不太高，落在对方场区底线附近的球。

击高球技术有正手击高球、反手击高球和头顶击高球 3 种。

1) 正手击高球

动作要领：

判断来球路线和高度，迅速移位使球下落于右肩稍前上空，侧身对网，左脚在前，右脚在后，重心在右脚；右手屈臂将球拍举在右肩上，拍面对网，左手屈肘自然举起准备击球；当球下落至接近击球点高度时，胸部舒展，握拍手小臂向后移动，肘部自然抬起使球拍挥至头后，自然伸腕；击球时，右腿蹬地，转体收腹协调用力，大臂带动小臂送肘上举，小臂向前“甩”出（带有内旋动作），击球瞬间，手臂几乎伸直，“闪”动手腕，用手臂、手腕和手指力量将球击出。若拍面向前上方则击高远球，若拍面稍向前上方则击平高球。击球后，手臂顺惯性向右前下方挥拍收拍于上体前，重心由右脚移至左脚。正手击高球动作如图 9-13 所示。

图 9-13　正手击高球

正手击高球的技术难点：

(1) 以肩为轴，通过大臂带动小臂最后“闪”动手腕，用小臂、手腕和手指力量击球。

(2) 击球瞬间产生爆发力，以“抽鞭”式的动作把球“弹”出。

易犯的错误：

(1) 准备击球时，身体未侧对网，重心未移至后脚，没有形成“满弓”姿势，影响全身的协调。

(2) 挥臂击球时，不是以肩关节为轴，而是以肘关节为轴，手臂未自然伸直，影响挥臂幅度和力量的发挥。

(3) 击球时，只靠大臂挥拍，造成出球无力，而且肩部容易疲劳和酸痛。

(4) 步法移动不积极或不到位，造成击球点选择不当，影响全身力量的发挥和击球质量。

(5) 击球时，不是用“爆发力”把球“弹”出，而是把球“推”出，造成出球乏力。

(6) 握拍过紧，影响腕部的灵活性。

2) 反手击高球

动作要领：

判断来球路线和高度，迅速移位，最后一步右脚前交叉向左侧底线跨出，背部向网，重心在右脚，举拍于左胸前，双膝微屈准备击球。击球时，下肢由屈到伸用力，持拍手肘关节举高用大臂支撑，当球在右侧上空下落时，大臂带动小臂把肘关节上举与肩同高，以肘关节为轴，小臂伸直并外旋，以小臂带动手腕、手指力量“闪”动，在右侧上方向后击球，击球后迅速转体面向网。反手击高球动作如图 9-14 所示。

图 9-14　反手击高球

反手击高球的技术难点：背对网自下而上“甩”臂击球时，配合全身的协调动作，用大拇指第一指节内侧顶住拍柄“闪”动手腕。手腕的羽毛球“闪”动一般由屈腕经小臂内旋至伸腕，其“闪”动路线经外侧向前“抖”动，如图 9-15 所示。

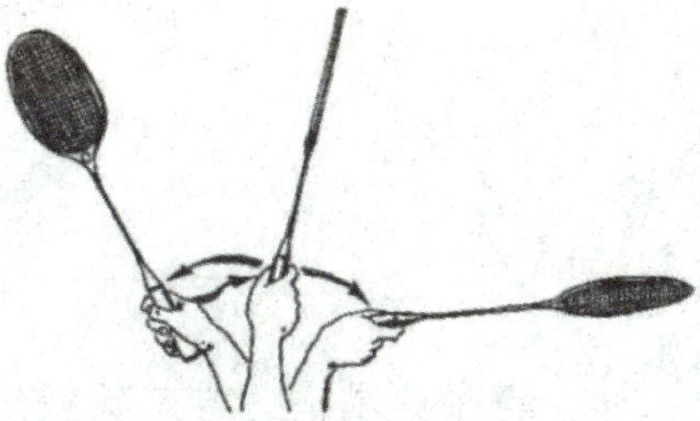

图 9-15　闪动发力

易犯的错误：

(1) 步法移动不到位，身体重心未调整好，影响全身协调用力。

(2) 转身慢，击球点低。

(3) 击球时，靠大臂挥拍，未能“闪”腕，不能运用大拇指的力量击球，出球无力。

(4) 挥拍最高速度不是在击球瞬间，而是在击球之后，以致爆发力没有用到“点”上。

3) 头顶击高球

头顶击高球指击球员在击球时，球拍由击球员右后侧绕过头顶，在左肩上方用正手击球的方法。它是我国羽毛球运动员在左后场区常用的一种击球方法。这种击球技术具有积极主动，快速凶狠的风格特点。

动作要领：

准备姿势与正手击高球相同，击球时，步法移动要快，击球点选择在左肩上方或偏后的位置，身体侧身偏左稍后仰；球拍从右后侧绕过头顶后，由左肩上方向前挥动小臂带动手腕、手指力量快速“闪”动击球。有一定水平的运动员在主动情况下，多数运用起跳击球法。击球后，左脚在身后落地并立即回蹬，重心移至右脚，迅速回中心位置。头顶击高球动作如图 9-16 所示。

图 9-16　头顶击高球

头顶击高球的技术难点：球拍绕过头顶击球，要结合身体协调性、腰部柔软性和身体重心的调整。

2. 吊球技术

吊球是指把对方击来的高球从后场区还击到对方的网前区。根据来球的不同路线和高度，吊球可采用正手或反手、高手或低手来打。高手吊球按球的飞行弧线和击球动作的不同可分为劈吊、轻吊和拦截吊 3 种，如图 9-17 所示。

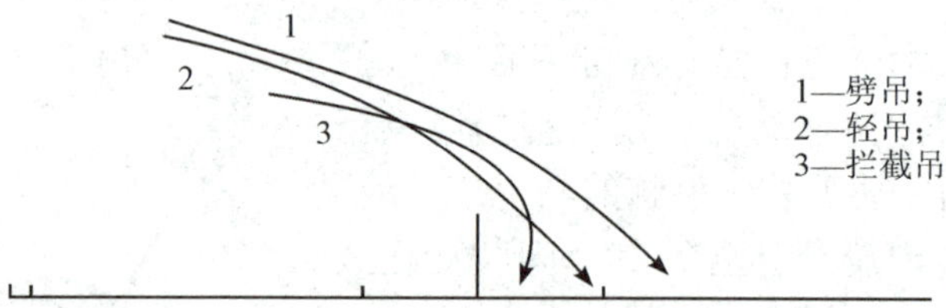

图 9-17　吊球

(1) 劈吊：是指对方来球较高时采用的一种向前快劈的吊球动作。劈吊球速较快，离网较高，球的落点在对方前半场离边线 50 厘米左右。

(2) 轻吊：是指吊球时用力较轻，球速较慢，球的落点在对方前发球线以内 50 厘米左右。轻吊技术带有“切削”动作。

(3) 拦截吊：是指把对方击来的平高球拦截回去。其优点是球的落点离球网较近，但球速比劈吊球速慢，球越过网后可垂直下落。

动作要领：

准备姿势与击高球、扣杀球相似，只是击球时用力不同。在挥动球拍时，拍面成半弧形，击球瞬间前臂突然减速，快速“闪”动手腕击球托的偏右侧（头顶吊球及反手吊球击球托的偏左侧）。打对角吊球时，当对方来球较高，手腕向下切削的角度要大些，力量也要稍大些；当对方来球较平时，手腕向前推的动作要大些，向下切削的力量要小一些。吊球动作如图 9-18 所示。

图 9-18 吊球

吊球的技术难点：灵活“闪”动手腕，掌握好击球点和控制切削动作的击球力量。

易犯的错误：

(1) 吊球时，击球点掌握不好，影响吊球质量。

(2) 击球时，不用“切削”动作击球，而是往下拉球拍。

(3) 击球姿势和动作与击高球、扣杀球有明显不一致，以致对方容易识破吊球意图。

3. 扣杀球技术

扣杀球是指把对方击来的高球，在尽量高的击球点上，用力快速地往对方场区斜压下去。球的飞行弧线直，下落速度快，力量大。它能给对方造成很大的威胁，是羽毛球比赛重要的得分手段。因此，掌握好扣杀球技术是非常重要的。

1) 正手扣杀球

动作要领：

准备姿势、击球动作与正手击高球大致相同，不同的是在击球瞬间需用全力，充分利用右腿的蹬力、腰腹力、手臂腕力及重心的转移，迅速将球向前下方击出。球拍触球时拍面前倾向前下方用力，手握紧球拍，击球点在右肩稍前上方。击球后球拍随惯性向左下方摆动，身体重心由右脚移至左脚。正手扣杀球动作如图 9-19 所示。

图 9-19 正手扣杀球

易犯的错误：

(1) 杀球时精神、肌肉过于紧张，使不出劲来。

(2) 击球时压腕不够，球不是向下疾落。

(3) 击球点掌握不好。击球点低，致使杀球落网；击球点偏后，则不易发力，不易控制落点。

(4) 击球瞬间拍面角度和用力方向不合适。

(5) 击球时大臂下拉，导致杀球落网等。

2) 头顶扣杀球

动作要领：

准备姿势、击球动作与头顶击高球相似，当球恰好落在头顶上空或左肩上空适当高度时，持拍手臂向上举拍并绕头至左肩上，突然加快小臂、手腕的“闪”动并下压，同时右脚向左后方蹬地跳起，左脚后撤，身体呈背弓形，利用腰腹和手部力量协调地向前下方用力将球击出。左脚着地时，要快速蹬地起步回位，准备回击下一个来球。

3) 反手扣杀球

动作要领：

准确判断对方来球，迅速移动到合适的击球位置，最后一步右脚向左后侧跨出，背对球网，反手握拍，持拍手屈臂将球拍举至左肩上方准备击球。当球落到右肩上方适当高度时，肘关节向上举高，以肘关节为轴，用左脚蹬力、腰腹力、肩力及大臂带动小臂、手腕、手指快速用力向后击球。击球瞬间握紧球拍，手腕快速用力向前下方扣压。

（二）网前击球

网前击球技术是一项可以调动对方，使战术多变的击球方法。它是羽毛球基本技术中比较细腻的技术之一。

网前击球技术包括搓球、推球、扑球、勾球和放网前球等。网前击球技术较复杂，但是，就其基本技术动作而言却有许多共同之处。因此，在学习该技术时，要注意领会以下要点：

(1) 握拍要活，要充分利用手腕、手指的力量来控制球路和落点。要更多地运用手指发力来提高手指控制球拍的能力。

(2) 技术动作要比较细腻，击球手法一致性要强，以使对方不易事先判断。

(3) 上网步法要快，以争得较高的击球点，使进攻威胁性大。

(4) 无论击哪种球，出手要快，动作要小，击球点要高。

1. 网前搓球

网前搓球技术有正手搓球和反手搓球两种。

1) 正手搓球

动作要领：

上网步法要快，左脚蹬地右脚向网前跨呈弓箭步，侧身对网，重心在右脚。持拍手臂向前伸出，出手要快，手腕和手指自然放松。击球时，前臂稍外旋，拍面与球网呈斜面向前。用手指控制好拍面并发力，使搓出的球尽可能贴网而过。正手搓球动作如图 9-20 所示。

图 9-20 正手搓球

挥拍时，腕部由展腕至收腕“闪”动，带动手指向前“切削”，搓击球托侧底部，球呈下旋翻滚过网；或腕部由收腕至展腕“闪”动，带动手指离网“提拉”，搓击球托侧底部，球呈上旋翻滚过网。

2) 反手搓球

动作要领：

上网步法要快，左脚蹬地右脚向网前跨呈弓箭步，侧身背对网，重心在右脚，握拍手臂向前伸出，出手要快，手腕、手指自然放松，前臂稍上举，手腕前屈，握拍手部高于拍面，反拍迎球。击球时，主要靠前臂的前伸外旋和手腕由内收至展腕的弹力，带动手指离网“提拉”，搓击球托的侧底部，使球呈上旋翻滚过网。

2. 网前推球

网前推球技术有正手推球和反手推球两种。

1) 正手推球

动作要领：

准备姿势与网前搓球相似。击球前，肘关节微屈回收，小臂稍外旋，手腕后伸，球拍向后摆。此时，小指、无名指稍松开，使拍柄稍离鱼际肌。击球时，身体稍前移，小臂前伸并带内旋，手腕、手指控制拍面角度，手腕由后伸直闪动，食指前压，小指、无名指突然握紧拍柄。球拍疾速推击球，球沿边线飞向对方后场底角。击球瞬间，拍面几乎与球网平行。正手推球动作如图 9-21 所示。

图 9-21 正手推球

2) 反手推球

动作要领：

准备姿势与反手网前搓球相似。准备击球时，小臂向左胸前收引，屈肘屈腕。击球时，小臂前伸略带外旋，手腕由屈到伸闪动，中指、无名指和小指突然握紧拍柄，大拇指顶压，向前挥拍，推击球托侧底部，将球推击到对方后场底线。

3. 网前扑球

扑球是把对方击来或发来的网前球，在球刚越过网顶上空时，迅速向对方场区扑压下去的击球方法。

网前扑球有正手扑球和反手扑球两种，按扑球路线分有直线、斜线和扑迫身球三种。

1) 正手扑球

动作要领：

准确判断来球路线和高度，快速蹬步上网，身体右侧扑向网，球拍随手臂向右前伸斜上举，正拍朝前。准备击球时，小臂外旋，手腕关节后伸，小指、无名指稍松开，使拍柄离开鱼际肌。击球时，手腕由后伸到屈腕闪动，利用小臂、手腕和手指力量向前下方“闪”击球，球拍触球后立即收回。或靠手腕由右前向左前“滑动”式挥拍扑球，以免球拍触网违例。扑球后，球拍随手臂向右侧前下方回收。正手扑球动作如图 9-22 所示。

图 9-22 正手扑球

2) 反手扑球

动作要领：

反手握拍于左侧身前，当身体向左侧前方跃起时，持拍手小臂前伸上举，手腕外展，拍面正对来球。击球时，手臂伸直，手腕由外展到内收“闪”动，手握紧拍柄，拇指顶压，加速挥拍扑击球。击球后即刻屈肘，球拍回收，以免球拍触网违例。

扑球的关键在于能否抓住时机，准确判断来球路线和高度。一旦作出判断，上网要快，出手要快。击球时，主要靠小臂的屈伸和转动、手腕的“闪”动及手指的顶压力量，挥拍距离要短，动作要小，发力要强，要防止大臂后摆的动作。扑球后球应急速落地，使对方来不及挽救。

4. 网前勾球

把在本方左（右）边网前的球击到对方的左（右）边网前处去，称为勾球，或叫打对角线网前球。

勾球有正手勾球和反手勾球两种。

1) 正手勾球

动作要领：

看准来球快速上网，侧身对网，重心在右脚。握拍小臂前伸稍有外旋，手腕稍后伸，手腕、手指自然放松。拍柄稍向外捻动，拇指贴在拍柄宽面，食指第2指节贴在拍柄背面宽面，拍柄不触掌心。击球时小臂稍内旋，手腕由稍后伸至内收闪腕，肘部略回收，拍面朝对方右网前拨击球托侧底部，球沿网的对角线飞越过网。正手勾球动作如图9-23所示。

图9-23 正手勾球

2) 反手勾球

动作要领：

看准来球手臂前伸，球拍平举。准备击球时，肘部突然下沉，同时小臂略有外旋。击球瞬间，手腕由屈腕到伸腕“闪”动，拇指内侧和中指将拍柄向右侧一拉，其余手指突然握紧拍柄，球拍背面朝对方左网前拨击球托侧底部，球沿网对角线飞越过网。

易犯的错误：

(1) 手腕、手指用力不当，或拍面控制不好，造成出球离网顶过高，或离球网过远，或落网。

(2) 出手慢，造成击球点过低。

(3) 站位离球网过近，妨碍击球动作。

(4) 持拍手肘关节高于肩部，动作僵硬。

5. 放网前球

放网前球是指运动员在被动情况下，把对方击来的网前球回击到对方网前区域的击球方法。

放网前球技术有正手放网前球和反手放网前球两种。

1) 正手放网前球

动作要领：

准确判断来球路线和落点，快速上网，最后一步右脚在前左脚在后呈弓箭步，上体前倾重心在右脚，侧身对网。右手正手握拍向前下方伸臂，小臂外旋展腕，左臂自然后伸，起平衡作用，拍面几乎朝上迎击来球。击球瞬间，手腕稍内屈轻轻“闪”动，食指和大拇指控制拍面角度和用力大小，球拍向前上方轻轻一托，把球轻击送过球网。正手放网前球动作如图 9-24 所示。

图 9-24　正手放网前球

2) 反手放网前球

动作要领：

准确判断来球路线和落点，快速向前左侧上网，最后一步右脚在前左脚在后呈弓箭步，侧背对网，上体前倾重心在右脚。右手反手握拍向前下方伸臂，小臂内旋展腕，左臂自然后伸，起平衡作用，拍面几乎朝上迎击来球。击球瞬间，伸腕轻“闪”动，食指和拇指控制拍面角度和用力大小，球拍向前上方轻轻一托，把球轻击送过球网。放网前球时，如遇对方上网封堵网前，此时，则可改放对角线网前球，避开对方的扑杀。

(三) 低手击球

低手击球又称下手击球。

低手击球包括挑高球 (或挑球)、抽球和接杀球等击球技术。

1. 挑高球

挑高球是指运动员把对方击来的吊球或网前球自下而上地挑高回击到对方后场底线上空的击球方法。

挑高球有正手挑高球和反手挑高球两种。

1) 正手挑高球

动作要领：

判断来球，快速上网，左脚积极蹬地，右脚跨步向前呈弓箭步，侧身背对网，重心在右脚。正手握拍，手臂自然向右前方伸出，小臂外旋伸腕，左臂自然后伸起平衡作用。击球时，以肘关节为轴，小臂带动手腕、手指快速由右下方向前上方呈半圆形挥拍击球。正手挑高球动作如图 9-25 所示。

2) 反手挑高球

动作要领：

判断来球，快速上网，左脚积极蹬地，右脚跨步向前呈弓箭步，重心在右脚，侧身背对网。反手握拍，手臂向左前方伸出，小臂内旋屈肘屈腕，左臂自然后伸起平衡作用。

图 9-25 正手挑高球

击球时，以肘关节为轴，小臂带动手腕、手指快速由左下方向前上方呈半圆形挥拍击球。

挑高球时，如果对方来球比较贴近球网，击球时则要带点向上“提拉”动作，拍面接近朝上，避免出球落网。

2. 抽球

抽球是指运动员把对方击来的低于肩高的球回击到对方底线场区的击球方法。

抽球有正、反手抽底线球和正、反手平抽球以及半蹲式平抽球等。

1) 正手抽底线球

动作要领：

准确判断来球，快速移动步法，左脚蹬地，右脚向正手底角跨出，侧身向网，上体向右后倒，重心在右脚。正手握拍，手臂向右举拍，大臂与小臂约成 120 度。准备击球时，小臂外旋伸腕，球拍后引，拍面稍后仰。击球时，主要靠小臂带动手腕、手指“抽鞭”式向前挥拍，小臂由外旋到内旋，腕部由伸到屈“闪”动击球。向前上方用力击球成高远球，向前方用力击球则成平球。正手抽底线球动作如图 9-26 所示。

图 9-26 正手抽底线球

2) 反手抽底线球

动作要领：

准确判断来球，快速移动步法，左脚蹬地，右脚向反手底角跨出，上体前倾背对网，重心在右脚。反手握拍将球拍举于左肩上方。击球时，大臂带动小臂、手腕和手指沿水平方向快速向后挥拍，手臂基本伸直时，小臂外旋，手腕后伸用力“闪”动击球。向后上方用力击球成高远球，向后方用力击球则成平球。

3) 正手平抽球

动作要领：

右脚向右侧迈出一小步。上体稍向右侧倾，正手握拍，手臂向右侧上摆，屈肘，左脚跟提起。准备击球时，小臂稍后摆带有外旋，手腕由稍外展至后伸，使球拍引至后下方。击球时，小臂急速向右侧前挥动，并由外旋转为内旋，手腕由后伸至伸直“闪”腕，手指握紧拍柄高速挥拍击球，由后向右侧稍平地抽压过去。击球后，持拍手顺势向左侧挥摆，左脚向左前方迈一步，准备迎击来球。

4) 反手平抽球

动作要领：

右脚向左前跨一步，上体左转，右手反手握拍向左身前收，屈肘并稍上抬，小臂内旋手腕外展，球拍引向左侧。击球时小臂在向前挥拍的同时外旋，手腕由外展到伸直“闪”腕，手指握紧拍柄，拇指前顶，迎球挥拍，击球托的底部。击球后球拍顺势盖过去，并随身体的回转收回到右侧前。

5) 半蹲式平抽球

指运动员采用半蹲式姿势，把对方击来的位于肩部或面部附近的球还击回对方场区。它是双打比赛常运用的一种进行对攻的击球技术。半蹲式平抽球有半蹲正面击球、半蹲右侧击球和半蹲头顶击球 3 种，如图 9-27 ～图 9-29 所示。

图 9-27 半蹲正面击球

图 9-28 半蹲右侧击球

图 9-29 半蹲头顶击球

动作要领：

准确判断来球，迅速采取半蹲姿势举拍于正面 (或右侧或头顶) 位置。击球时，主要靠小臂带动手腕、手指快速向前“闪”动挥拍击球。击球瞬间，拍面是正面触球或是反压触球。反压触球的优点是球越过球网后向前下方疾飞。

抽球的技术难点：右脚向后跨步要稳，击球时小臂带动手腕、手指“抽鞭”式向前“闪”动挥拍击球。

易犯的错误：

(1) 判断来球慢，出手不快，击球时间不准。

(2) 匆忙追球，步法未到位就急于击球。

(3) 击球点选择不好，过于靠近身体，击球时难以发力。

(4) 身体重心不稳，影响手臂的击球动作。

(5) 击球时，没有完成小臂带动手腕、手指“抽鞭”式向前“闪”动，影响击球的爆发力。

3. 接杀球

接杀球是指运动员把对方杀过来的球还击到对方场区内的击球技术。

接杀球有正手、反手两种，根据不同的战术需要，可分为挡网前球、挑后场高球和平抽反击球三种。

(1) 挡网前球：指运动员把对方杀来的球，借用来球力量及用手腕、手指力量，“反弹”式地把球回击到对方的网前场区内的击球方法，如图 9-30 ～图 9-31 所示。

(2) 挑后场高球：指运动员把对方杀来的球，利用小臂、手腕和手指力量，挑高回击到对方后场底线去的击球方法，挑后场高球有正手、反手上网被动挑高球和正手、反手接杀边线球挑后场高球，如图 9-32 所示。

(3) 平抽反击球：指运动员把对方击来的离身体较远的平球反击到对方后场去，有正手平抽反击球、反手平抽反击球两种。

图 9-30　右场区接杀挡网前球

图 9-31　左场区接杀挡网前球

图 9-32　正面接杀挑后场高球

动作要领：

站于球场中心附近，双脚左右开立，双膝微屈，面向球网，右手持拍于体前，判断来球，左 (右) 脚向左 (右) 侧跨步到位，引拍至左 (右) 侧后。反手平抽球，小臂由内旋转为外旋，手腕由外展至稍内收“闪”动，手指突然握紧拍柄，多用拇指的反压力，向前稍上挥拍击球；正手平抽球，小臂由外旋转为内旋，手腕由伸腕至伸直“闪”动，手指握紧拍柄，多用食指的力量向前发力挥拍击球。不论是正手还是反手平抽球，击球点都应争取在身体的侧前方，以利手臂发力。击球后，球拍随身体的回转收于胸前。

易犯的错误：

(1) 注意力不够集中，站位不当，造成措手不及。

(2) 反应慢，步子移动缓慢，击球不到位，影响接杀球的质量。

(3) 击球点选择不当，影响手腕、手指力量的自如发挥。

(4) 接杀球瞬间，拍面角度和用力大小控制不好，影响接杀球的效果。

第三节　羽毛球运动的基本战术

一、单打战术

（一）发球战术

发球不会受对方干扰，因此只要在规则允许的范围内，发球者可以随心所欲地以任何方式发到对方接球区的任何一点。采用变化多端的发球战术，常常能起到先发制人、取得主动的作用。因此，发球在比赛中占有重要地位。

在采用发球战术时，眼睛不要只看自己的球和球拍，应用余光注视对方的情况，找出薄弱环节。发各种球的准备姿势和动作要注意一致性，给对方的判断带来困难，使其处于消极等待的状态。发球后应立即把球拍举至胸前，根据情况调整自己的位置，双脚开立，身体重心居中，但一定注意重心不要站死。眼睛紧盯对方，观察对方的任何变化，积极准备还击。

1. 发后场高远球

这是单打中常用的发球，要求把球发到对方端线处，迫使对方后退还击，给对方进攻制造难度。发高远球虽然弧线高，飞行时间长，但由于离网距离远，球从高处垂直下落，后场进攻技术差的对手较难下压进攻。如把球发到对方接发球区底线的左、右半区的内角位，能避免对方以快速的直线攻击自己的两边。

2. 发平高球

发平高球，球的飞行弧线较低，但对方仍然必须退到后场才能还击。由于球的飞行速度快，对方没有充裕的时间考虑对策，回球质量会受到一定的影响。落点的选择基本与发高远球相同。

3. 发平快球

发平快球(或者平高球)和网前球配合，争取创造第三拍的主动进攻机会。发平快球属于进攻发球，球速很快，作为突袭手段如运用得当，往往能取得主动。发平快球时球的落点一般应在对方反手区，或直接对准接发球者的身体，使对手措手不及。

4. 发网前球

发网前球能减少对方把球往下压的机会，发球后立即进入互相抢攻的状态。把球发到前发球线内角位，球飞行的路线较短，容易封住对方攻击自己后场的角度；把球发到前发球线外角位能起到调离对方中心位置的作用。发网前球也可以发对方的追身球，造成对方被动。发网前球时最好配合发底线球才能有较好的效果。

(二) 接发球战术

接发球虽然处于被动、等待的状态，但由于发球时受到诸多规则的限制，使发球不能给接发球者带来太大的威胁。发球者发球只能发到对角线的接发球区内，而接发球者只需防守不到半个区域，即可还击到对方整个场区。所以，接发球者若能处理好这一拍，也可取得主动。

1. 接发高远球、平高球

一般可用平高球、吊球或杀球还击。但如对方发球后站位适中，进攻时要注意落点的准确性。若用杀球、吊球还击，自己的速度要跟上；如果对方发球质量很好就不要盲目重杀，可用高远球、平高球还击，伺机再攻，或者用点杀、劈杀、劈吊下压先抑制对方。

2. 接发网前球

可用平推球、放网前球或挑高球还击。当对方发球过网较高时，要抢先上网扑杀。接发网前球的击球点应尽量抢高。

3. 接发平快球

要观察对方的发球意图，随时要做好准备。借用对方的发球力量快杀空当或追身都能奏效，也可借助反弹力拦吊对角网前。

(三) 平高球压底线战术

用快速、准确的平高球打到对方后场两角，在对方不能拦截的前提下尽量降低球的飞行弧线，把对方紧压在底线，当对方回击半场高球时，就可以扣杀进攻。

(四) 吊杀上网战术

先在后场以轻杀、点杀、劈杀配合吊球把球下压，落点要选择在场地两边，使对方被动回球。对方还击网前球时，迅速上网贴网地搓球，或勾对角，或快速平推创造半场扣杀机会；若对方在网前挑高球，可在其向后退的过程中把球直接杀向他的身上。

(五) 防守反攻战术

这一战术是对付盲目进攻而体力又差的对手。比赛开始，先以高球诱使对方进攻，在对方只顾进攻而疏于防守时，即可突击进攻。或者在对方体力下降、速度减慢时再发动进攻。这种开始固守、乘虚而入、以逸待劳、后发制人的战术有时效果也较好。

(六) 反手战术

就所有的运动员而言，后场的反手击球总是或多或少地弱于正手击球，相对进攻性不强，球路也较简单(由于生理解剖结构的限制)，有的运动员还不能在后场用反手把球打到对方端线，所以对于对方的反手要毫不放松地加以攻击。

(七) 过渡球战术

首先要明确过渡球是为了摆脱被动，为下一拍的积极反攻创造条件。怎样才能变被动为主动是比赛中的重要一环。被动时，首先要争取时间调整好自己的位置和控制住身体的重心。

(八) 拉、吊结合杀球战术

此战术是把球准确地打到对方场区的四个角上，使对方每次击球都要在场上来回奔跑。使用这种战术时，对不同特点的对手要采用不同的拉、吊方法。

二、双打战术

(一) 发球战术

由于双打的后发球线比单打短，在双打中若发高远球，接发球方可以大力扣杀，直接争取主动，同时又较少有后顾之忧。因此站位往往压在靠近前发球线处，对发球者造成很大的心理和技术上的威胁。可以毫不夸张地说，双打比赛的双方若水平相近，则胜负取决于发球质量，主要包括四个方面，发球站位、发球路线、发球时间的变化、发球时心理的影响。

（二）接发球战术

接发球虽然受发球方的牵制，属于被动等待，但由于规则对发球作了击球点不能过腰、球拍上沿须明显低于手、动作必须连续向前挥动（不许做假动作）、不能迟迟不发等诸多限制，所以使发球者发出的球无法具有太大的威胁。接发球方如果判断准确、启动快、还击及时，就能在对方发球质量稍差时杀、扑得手或取得主动；反之，也会接发球失误或还击不利使自己陷入被动。

（三）后攻前封战术

后场队员积极大力扣杀创造机会，在对方接杀放网、挑高球或企图反击抽球时，前场队员以扑、搓、勾、推控制网前，或拦截吊、点封住前半场，使整个进攻连贯而又有节奏变化，使对方防不胜防。

（四）攻中路战术

1. 守方左右站位时把球打在两人的中间

这种战术可以造成守方两人抢接一球或同时让球，彼此难以协调；限制对手在接杀球时挑大角度高球调动攻方；有利于攻方的封网，由于打对方中路，对方回球的角度也小，网前队员封网的难度就小了。

2. 守方前后站位时把球下压或轻推在边线半场处

这种战术多半是在接发网前球和守中反攻抢网时运用。这种球守方前场队员拦截不到，后场队员又只能以下手击球放网或挑高球，后场两角便会露出很大空当，因而有机可乘，可以攻击他的空当或身体位。

（五）攻人战术

这是双打中常用的一种战术，就是以人为攻击目标。对付两名技术水平高低不同的对手时，一般都采用这种战术。对付两名实力相当的对手也可采用这一战术。它集中攻势于对方一名队员，常能起到“集中优势兵力打歼灭战”的作用；在另一队员过来协助时，又会暴露出空当，可在其仓促接应、立足不稳时偷袭他。

（六）攻后场战术

这种战术常用来对付后场扣杀能力较差的对手，把对方弱者调动到后场后也可以使用。此战术多采用平高球、平推球、挑底线把对方一人紧逼在底线的方法，使其在底线两角移动击球，在其还击出半场高球或网前高球时即可大力扣杀，取得该球的胜利或主动。如在逼底线两角时对方同伴要后退支援，则可攻击网前空当或打后退者的追身球。

羽毛球运动竞赛规则

第十章　乒乓球运动

学习目标

- 了解乒乓球运动的起源及健身价值
- 学习乒乓球运动的基本技术和基本战术
- 掌握乒乓球运动的练习方法
- 了解乒乓球比赛规则及裁判法，能够从不同角度欣赏乒乓球赛事

课程思政点

马龙的乒乓之路

马龙是少年成名，更是大器晚成。他的职业生涯可以说是起起伏伏、风霜历尽后才拨云见日。

马龙年少曾面临过被省队淘汰退回的处境，幸运的是当时正值北京西城体校的教练到辽宁挑选苗子，教练关华安看中了马龙，认为他打法很有灵性，并把他从辽宁带到了北京继续深造，才没有让这后来的传奇埋没。

马龙在 20 ～ 26 岁经历了职业生涯的漫长瓶颈期，一度心灰意冷打算退役，好在心底的热爱，深深的不甘，恩师的鼓励和陪伴让他逐渐走出深渊和泥潭。2015 年的马龙迎来了人生的转折，苏州世乒赛 4 : 2 力克方博夺冠，拿下最后一分后他跳上乒乓球台仰天长啸，释放出多年来的辛酸和无奈，同时也宣告新王登基。那年他神挡杀神，魔挡杀魔，囊括了包括世乒赛、世界杯和国际乒联总决赛三项极具重量的男单冠军，宣告属于他的时代正式到来。

2019 年马龙遭遇了职业生涯最重伤病：常年的征战，膝盖的伤已经相当严重，加上多次打封闭针上场使得病情恶化。后来马龙接受采访时说："2018 年的瑞典公开赛前，睡觉都能感觉被膝盖生生给疼醒了，最后我只能调个头睡，把腿支在墙上，下面垫个健身球。"自 2018 年下半年起，马龙因膝伤先后缺席各项国际赛事。离 2020 东京奥运会不到一年时间时，他决定孤注一掷，去美国洛杉矶做了膝盖手术。手术前他特意剃了光头，希望从头开始，在异乡度过了职业生涯里最漫长而又煎熬的夏天。回国后，2019 年的春节，教练秦志戬、队医王都春，以及两位外籍训练师都没有离开北京，他们陪着

马龙一天不落地进行康复训练。

一路上的种种艰难困苦并没有将马龙打倒，反而构筑了马龙的传奇人生。我们的人生也会是起起伏伏，潮起潮落，如何去看待困境、面对艰难至关重要。我们相信，精诚所至，金石为开，长风破浪会有时！

第一节　乒乓球运动概述

一、乒乓球的起源

乒乓球运动起源于 19 世纪末期的英国，由网球运动派生出来，由于当时使用的羊皮纸拍击到球和球碰台后发出“乒乓”的声音，于是人们模拟其声音把它叫作“乒乓球”，也被称为“桌子上的网球”。

1926 年国际乒乓球联合会成立，通过了乒乓球比赛规则草案，乒乓球才由一种娱乐性比赛发展成为一项竞技性的体育项目。1928 年国际乒联将“乒乓”的名称正式确定下来。乒乓球技术的发展史，是在器材不断革新，使球在速度和旋转之间相互竞争的过程中向前推进的。

二、乒乓球的发展

（一）第一阶段 (1926 ～ 1951 年)——欧洲全盛时期

这期间共举行了 18 届乒乓球世界锦标赛，欧洲运动员获得的世界冠军占 93.1%，处于绝对优势。

（二）第二阶段 (1952 ～ 1959 年)——日本称霸时期

日本乒协于 1928 年就加入了国际乒联，50 年代他们使用海绵拍，大大改变了乒乓球的传统打法，并开始称霸世界乒坛。

（三）第三阶段 (1959 ～ 1969 年)——中国崛起勇攀高峰时期

1959 年我国运动员容国团连续击败了多位世界强手，为我国夺得了有史以来的第一个乒乓球世界冠军。1961 年，北京成功举办了第 26 届世乒赛，中国队一举荣获了三项冠军，国际舆论为之轰动。中国队在此后的历届比赛中，始终保持了优势，中国队的成功，把这项运动在国内的发展推到了一个新的阶段。

（四）第四阶段 (1971 ～ 1979 年)——欧洲各队复兴时期

在第 31 届世界乒乓球锦标赛上，19 岁的瑞典选手本格森一举夺得男子单打世界冠军。他在继承、发展欧洲打法的基础上，学习了日本的弧圈球以及中国快攻技术的长处，并且将两者结合在一起，打起来得心应手。

（五）第五阶段（1981 年以后）——乒乓球被列入奥运会项目

1977 年乒乓球被承认为奥林匹克运动会项目，并于 1988 年首次列入汉城奥运会比赛项目。这是世界乒乓球运动发展史上一个重要的里程碑。

三、乒乓球运动主要赛事

目前世界上主要的乒乓球运动赛事有世界乒乓球锦标赛、世界杯乒乓球赛、奥运会乒乓球赛、国际乒联职业巡回赛。

四、乒乓球运动的特点与作用

乒乓球运动器材设备简单，室内室外都可以进行，运动量可大可小，不同年龄、性别和身体条件的人都可以参加，是大众乐于接受的运动项目。

乒乓球体积小、速度快、变化多、趣味性强，这项运动要求练习者在短时间内对瞬息万变的击球有较强的应变能力，它能提高人体神经系统的协调性和灵敏性。

乒乓球运动主要有五大作用：一是提高学生的身体素质；二是改善神经系统的灵活性；三是提高心理素质；四是提高社会适应能力；五是丰富人们的生活，让人们享受运动的乐趣。

第二节　乒乓球运动的基本技术

乒乓球基本技术包括握拍方法、准备姿势、基本站位、基本步法、发球和接发球、攻球、搓球、推波球、弧圈球等技术。

一、握拍方法

目前世界范围内最常用的是直拍握法和横拍握法两大类。两种握拍方式的不同也决定了不同的特点和不同的打法。

（一）直拍握法

动作要领：

用拇指和食指握住球拍拍柄与拍面的结合部位；拍柄右侧贴在食指的第三关节内侧，虎口贴于拍柄后面；其余三指自然弯曲、重叠，以中指第一指节侧面顶在拍后面拍柄延长线处；用中指、虎口、食指、拇指调节拍形，如图 10-1 所示。

优点：

手腕灵活，正手换反手时不换拍面，摆速较快，正手攻球快速有力，拍形变化不大，便于从速度、球路和力量上取得主动。

缺点：

板形不易固定，反手攻球时，因受身体阻碍，技术较难掌握，反手不好发力，影响击球速度和准确性；防守时照顾面积较小。

（二）横拍握法

动作要领：

虎口轻微贴拍，以中指、无名指、小指自然地握住拍柄，拇指在球拍正面轻贴在中指旁边，食指自然伸直贴于球拍的背面，如图 10-2 所示。

优点：

左右照顾面大，攻球和削球时握拍的手法变化不大；反手攻球时便于发力；削球时用力方便，易于发挥手臂的力量和掌握旋转变化。

缺点：

攻斜线和直线球时调节拍形的幅度大、动作明显，易被对方识破；台内正手攻球技术较难掌握。

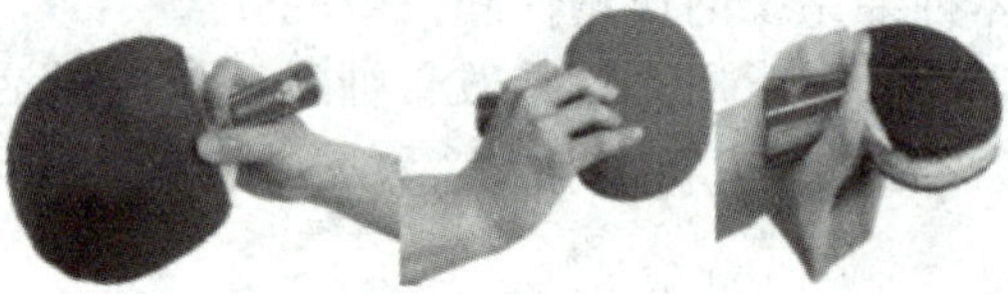

图 10-1　直拍握法

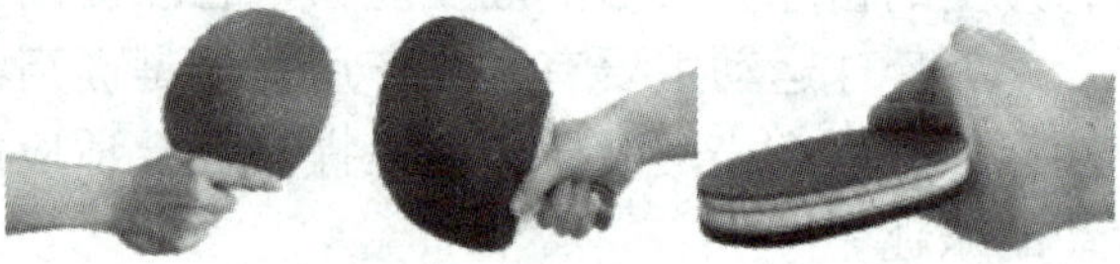

图 10-2　横拍握法

二、准备姿势和基本站位

（一）准备姿势

动作要领：

双脚开立（略比肩宽），左脚比右脚稍向前，双膝微屈，提踵，前脚掌内侧用力着地，脚趾亦轻微用力压地；上体稍前倾，重心压在两前脚掌之间；下颌稍向内收，双眼注视来球，持拍手臂自然弯曲，直握拍运动员肘部略向外张；球拍置于腹部右前方，手腕自然放松；非持拍手臂自然弯曲于身体左侧，头部正直，双眼平视；正确观察，灵活移动，随时准备做击球动作。乒乓球准备姿势如图 10-3 所示。①

图 10-3　乒乓球准备姿势

注意：无论采用哪种握拍方式，运动员的准备姿势都应使手、臂及手腕自然放松，以利于发力击球。

① 本章动作示范者：李翠长，湖南软件职业技术大学软件与信息工程学院，大数据工程（本）2202 班学生，校乒乓球协会会员。

（二）基本站位

乒乓球运动员的基本站位应根据不同类型的打法及个人的习惯来确定。不同类型打法的运动员基本站位如下（以右手持拍为例）：左推右攻打法的运动员，基本站位在近台中间偏左；两面攻打法的运动员，基本站位在近台中间；弧圈球打法的运动员，基本站位在中台偏左；横板攻削结合打法的运动员，基本站位在中台附近；削球打法的运动员，基本站位在中远台附近。

三、基本步法

乒乓球运动的步法是指运动员在击球过程中依靠下肢脚步的移动完成的各种动作，主要包括单步、并步、交叉步、跨步、跳步等。

四、发球技术

发球技术是在比赛中力争主动、先发制人的第一个环节，可以完全按照自己的思路发挥，不用受对方的限制。发球技术的好坏将直接影响到得分和失分。

（一）平击发球

平击发球速度慢、无旋转、力量轻，容易掌握，是发球入门技术的基础。平击发球可分为正手平击发球和反手平击发球两种。

1. 正手发平击球

动作要领：

左脚稍前；身体稍向右（左）转，持拍手向右（左）后引拍，另一手把球轻轻地向上抛起（初学者可以把球抛得低一些）；在球下降至与网同高时，向前迎球挥拍，击打球的中上部，第一落点在本台中间部分。初学者动作要柔和放松，把握好击球的力量和方向。正手发平击球动作如图 10-4 所示。

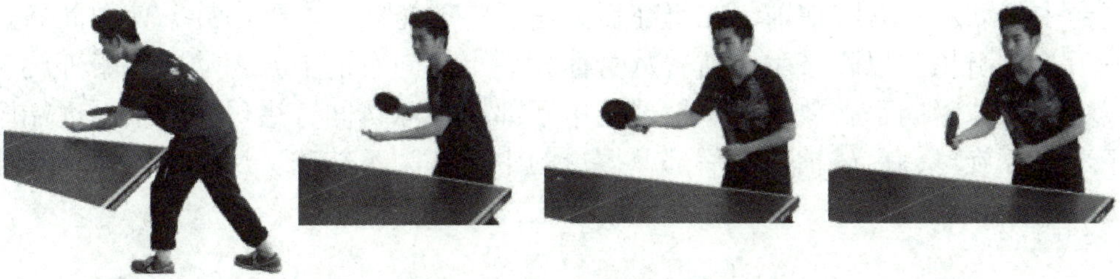

图 10-4　正手发平击球

2. 反手发平击球

动作要领：

近台中间靠左，右脚在前，左脚在后。左手将球抛起，拍面前倾，身体左转，向左侧后方引拍。当球下降至稍高于网时，上臂带动前臂向右前上方挥动，击球的中上部，击球后迅速还原。反手发平击球动作如图 10-5 所示。

图 10-5　反手发平击球

(二) 发转与不转球

在比赛中，转与不转球结合使用，用变化迷惑对方，可以破坏对方接发球战术，造成对方判断失误，从而自己可以伺机抢攻或直接得分。

1. 正手发转与不转球

动作要领：

近台中间靠左，左脚在前，右脚在后。左手将球抛起，拍面后仰，同时握拍手略向外展，向身体右后方引拍。以腰带手，右臂从身体右后上方向左前下方挥动，触球瞬间手腕放松，摩擦球的中下部。击球瞬间，用球拍的拍面远端摩擦球的中下部为下旋球，用球拍的中后部触球并减少摩擦球的力量，几乎将球向前推出时，发的球为不转球。正手发转与不转球动作如图 10-6 所示。

图 10-6　正手发转与不转球

2. 反手发转与不转球

动作要领：

近台中间靠左，右脚在前，左脚在后。左手将球抛起，右臂内旋，使拍面略后仰向身体左后上方引拍。以腰带手，右臂从身体左后上方向右前下方挥动，并略外旋，手腕内收发力，触球瞬间手腕放松，摩擦球的中下部。击球瞬间，用球拍的拍面远端摩擦球的中下部为下旋球，用球拍的中后部摩擦球的中下部为不转球。反手发转与不转球动作如图 13-7 所示。

图 13-7　反手发转与不转球

(三)发侧上、侧下旋球

这种发球以旋转变化为主，飞行弧线左右侧偏拐，它的动作幅度小，出手快，两种发球动作相似，隐蔽性强。

1. 正手发侧上、侧下旋球

动作要领：

近台中间靠左，左脚在前，右脚在后。左手将球抛起，拍面后仰，同时握拍手腕略向外展，向身体右后上方引拍。当球下降至稍高于网时，转动身体，手臂由右后上方向左前下方挥动，球拍触球时，手臂和手腕用力。击球瞬间，拍面略微立起，手腕快速内收，球拍从球的正中向左上方摩擦，则发侧上旋球；拍面后仰，球拍从球的中下部向左下方摩擦，则发侧下旋球。正手发侧上、侧下旋球动作如图 10-8 所示。

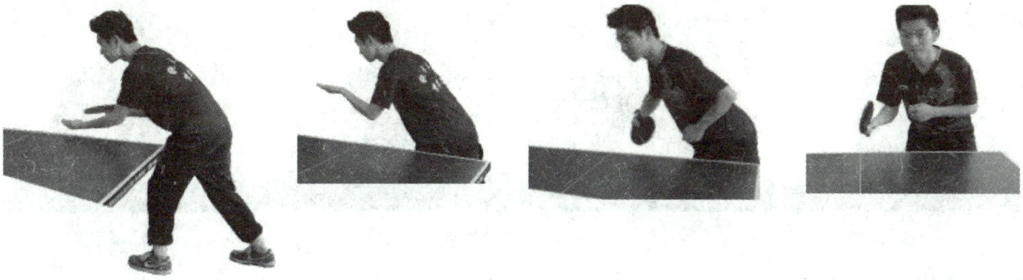

图 10-8 正手发侧上、侧下旋球

2. 反手发侧上、侧下旋球

动作要领：

近台中间靠左，右脚在前，身体向左转。左手将球抛起，拍面后仰，同时握拍手腕略向外展，向身体左后上方引拍。当球下降至稍高于网时，转动身体，手臂由左后上方向右前下方挥动，球拍触球时，手臂和手腕用力。击球瞬间，拍面略微立起，球拍从球的中部向右上方摩擦，则发侧上旋球；手腕有一个上勾动作，拍面后仰，球拍从球的中下部向右侧下部摩擦，则发侧下旋球。反手发侧上、侧下旋球动作如图 10-9 所示。

图 10-9 反手发侧上、侧下旋球

五、接发球技术

乒乓球技术的不断发展，以及新赛制、新规则的实施，对运动员在比赛中无论是技术、心理还是应变能力都提出了更高的要求。接发球一般有拉、打、拨、挑、撇、推、搓长、摆短、削等多种技术方法。比赛中，每一分的争夺都是从发球、接发球开始，相比其他环节，接发球的技术难度最大，它要求运动员在最短的时间里，准确判断对方来球的速度、旋转、落点，然后采取最有效、合理的方法进行回接。比赛中，如果接发球做得不好，除直接失分外，同时还会使自己的技术、战术无法发挥，造成心理上的紧张恐惧，乃至全局失败。

(一) 接正手长、短上旋球

1. 接正手长上旋球

动作要领：

接正手位的长上旋球，一般用正手拉来回接，接球时拍面应前倾，近台中间，左脚在前，右脚在后。往持拍手的同侧后方引拍，引拍动作大；击球的中上部，在上升期击球，往左前上方用力挥拍。如图 10-10 所示。

图 10-10　接正手长上旋球

2. 接正手短上旋球

动作要领：

接正手位的短上旋球，一般用正手台内攻来回接，接球时拍面应前倾。近台中间，右脚在前，左脚在后；往持拍手的同侧后方引拍，引拍动作小。击球的中上部，在高点期击球，往左前上方用力挥拍。如图 10-11 所示。

图 10-11　接正手短上旋球

(二) 接反手长、短下旋球

1. 接反手长下旋球

动作要领：

用拉球回接长下旋球，注意增加向上提拉的力量，中台靠左，左脚在前，右脚在后。往左侧后下方引拍，引拍动作比较大；击球的中上部，在高点期或下降期击球，往右前下方挥拍，如图 10-12 所示。

2. 接反手短下旋球

动作要领：

用搓球回接反手短下旋球，注意拍面后仰，以增加向前上方的发力，近台靠左，左脚在前，右脚在后。往腹部位置引拍，引拍动作比较小；击球的中下部，在上升期或下降期击球，往前下方挥拍，如图 10-13 所示。

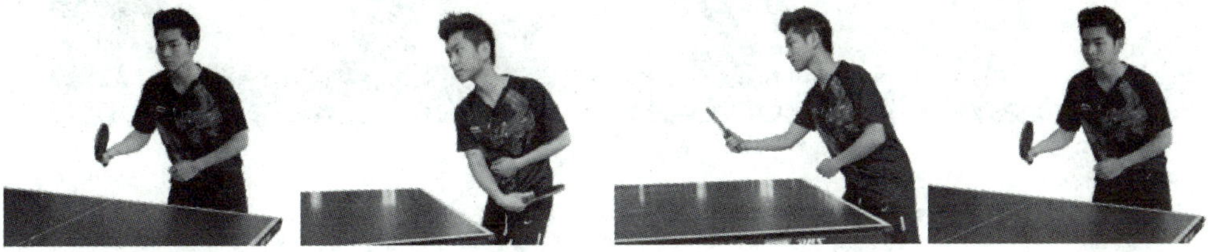

图 10-12 接反手长下旋球

图 10-13 接反手短下旋球

（三）接侧上、侧下旋球

侧上分为左侧上和右侧上，侧下分为左侧下和右侧下。

动作要领：

接侧上旋球，一般用攻或拉回接比较合适；接侧下旋球，一般用搓、拉回接比较合适。以接左侧上旋球和左侧下旋球为例，用反手攻回接左侧上旋球时，拍面应前倾，拍面所朝方向要向左偏斜；用正手搓回接左侧下旋球时，拍面应后仰，拍面所朝方向要向左偏斜，以抵消来球的侧旋。

六、攻球技术

攻球技术是乒乓球运动中非常重要的基本技术，是乒乓球运动员在比赛中争取主动得分的有效手段之一，它具有速度快、力量大、照顾面大等特点。快速进攻的指导思想，运用得好，能使对方陷于被动，从而取得优势。乒乓球运动中的攻球技术包括正手攻球技术、正手拉球技术、反手攻球技术和反手拉球技术。

（一）正手攻球技术

正手攻球技术站位近、动作小、出手快，借球的反弹力还击球，与落点变化相结合，可左右调动对方，从而使自己占据主动优势。

动作要领：

近台中间，双脚开立与肩同宽，左脚在前，右脚在后，重心靠前。在腰和髋的带动下引拍至身体的右下方，重心稍压于右脚，球拍不得低于球台，右肩放松略下沉，拍面前倾。当球弹至上升期时，手臂向左前方迎球，击球的中上部，在上臂带动下前臂快速向左前方挥动，手腕配合外展，球拍挥至头的前部。正手攻球技术动作如图 10-14 所示。

图 10-14　正手攻球技术

(二) 正手拉球技术

正手拉球技术因为伴随身体的转动，充分引拍，可以发挥出较大的力量和较快的旋转优势，所以是非常具有威力的进攻技术，正手拉球是回击下旋球的主要技术。

动作要领：

根据来球的长短、落点，确定合适的站位，左脚在前，右脚在后，重心较低。身体向右转动，增大向右下方引拍的幅度，球拍低于球台，右肩下沉，重心在右脚上。蹬右脚，随着转髋转腰，快速收小臂，当球落到身体的右前方位置时，往左前上方挥拍击球，击球点离身体稍远，在来球下降期击球的中部或稍偏下部。击球后，手臂顺势挥动，重心快速移到左脚。正手拉球技术动作如图 10-15 所示。

图 10-15　正手拉球技术

(三) 反手攻球技术

反手攻球技术具有站位近、动作小、速度快、变化多等特点，主要用来应对拉球、推挡球和反手攻球，是两面攻选手常用的一种基本技术。

动作要领：

右脚稍前，身体离台约 40 厘米，持拍手臂自然弯曲并外旋使球拍稍前倾，上臂、肘关节自然靠近身体，将球拍引至腹前偏左位置；当球跳至上升期时，向左后侧引拍，向左转体，右肩略沉，球拍与手臂保持在一条线上。球拍前倾，在高点期击球，击球的中上部，挥拍向前上方。反手攻球技术动作如图 10-16 所示。

图 10-16　反手攻球技术

(四) 反手拉球技术

反手拉球技术相比正手拉球技术出手速度快、动作小、落点变化多，是主动上手的有效技术，可以为进攻创造很好的机会。

动作要领：

根据来球的长短、落点，确定合适的站位，右脚稍前，前臂自然弯曲并外旋使拍面前倾，手腕内收，将球拍引至腹前偏左位置；当球跳至上升期时，以肘关节内收，拍面稍前倾，击球的中上部，前臂加速外旋并带动手腕借来球反弹力向右前方挥动，将球拨回。反手拉球技术动作如图 10-17 所示。

图 10-17 反手拉球技术

七、搓球技术

搓球是近台还击下旋球的一种基本技术。由于回球线路较短，多在台内，因而可造成对方回球困难，属于控制性技术。另外，搓球又比较稳健，旋转和落点变化也较多，故用作过渡技术，以寻找进攻机会。搓球动作与削球近似，是练习乒乓球必须掌握的入门技术。

（一）正手快搓、慢搓技术

正手快搓、慢搓技术主要是针对对方发正手位下旋球的回接技术。两种技术节奏不一样，快搓主要是在来球的上升期搓球，速度相对比较快，而慢搓在来球的下降期搓球，速度相对较慢。两种技术动作大致相同。

动作要领：

近台中间靠左，左脚在前，右脚在后。转体向后上方引拍，手腕略外展，球拍后仰，右肩略沉，向前下方挥拍。正手搓球技术动作如图 10-18 所示。

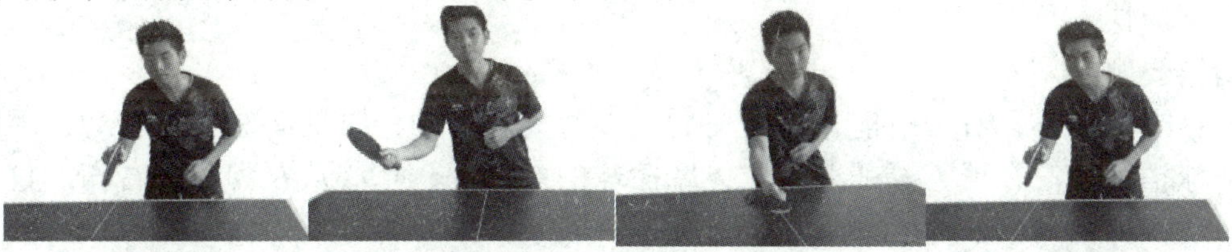

图 10-18 正手搓球技术

（二）反手快搓、慢搓技术

反手搓球技术具有动作幅度小、出手快、弧线低、落点变化多等特点。和正手搓球技术一样，反手搓球技术中快搓和慢搓两种技术的节奏略有差别，但技术动作大致相同。

动作要领：

近台中间靠左，双脚开立与肩同宽，平行站立。球拍后仰，引至腹前，手腕稍内收。在来球的下降期（慢搓）或上升期（快搓），球拍往前下方挥动，击球的中下部。反手搓球技术动作如图 10-19 所示。

图 10-19　反手搓球技术

八、推拨球技术

推挡球技术和拨球技术是直拍和横拍反手的主要技术之一，在比赛中，主要起控制和防御的作用。

（一）直拍推挡技术

直拍推挡技术速度快，控制球的能力好，结合落点，能够为进攻创造机会。

动作要领：

近台中间靠左，左脚在前，右脚在后。以肩为轴，向后引拍，肘关节靠近胸腹侧，球拍前倾，右肩略沉。挥拍向前上方，击球的中上部。直拍推挡技术动作如图 10-20 所示。

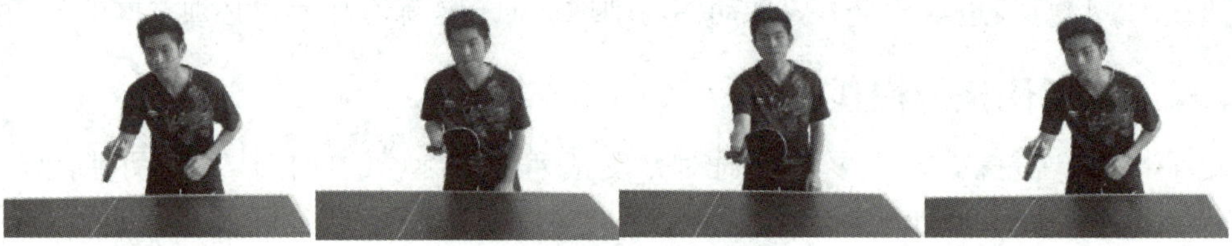

图 10-20　直拍推挡技术

（二）直拍横打技术

直拍横打技术反手攻击力强，力量大，控制拍面的灵活性增强，可以充分发挥前臂力量，球速快。

动作要领：

近台中间靠左，右脚在前，左脚在后。以肘关节为轴，腰部向左下方转动，手腕稍内收，球拍前倾。在球下降前期击球，摩擦球的中上部，重心从左脚移至右脚。直拍横打技术动作如图 10-21 所示。

图 10-21　直拍横打技术

（三）横拍拨球技术

横拍拨球技术具有速度快、动作小、力量大等特点。结合落点，用这种技术能够为进攻创造机会。

动作要领：

近台中间靠左，左脚在前，右脚在后。球拍前倾，向后下方引，肘关节稍前倾，手腕内收，右肩略沉。以肘关节为轴，向前上方挥拍，击球的中上部。横拍拨球技术动作如图 10-22 所示。

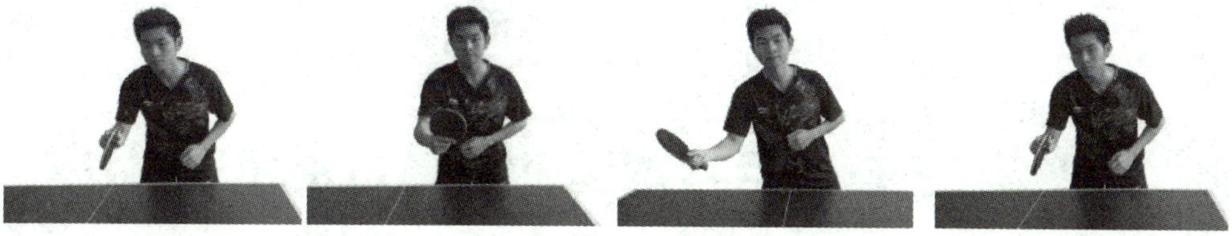

图 10-22 横拍拨球技术

九、弧圈球技术

弧圈球技术是一种攻击力强、威力大、旋转强、力量大的进攻技术，主要包括正手弧圈球技术和反手弧圈球技术。

（一）正手弧圈球技术

动作要领：

根据来球的长短、落点，确定合适的站位，左脚在前，右脚在后，重心较低。随着身体向右转动，向右下后方引拍，球拍低于球台，右肩下沉，重心在右脚上。蹬右脚，随着转髋转腰，快速收小臂，当球落到身体的右前方位置时，往左前上方击球，在球的高点期摩擦球的中上部，身体重心快速转到左脚。正手弧圈球技术动作如图 10-23 所示。

图 10-23 正手弧圈球技术

（二）反手弧圈球技术

动作要领：

根据来球的长短、落点，确定合适的站位，左右脚平行，重心较低。身体重心下降，右肩略沉，球拍向下后方引至腹下，低于球台，肘关节略向前顶出。当球位于高点期时，蹬腿挺髋，球拍向前上方挥动，以肘关节为轴，击球的中上部。反手弧圈球技术动作如图 10-24 所示。

图 10-24 反手弧圈球技术

第三节 乒乓球运动的基本战术

乒乓球运动的战术灵活多变，没有固定的模式，在一个回合当中常常会用到多个组合战术。战术运用得当，在比赛中会事半功倍，战胜对手。然而，无论什么战术，都离不开以下几个基本的组合。

一、推攻战术

推攻战术主要运用正手攻球和反手推挡的速度及力量，并结合落点变化和节奏变化来压制与调动对方，以争取主动或得分。推攻战术是左推右攻型打法对付攻击型打法的主要战术，有反手推挡能力的两面攻运动员、攻削结合的运动员等也时常使用它。

方法如下：

(1) 左推右攻。

(2) 推挡、侧身攻。

(3) 推挡、侧身攻后扑正手。

(4) 左推结合反手攻。

(5) 左推、反手攻后侧身攻。

(6) 左推、反手攻、侧身攻后扑正手。

二、两面攻战术

两面攻战术主要利用正、反手攻球技术的速度和力量压制对方，争取主动和创造扣杀机会。两面攻战术是两面攻打法对付攻击型打法的主要战术。

方法如下：

(1) 攻左扣右 (进攻对方左角，寻找机会，猛扣对方正手空当)。

(2) 攻打两角，猛扣中路。

三、拉攻战术

拉攻战术连续运用正手快拉创造进攻机会，然后采用突击和扣杀来作为得分手段。

拉攻战术是快攻打法对付削球类打法的主要战术。

方法如下：

(1) 正手拉后扣杀。

(2) 反手拉后扣杀（一般为两面攻运动员遇到左侧大角度的削球时所采用）。

四、拉、扣、吊结合战术

拉、扣、吊结合战术由拉攻战术与放短球战术相结合而成，是快攻型打法对付削球打法的常用战术。

方法如下：

(1) 在拉攻战术的扣杀或突击后放短球（这时对方站位一般离台较远，故放短球效果最好）。

(2) 在拉攻战术中放短球后，结合扣杀或突击（这时对方站位往往离台很近，故扣杀或突击最容易得分）。

五、搓攻战术

搓攻战术主要运用“转、低、快、变”的搓球控制对方，以寻找战机，然后采用低突、快点或快拉等技术展开攻势并进入连续攻，在搓球中遇到机会球时进行扣杀，常常带有突然性，往往可以直接得分。搓攻战术是乒乓球各种打法都不可缺少的辅助战术。

方法如下：

(1) 正、反手搓球结合正手快拉、快点、突击或扣杀。

(2) 正、反手搓球结合反手快拉、快点、突击或扣杀。

六、削中反攻战术

削中反攻战术由削球和攻球结合而成，常以逼角加转削球为主，伺机反攻，或以转、低、稳、变的削球，迫使对手在走动中拉攻，以从中寻找机会，予以反攻。这种战术有“逼、变、凶、攻”的特点，是攻、削结合打法的主要战术。

方法如下：

(1) 正、反手削球逼角（即落点逼近对方球台的左角），结合正手攻或侧身攻攻击对方右侧空当。

(2) 正、反手削两大角长球，结合正、反手（或侧身）反攻。

七、发球抢攻（抢冲）战术

发球抢攻（抢冲）战术以旋转、线路、落点以及速度不同的发球来增加对方回击的难度，使其出现机会球，或降低回球质量，然后抢先进攻，以争取主动或直接得分，这是乒乓球所有打法特别是进攻型打法的主要战术和得分手段。

方法如下：

(1) 发下旋转与不转球抢攻。

(2) 发正、反手奔球抢攻。

(3) 发正、反手侧上、下旋球抢攻。

八、接发球抢攻（抢冲）战术

接发球抢攻（抢冲）战术由某一单项攻（冲）球技术所形成，进攻性强，可变接发球的不利地位为有利地位，也可直接得分，是乒乓球运动各种打法特别是进攻型打法的主要战术。

方法：用快点、快攻或中等力量突击进行接发球。

乒乓球运动竞赛规则

第十一章 传统体育运动

学习目标

- 了解武术、二十四式太极拳、健身气功八段锦、舞龙等传统体育运动的基本知识和健身作用
- 初步掌握武术、二十四式太极拳、健身气功八段锦、舞龙等传统体育运动的基本动作

课程思政点

尊师重道、以礼待人

“习武者习德”“学拳先做人”，学习武术等传统体育运动要从学拳开始，向学生渗透武德教育。“抱拳礼”起源于人与人之间礼节上的彼此尊重，是一个人品质、修养的体现。右手握拳，寓意尚武；左掌大拇指内扣，表示谦虚，虚心向对方请教，永不自大；左手掩拳，寓意崇德，以武会友；左掌四指并拢，寓意四海武林团结奋进；两臂屈圆，寓意天下武林和谐统一于一家。武术“抱拳礼”蕴含着儒学中“和”的思想。在案例教学上课和下课以及学习武术、太极拳的过程中都有要求施行抱拳礼，有助于培养学生尊师重道、以礼待人的精神品质。

天人合一、太极精神

太极拳是我国非物质文化遗产，经过几代人的传承和发展形成了天人合一的太极文化，蕴含着我国古人的哲学思想、文化观念以及为人处世的道理。太极精神包括谦和、自信、包容、和谐、至善。太极拳虚怀若谷，谦逊谨慎，不提倡主动进攻，不争输赢高低；太极拳中正向上，柔中寓刚，并非一味讲柔，而是处处柔里藏刚，绵里藏针，强调中正安舒；太极拳海纳百川，大度适度，讲求顺乎自然、含蓄、贵和、不争的博大胸襟；太极拳阴阳平衡，中和相合，突出“中”字，讲求在动态中把握阴阳平衡；太极拳生而不已，至善至美，强调以意导动，以意导气，把意念、动作、劲道和呼吸高度地融为一体。本教学案例在学习二十四式太极拳的过程中，不仅要求学生掌握其中的套路动作，更重要的是潜移默化地将天、地、人、自然与社会的和谐共生观念传递给学生，是新时代共建和谐社会的现实需要。

天民族精神、文化自信

太极拳是最能代表中华优秀传统文化的武术拳种，是中华文化的宝库。在 2022 年央视的虎年春晚中，三位太极、武术冠军梁壁荧、杨洪顺、杨德战分别在位于中国三座现代化城市上海、重庆、广州的“云端高楼”表演了行云流水般的太极拳节目，一招一式、一呼一吸、一静一动，把太极拳的精髓展现得淋漓尽致，体现了传统文化与现代城市文化的相互碰撞和融合。如今，太极拳早已走向世界，被列入联合国教科文组织人类非物质文化遗产代表作名录。据不完全统计，目前太极拳在 150 多个国家和地区传播，有 80 多个国家和地区建立了太极拳组织，有 1.5 亿人在习练太极拳，太极拳已经成为世界第一的有氧健康运动。通过介绍太极拳运动的基本理论知识，了解太极拳运动的特点、优点及发展，能够激发学生对太极拳的学习兴趣，培养学生的民族自豪感，激发学生传承中华优秀传统文化的责任感，增强文化自信，培养民族精神。

坚持不懈、顽强拼搏

学习武术、太极拳等必须要进行大量的基本功练习。学生在初学拳时，会感受到肌肉的酸痛、身体的疲劳以及单个技术动作的枯燥，有时会很难坚持下去。因此，在课堂教学中教师一方面要通过积极的鼓励，耐心引导学生坚持练习，学有所教。另一方面，教师需要借助多媒体手段向学生展示多个武术、太极拳大赛的比赛现场，让学生感受到比赛中运动员们面对困难挫折永不放弃的精神品质,从而培养学生顽强拼搏的意志品质。

团结协作、勇于担当

在案例教学过程中，教师可以安排学生分组练习并且进行小组展示。通过划分小组让学生之间互相纠错，提高学生的集体意识，培养学生团结协作、互帮互助的良好思想品德。同时，通过小组展示的形式可以让学生勇于面对自己的职责和任务，积极进取，勇于担当。

锻炼意志、终身运动

武术、太极拳、健身气功八段锦等是具有广泛社会价值、功能、健身价值和民族文化特色的中国传统体育项目。经过长期的实践证明，经常进行这些运动有强健身体、预防疾病、延缓衰老、调节身心的功能和疗效。

第一节　武　　术

武术的发展伴随着我国历史与文明的推进，它不仅可以强身健体还承载着深厚的文化内涵和民族情结。

一、武术的概述

武术是以技击动作为主要内容，以套路和格斗为运动形式，注重内外兼修的中国传统体育项目。武术在我国有着悠久的历史和广泛的群众基础，它集健身性、技击性和艺术性于一体，是深受人们喜爱的一种体育项目。

（一）武术的起源与发展

武术历史悠久，它萌发于中华民族远古时代的生产和生活实践中，产生和存在于劳动生产、养生保健和礼教戏乐等社会活动中。它是随着中华民族在各个社会历史阶段政治、经济、思想、文化和艺术等方面的不断进步与发展，逐步形成的具有鲜明特色的中国传统体育项目。

（二）武术的特点与作用

1. 具有独特的民族风格

中华民族有着数千年的发展历史，武术作为中华民族特有的一项传统体育项目，在长期发展过程中，受到我国各民族思想文化的影响，形成了较完整的运动技术与理论体系。

2. 既有套路演练，又有技击格斗

长期以来，武术一直是遵循着技击格斗和套路演练这两种运动形式广泛流传和发展的。就套路演练形式而言，有各种不同类别的拳术流派，内容丰富，形式多样。

3. 具有攻防技击性

武术的动作都要求具有攻防技击特点，无论是套路演练形式，还是技击格斗形式，都以踢、打、摔、拿等技击法为主要内容。

4. 具有内外合一和形神兼备的练功方法

武术运动讲究“内练一口气，外练筋骨皮”，许多拳种和流派都十分强调内外合一和形神兼备的练功方法，既有手、眼、身法、步法等外在的形体活动，又有精神、气息、劲力等内在的意识活动。

5. 具有广泛的适应性

武术运动不仅有较高的健身和防身价值，而且有一定的艺术欣赏价值。武术的内容丰富，形式多样，技术要求有难有易，运动风格千姿百态，运动量有大有小，它不受年龄、性别、体质、季节以及场地和器材的限制，人们可以根据自己的条件和需要，选择合适的项目进行练习。

（三）武术的内容与分类

武术内容丰富多彩，形式多种多样，可分为以下几类：

1. 拳术

拳术是武术中徒手套路形式的总称，包括长拳、太极拳、南拳、形意拳、八卦掌、通背拳、地躺拳和象形拳等。

2. 对练

对练是两人及两人以上按照固定动作进行攻防的套路练习。对练的主要内容有徒手对练、器械对练、徒手与器械对练。练习对练要求做到动作熟练、配合协调。

3. 集体演练

集体演练是6人以上进行徒手或持器械的集体表演，要求动作整齐划一，并有一定的队形与队形变化，可以有音乐伴奏。

4. 技击格斗

武术的技击格斗是在一定条件和比赛规则的要求下，以武术技法进行的实际格斗运动，技击格斗内容有散手、推手、短兵等。

二、武术的基本功和基本动作

本节将围绕7大方面来介绍武术的基本功和基本动作，具体包括手型和手法练习、步型和步法练习、肩臂练习、腿部练习、腰部练习、跳跃练习和平衡练习。

（一）手型和手法练习

1. 手型

武术的手型有拳、掌、勾3种。

拳

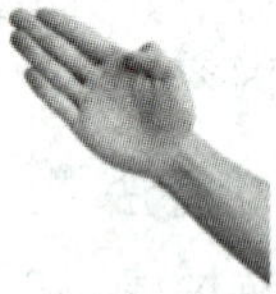
掌

勾

动 作 方 法
(1) 拳：四指并拢卷握，大拇指紧扣食指和中指的第二指节。
(2) 掌：四指并拢伸直，大拇指弯曲紧扣于虎口处。
(3) 勾：五指第一指节捏拢在一起，屈腕。

2. 手法

武术的手法有冲拳、架拳、推掌、亮掌4种。

(1) 冲拳：可分为平拳和立拳两种。平拳拳心向下；立拳拳眼向上。双脚左右开立，与肩同宽，双拳抱于腰间，肘尖向后，拳心向上。挺胸、收腹、立腰，右拳从腰间向前猛力冲出，转腰、顺肩，在肘关节过腰后右前臂内旋。力达拳面，臂要伸直，高与肩平。同时左肘向后牵拉。练习时，左右拳可交替进行。

(2) 架拳：双脚左右开立，与肩同宽，双拳抱于腰间，肘尖向后，拳心向上。右拳向下、向左、向上、向右上方划弧并在右前上方架起，拳眼向下，眼看左方。练习时，左右拳可交替进行。

(3) 推掌：双脚左右开立，与肩同宽，双拳抱于腰间，肘尖向后，拳心向上。右拳变掌，前臂内旋，并以掌根为着力点，向前猛力推击。推击时要转腰、顺肩，臂要伸直，高与肩平。同时左肘向后牵拉。练习时，左右手可交替进行。

(4) 亮掌：双脚左右开立，与肩同宽，双拳抱于腰间，肘尖向后，拳心向上。右拳变掌，经体侧向右、向上划弧，至头部右前上方时抖腕亮掌，臂成弧形。掌心向前，虎口朝下，头随右手动作转动，在亮掌时眼注视左方。练习时，左右手可交替进行。

（二）步型和步法练习

步型和步法练习主要是增加腿部的速度和力量，以提高双脚移动转换的灵活性和稳固性。

1. 步型

步型有弓步、马步、虚步、仆步、歇步、丁步 6 种①。

弓步　马步　虚步　仆步　歇步　丁步

动 作 方 法

(1) 弓步：弓右腿为右弓步，弓左腿为左弓步。以右弓步为例，右脚向前一大步（为本人脚长的 4 ～ 5 倍），脚尖稍内扣，右腿屈膝半蹲（大腿接近水平），膝与脚尖垂直。左腿挺膝伸直，脚尖内扣（斜向前方），双脚全脚着地。上体正对前方，眼向前平视，双手抱拳于腰间。

(2) 马步：双脚平行开立（约为本人脚长的 3 倍），脚尖正对前方，屈膝半蹲，膝部不超过脚尖，大腿接近水平，全脚着地，身体重心落于双腿之间，双手抱拳于腰间。

(3) 虚步：左脚在前为左虚步，右脚在前为右虚步。以左虚步为例，双脚前后开立，左脚外展 45 度，屈膝半蹲，右脚脚跟离地，脚面绷平，脚尖稍内扣，虚点地面，膝微屈，重心落于右腿上。双手叉腰，眼向前平视。

(4) 仆步：仆左腿为左仆步，仆左腿为右仆步。以左仆步为例，双脚左右开立，右腿屈膝全蹲，大腿和小腿靠紧，臀部接近小腿，全脚着地，脚和膝外展，左腿挺直平仆，脚尖内扣，全脚着地。双手抱拳于腰间，眼向左方平视。

(5) 歇步：左脚在前为左歇步，右脚在前为右歇步。以右歇步为例，双脚交叉靠拢全蹲，右脚全脚着地，脚尖外展，左脚前脚着地，膝部贴于前脚外侧，臀部坐于左脚接近脚跟处。双手抱拳于腰间，眼向左前方平视。

(6) 丁步：左脚尖点地为左丁步，右脚尖点地为右丁步。双腿并拢半蹲，一只脚全脚掌着地支撑（重心落于此腿）；另一只脚脚面绷直，脚尖内扣并虚点地面，靠于支撑脚的脚弓处；双手抱拳于腰间，目视前方。

---

① 第一、二节动作示范者：邓运蒿，湖南软件职业技术大学软件与信息工程学院，Web2102 班学生，校武术队队员，湖南省第十二届大学生运动会武术比赛传统拳术第六名、刀术第六名。

2. 步法

步法有击步、垫步、弧形步 3 种。

(1) 击步：双脚前后开立，与肩同宽，双手可叉腰。上体前倾，后脚离地提起，前脚随即蹬地前纵。在空中时，后脚向前碰击前脚。落地时，后脚先落，前脚后落。眼向前平视。跳起至空中，要保持上体正直并侧对前方。

(2) 垫步：双脚前后开立，与肩同宽，双手可叉腰。后脚离地提起，用脚掌向前脚处落步，前脚立即以脚掌蹬地向上稍跳起，将步位让于后脚，然后屈膝提腿向前落步。眼向前平视。

(3) 弧形步：双脚前后开立，与肩同宽，双手可叉腰。双腿半蹲，双脚迅速连续侧前方行步。每步大小略比肩宽，走弧形路线。眼向前平视。

（三）肩臂练习

肩臂练习主要是增强肩关节韧带的柔韧性，加大肩关节的活动范围，发展臂部力量，提高上肢运动的敏捷、松长、转环等能力，为学习和掌握各种拳、掌等手法提供必要的专项素质。练习方法包括压肩、绕环等。

压肩　　单臂环绕1-3

动 作 方 法
(1) 压肩：面对肋木或一定高度的物体站立，距离一大步，双脚左右分开，与肩同宽或稍宽。双手提握肋木，上体前俯（挺胸、塌腰、收髋）并做振动压肩动作，也可以两人面对面站立，互相扶按肩部，做体前屈的振动压肩。
(2) 单臂绕环：呈右弓步站立，右手按于右膝上（也可双脚开立，右手叉腰），左臂垂于体侧。向后绕环：左臂由上向后、向下、向前绕环。向前绕环：左臂由上向前、向下、向后绕环。练习时，左右臂交替进行。做右臂绕环时，换左弓步站立。
(3) 双臂绕环：双脚开立，与肩同宽，双臂垂于体侧。左臂由下向前、向上、向后做向前绕环，右臂由上向后、向下、向前做向后绕环，然后依次做反方向的绕环。
(4) 左右绕环：左右两臂同时向右、向上、向左、向下划立圆绕环，或同时向左、向上、向右、向下划立圆绕环。
(5) 交叉绕环：双臂直臂上举，左臂向前、向下、向后，右臂向后、向下、向前，同时于身侧划立圆绕环，练习时可左右臂交替进行。

（四）腿部练习

腿部练习主要发展腿部的柔韧性、灵活性和力量等。练习方法包括压腿、劈腿和踢腿等。

1. 压腿

压腿主要是拉长腿部的肌肉和韧带，加大髋关节的活动范围。压腿的方法有正压腿、侧压腿、后压腿、仆步压腿 4 种。

正压腿

侧压腿

后压腿

仆步压腿

动 作 方 法

(1) 正压腿：面对肋木或一定高度的物体，并步站立。左腿提起，脚跟放在肋木上，脚尖勾起，踝关节屈紧，双手扶按膝上。双腿伸直，立腰，收髋，上体前屈，向前、向下做压振动作。练习时左右腿交替进行。

(2) 侧压腿：侧对肋木或一定高度的物体，左腿支撑，脚尖稍外撇。右腿举起，脚跟搁在肋木上，脚尖勾起、踝关节屈紧。左臂屈肘上举，右掌附于右胸前。双腿伸直，立腰、开髋，上体向右侧压振。练习时左右腿交替进行。

(3) 后压腿：背对肋木或一定高度的物体并步站立，双手叉腰或扶一定高度的物体。左腿支撑，右腿向后举起，脚背搁在肋木上，脚面绷直，上体后屈并做压振动作。练习时左右腿交替进行。

(4) 仆步压腿：右腿屈膝全蹲，左腿挺膝伸直，脚尖里扣。双脚全脚掌着地，双手分别抓握双脚外侧，呈仆步向下压振。左右腿交替练习。

2. 劈腿

劈腿主要是加大髋关节的活动幅度，增强腿部的柔韧性。劈腿练习可结合压腿和踢腿进行。劈腿的方法有竖叉、横叉两种。

劈腿

竖叉

横叉

动 作 方 法

(1) 竖叉：双手左右扶地或双臂侧平举，双腿前后分开成直线。左腿后侧着地，脚尖勾起；右腿的内侧或前侧着地。练习时左右腿交替进行。

(2) 横叉：双臂侧平举或在体前扶地，双腿左右分开成一线，双腿内侧着地。

3. 踢腿

踢腿是腿部练习中的重要内容，也是基本功训练的主要方面之一，主要包括正踢腿、侧踢腿、外合腿、里合腿、弹腿、蹬腿、侧踹腿。

(1) 正踢腿：双脚并立，双手呈立掌或握拳侧平举。左脚向前上半步，左腿支撑，右脚勾起脚尖向前额处猛踢。双眼向前平视。练习时左右腿交替进行。

(2) 侧踢腿：右脚向前上半步，脚尖外展：左脚跟稍提起，身体略右转，左臂前伸，右臂后举。随即左腿挺膝，勾脚向左耳侧踢起；同时右臂上举亮掌，左臂屈肘立掌于右肩前。踢左腿为左侧踢，踢右腿为右侧踢。

(3) 外合腿：双脚并立，双手呈立掌或握拳侧平举。右脚向右前方上半步，左脚脚尖勾紧，向右侧踢起，经面前向左侧上方外摆，直腿落在右腿旁。眼向前平视。左掌可在左侧上方迎击左脚掌(击响)，也可不击响。练习时左右腿交替进行。

(4) 里合腿：双脚并立，双手呈立掌或握拳侧平举。右脚向右前方上半步，左脚脚尖勾起里扣并向左侧踢起。经面前向右侧上方内摆，直腿落于右腿旁。右手掌在右侧上方可迎击左脚掌(击响)，也可不击响。眼向前平视。练习时左右腿交替进行。

(5) 弹腿：左腿支撑，右腿屈膝提起，右脚绷直，大腿接近水平时，迅速挺膝，小腿猛力向前弹击，力达脚尖。使大腿与小腿呈一条直线，高与腰平。左右腿交替练习。

(6) 蹬腿：动作与弹腿相同，唯脚尖勾起，力点达于脚跟。

(7) 侧踹腿：双脚左右交叉，右脚在前，微屈膝，接着右腿蹬直或稍屈支撑，左腿屈膝提起，脚尖勾起内扣，脚跟用力向左侧上方踹出，稍高于腰，上体向右侧倾，眼视左侧。左右腿交替练习。

(五) 腰部练习

腰是贯通上下肢体的枢纽，俗话说："练功不练腰，终究艺不高。"在手、眼、身法、步法4个要素中，腰是较集中地反映身法技巧的关键。练腰的主要方法有前俯腰、甩腰、涮腰。

前俯腰　　甩腰　　涮腰

动 作 方 法

(1) 前俯腰：并步站立，双手手指交叉，直臂上举，掌心朝上，上体前俯，双手尽量贴地。然后双手松开，抱住双脚脚跟逐渐使胸部贴近腿部。持续一定的时间再起立。还可以向左侧或向右侧转体，双手在脚外侧贴触地面。

(2) 甩腰：双脚开立，双臂上举，以腰、髋关节为轴，上体做前后屈甩动，双臂跟着甩动，双腿伸直。

(3) 涮腰：双脚开立，略宽于肩，双臂自然下垂。以髋关节为轴，上体前俯，双臂随之向左前下方伸出。然后向前、向右、向后、向左翻转绕环。

（六）跳跃练习

跳跃是基本功中的主要组成部分之一。跳跃练习的动作很多，大多要求腾空完成。跳跃动作对于增强腿部力量、提高弹跳能力具有很好的作用，是基本功练习中必不可少的内容。常见的跳跃动作有腾空飞脚、旋风脚。

1. 腾空飞脚

并步站立。右脚上步，左腿向前、向上摆踢，右脚蹬地跃起，身体腾空，双臂由下向前、向头上摆起，右手背迎击左手掌。在空中，右腿向前、向上弹踢，脚面绷直，右掌迎击右脚面；同时左腿屈膝，左脚收控于右腿侧，脚面绷直，脚尖向下。左手在击响的同时摆至左侧方变勾手，勾尖向下，略高于肩。上体微前倾，双眼平视前方。

2. 旋风脚

双腿并拢站立，左手推掌，右手握拳收于腰间；向前助跑，左转身右脚蹬地起跳；同时，右臂上摆，随即向下、向左、再向上摆起；左腿屈膝上提，右腿里合上摆，摆至面前时左手横击右脚底；双脚落地。

（七）平衡练习

平衡动作很多，这里只介绍基本的提膝平衡和望月平衡两种。

<table>
<tr><td>
提膝平衡</td><td>
望月平衡</td></tr>
<tr><td colspan="2">动 作 方 法</td></tr>
<tr><td colspan="2">(1) 提膝平衡：右腿伸直支撑，左腿屈膝提起（过腰），脚面绷直，并垂扣于右膝前。双眼向左平视。
(2) 望月平衡：右腿支撑，左腿在身后向右腿右侧上举，左腿小腿屈收，脚面绷平；上体前倾，并向右腿侧拧上翻，挺胸塌腰，头部伴随向右后转，目视前方。</td></tr>
</table>

第二节　长　拳

一、长拳简介

长拳，是一种拳术流派的总称，编创于 1957 年。1949 年后，原国家体委把群众中流传广泛的查、华、炮、洪、弹腿、少林等拳种，根据其风格特点，综合整理创编了长拳。长拳是以套路为主的拳术，既适合基础武术训练，又适合进行竞赛和技术水平的提高。长拳是学习武术的入门套路和必修内容，其动作舒展大方，招式分明，简单易学，适合大学生初学者学练。

二、长拳的健身作用

经常进行长拳锻炼，能有效地增强体质，提高身体素质，加强内脏器官的功能。长拳中的各种手法、步法、腿法和身法，动作幅度大，牵动关节多，使肌肉、韧带拉长并富有弹性，柔韧性大大提高；套路中许多踢打摔拿、窜蹦跳跃和跌扑滚翻等动作，可很好地发展灵敏、速度、力量等身体素质，提高弹跳力和协调性；一套长拳几十个动作要在很短的时间里完成，动作又多起伏转折，节奏多变，因此强度和运动量很大，能有效提高循环系统、呼吸系统和消化系统的机能；练习长拳要求每一动作都能做到“手、眼、身法、步法、精神、气、力、功”八法协调，对神经系统有良好的影响，支配各肌肉群活动的运动中枢和支配内脏器官活动的自主神经系统能很好地配合工作；运动节奏的变化，增强了中枢神经系统快速转换的能力和兴奋与抑制交替过程的灵活性。

三、动作名称（中国武术段位制——三段长拳）

1. 预备动作

(1) 并步抱拳；(2) 抡臂砸拳；(3) 弓步看拳。

2. 第一段

(1) 右弓步格挡；(2) 抱拳蹬腿；(3) 金丝缠腕；(4) 马步冲拳；(5) 转身平扫前推掌；(6) 右弓步抄拳；(7) 翻腰提膝推掌；(8) 旋风脚；(9) 虚步护身掌；(10) 歇步冲拳。

3. 第二段

(1) 右弓步格挡; (2) 马步切掌; (3) 右弓步冲拳; (4) 震脚弓步双推掌; (5) 左弓步推掌; (6) 翻身劈掌；(7) 腾空飞脚；(8) 右弓步冲拳；(9) 马步看拳；(10) 收式。

四、动作说明

预 备 动 作	
(1) 并步抱拳	

<table>
<tr><td colspan="2">动 作 方 法</td></tr>
<tr><td colspan="2">双脚并拢站立，眼看前方，双手握拳，屈肘抱于两侧，拳心朝上；脸向左转，眼向左侧方平视。
【练习要领】挺胸、直腰、双肩后张、双拳紧贴腰侧。</td></tr>
<tr><td colspan="2">预 备 动 作</td></tr>
<tr><td>(2) 抡臂砸拳</td><td>
① ② ③</td></tr>
<tr><td colspan="2">动 作 方 法</td></tr>
<tr><td colspan="2">① 左脚上步，脚尖内侧点地，身体右转约 45 度，右膝微屈；左掌向左下方直臂伸掌，拇指一侧向下，目视左掌方向。
② 身体左转 45 度，左臂逆时针抡臂一周至身体左侧，抡右臂，右拳上举，拳面朝上；右膝高提，脚面绷平，目视前方。
③ 右脚下落向左脚并步，屈膝震脚；左掌外旋翻转，掌心朝上，摆于腹前；右臂外旋，右拳向左掌心下砸，力达拳背，拳心向上，目视前方。</td></tr>
<tr><td colspan="2">预 备 动 作</td></tr>
<tr><td>(3) 弓步看拳</td><td></td></tr>
<tr><td colspan="2">动 作 方 法</td></tr>
<tr><td colspan="2">右脚向右前方上步，双臂弯曲，左掌变拳，双拳胸前交叉，左拳在上，拳心朝下，右拳在下，拳心朝上，目视双拳方向。右腿屈膝呈右弓步，左拳向左侧冲出，拳心朝下，力达拳面；右拳外旋收抱于右侧腰际，拳心朝上，目视左冲拳方向。</td></tr>
<tr><td colspan="2">第一段</td></tr>
<tr><td>(1) 右弓步格挡</td><td></td></tr>
</table>

<table>
<tr><td colspan="2">动 作 方 法</td></tr>
<tr><td colspan="2">左拳收抱腰间，右脚上步呈右弓步；右臂内旋，向下、向内划弧内格，再向前、向外划弧屈肘横格，拳面朝上，高与眉平，力达右前臂外侧，目视前方。</td></tr>
<tr><td>(2) 抱拳蹬腿</td><td></td></tr>
<tr><td colspan="2">动 作 方 法</td></tr>
<tr><td colspan="2">重心前移，身体微右转，左脚向前弹踢；右拳收抱腰间，拳心朝上，目视前方</td></tr>
<tr><td>(3) 金丝缠腕</td><td>
① ②</td></tr>
<tr><td colspan="2">动 作 方 法</td></tr>
<tr><td colspan="2">① 重心前移，左脚前落，右手提起。
② 右拳变掌前摆后翘腕，顺时针外旋掌握拳；左掌抓握右手腕，目视前方。</td></tr>
<tr><td>(4) 马步冲拳</td><td></td></tr>
<tr><td colspan="2">动 作 方 法</td></tr>
<tr><td colspan="2">右脚落地震脚，身体略右转；右臂屈肘回带至右腰际，左掌附于右手腕处，目视前方左脚上步，身体左转，双腿屈膝内扣呈马步；左掌变拳向左冲出，拳眼朝上，力达拳面，目视左拳方向。</td></tr>
</table>

<table>
<tr><td>(5) 转身平扫前推掌</td><td></td></tr>
<tr><td colspan="2">动 作 方 法</td></tr>
<tr><td colspan="2">重心移至左脚，右膝提起，以左脚为轴右转 180°；左拳收抱腰间，右拳变掌，随转体直臂平扫后收至腰间，目视右掌。右脚向前落步呈右弓步，右掌从腰间向前推出，掌心朝前，力达掌根，目视前方。</td></tr>
<tr><td>(6) 右弓步抄拳</td><td>
①

②</td></tr>
<tr><td colspan="2">动 作 方 法</td></tr>
<tr><td colspan="2">① 重心移至左脚，右膝提起；右掌上挑，目视前方。
② 右脚前落呈右弓步，右臂顺时针划弧，外旋向前抄拳；左掌附于右前臂，掌心朝下，目视前方。</td></tr>
<tr><td>(7) 翻腰提膝推掌</td><td>
①

②

③

④

⑤

⑥

⑦</td></tr>
</table>

<table>
<tr><td colspan="2">动 作 方 法</td></tr>
<tr><td colspan="2">① 重心前移，身体左转，左脚经右脚后插步，前脚掌撑地；右拳变掌，双臂体前交叉，目视右后方。
② 身体向左后仰翻转，左右两臂依次沿顺时针抡臂成侧平举。身体继续左转，双腿交叉拧腰；双臂随体转抡摆展臂。左脚向前上步，身体左转呈左弓步；右掌随转体前撩，掌心朝上，左掌附于右前臂，掌心朝下，目视右掌。
③ 重心移至右腿，左膝高提，脚面绷平；左掌推出，掌心朝前，右掌变拳收抱腰间，拳心朝上，目视推掌方向。
【练习要领】翻腰时身体后仰，立圆抡臂。</td></tr>
<tr><td>(8) 旋风脚</td><td>
① ② ③ ④</td></tr>
<tr><td colspan="2">动 作 方 法</td></tr>
<tr><td colspan="2">① 重心前移，左脚前落，右脚扣脚上步，向右拧腰；左掌摆至右胸前，右臂摆至右上方，目视右下方。
② 右脚蹬地，左脚高抬，身体向左腾空翻转 360 度。
③ 空中右腿里合，左手击拍右脚。双臂随转体自然摆动。
④ 双脚依次 (或同时) 落地后呈马步，右臂屈肘里格。左拳收抱腰间，目视右拳。</td></tr>
<tr><td>(9) 虚步护身掌</td><td>
① ②</td></tr>
<tr><td colspan="2">动 作 方 法</td></tr>
<tr><td colspan="2">① 身体右转，左脚并右脚；双拳变掌前摆下捋后收至腰间，掌心斜朝上。
② 腿屈膝下蹲，左脚尖前点呈左虚步；双掌向前推出，右掌附于左肘内侧，目视推掌方向。
【练习要领】虚步稳定，双掌前推要有内合之力。</td></tr>
<tr><td>(10) 歇步冲拳</td><td></td></tr>
</table>

<table>
<tr><td colspan="2" align="center">动 作 方 法</td></tr>
<tr><td colspan="2">重心后移，身体微右转，左脚向左后活步；左掌向右回带下按，右掌随转体向右回带后收抱腰间，目视左掌身体左转，右脚向左后插步，双腿交叉屈膝下蹲呈左歇步；右拳从腰间向前冲出，拳心朝下，力达拳面，左掌外旋握拳收抱腰间，拳心朝上，目视冲拳方向。
【练习要领】拿带要柔和，歇步要稳定。</td></tr>
<tr><td colspan="2">第二段</td></tr>
<tr><td>(1) 右弓步格挡</td><td></td></tr>
<tr><td colspan="2" align="center">动 作 方 法</td></tr>
<tr><td colspan="2">右脚上步呈右弓步，右臂先内旋向下、向内格挡，再外旋向外、向上格挡，目视右拳。
【练习要领】格挡力达前臂内外两侧，动作迅速，力点准确。</td></tr>
<tr><td>(2) 马步切掌</td><td></td></tr>
<tr><td colspan="2" align="center">动 作 方 法</td></tr>
<tr><td colspan="2">重心后移，身体右转，右脚后退一步，双腿屈膝呈马步；左拳变掌向左前下方推切，力达掌外沿，右拳收抱腰间，目视切掌方向。</td></tr>
<tr><td>(3) 右弓步冲拳</td><td></td></tr>
<tr><td colspan="2" align="center">动 作 方 法</td></tr>
<tr><td colspan="2">身体左转，右脚上步成呈弓步；右拳向前冲出，左掌变拳收抱腰间，目视冲拳方向。</td></tr>
</table>

<table>
<tr><td>(4) 震脚弓步双推掌</td><td>
① ② ③ ④ ⑤</td></tr>
<tr><td colspan="2">动 作 方 法</td></tr>
<tr><td colspan="2">① 重心左移，身体左转呈左弓步；右拳变掌屈臂回摆至右胸前后内旋下按。
② 左拳变掌弧形摆至右肩前，目视右掌方向。重心右移，左脚向右脚后插步。
③ 左臂内旋上架，右掌向前划弧后变拳收至腰间。重心左移，右脚向后撤步呈左弓步；左臂外旋，左掌经体前拿带后变拳收抱于腰间，右拳变掌从腰间向前下方斜推，目视推掌方向。
④ 重心移至左腿，身体右转，提右膝；双掌摆至额前上方合击，目视前方。
⑤ 右脚向左脚内侧落地震脚，左脚略抬，双掌下按后收于腰间，目视前方。左脚上步呈左弓步，双臂内旋，双掌向前推出，目视前方。
【练习要领】震脚与按掌同时完成，弓步与双推掌同时完成。</td></tr>
<tr><td>(5) 左弓步推掌</td><td>
① ②</td></tr>
<tr><td colspan="2">动 作 方 法</td></tr>
<tr><td colspan="2">① 重心后移至右脚，左膝提起；双掌经上左右分开成侧平举，掌指朝上，掌心朝外，目视前方。
② 左脚前落呈左弓步，右掌经腰部向前推出，掌指朝上，力达掌根，左掌下按于左膝上方，目视推掌方向。</td></tr>
</table>

(6) 翻身劈掌

①　②　③

动 作 方 法

① 身体右转闪身，左掌下按，右掌呈立掌摆至左肩。

② 左脚蹬地，身体向左腾空翻转一周，双臂呈立圆随翻身抡臂，目视前方。

③ 右脚前落，左脚后撤呈右弓步；右掌自上而下向前劈掌，力达掌外沿，左掌变拳收抱腰间，目视劈掌方向。

【练习要领】翻转轻灵，上步迅速，劈掌有力。

(7) 腾空飞脚

①　②　③

动 作 方 法

① 重心前移，左脚跟进，双臂前后抡摆，右臂向后，左臂向前，目视前方。

② 右腿蹬地，左脚提膝高抬，身体腾空跃起；右臂前上抡带，右掌背与左掌心在前额上方击响。

③ 右脚迅速向前上方摆起，右掌心快速击拍右脚面，左掌平摆至体侧，目视前方。

【练习要领】右脚蹬地有力，腾空要高，击拍连接紧密，声音响亮；双脚依次(或同时)落地。

(8) 右弓步冲拳

①　②

动 作 方 法

右脚上步呈右弓步，右拳向前冲出，拳心向下，左拳收抱腰间，目视冲拳方向。

<table>
<tr><td>(9) 马步看拳</td><td>
①

②</td></tr>
<tr><td colspan="2">动 作 方 法</td></tr>
<tr><td colspan="2">① 重心后移，左脚蹬地，身体腾空右转，左脚前摆，右脚后摆，双脚在空中绞剪，右臂外旋屈肘回摆，目视前方。
② 双脚左右分开落地呈马步，左拳向左侧打出，拳心向下；右拳收至腰间，拳心朝上，目视左拳方向；
【练习要领】跳转动作轻灵，左冲拳有力，马步稳定。</td></tr>
<tr><td>(10) 收式</td><td>
①

②</td></tr>
<tr><td colspan="2">动 作 方 法</td></tr>
<tr><td colspan="2">① 双拳变掌平伸，掌心朝上，目视右掌；
② 左脚并右脚，双臂内旋下按于两侧腰间，目视左方。双掌放下，头右转向前，并步直立，目视前方。</td></tr>
</table>

长拳演示

第三节　24 式简化太极拳

一、24 式简化太极拳简介

24 式太极拳简易套路是一种健身拳术。1956 年原国家体委组织专家，在传统杨式太极拳的基础上，按由简入繁、循序渐进、易学易记的原则，去除繁难和重复动作，选取了二十四式，创编成《简化太极拳》。尽管它只有 24 个动作，但相比传统的太极拳套路来讲，其内容更显精练，动作更显规范，并且也能充分体现太极拳的运动特点，深受广大习练者的欢迎。

二、太极拳的健身作用

练习太极拳时，要求“心里安静”“精神集中”“以意识引导动作”，以达到消除紧张与疲劳，使身心得到放松的目的。练习太极拳还可以养成“习静”的习惯，培养人们沉着、耐久、坚毅、机智等优良品质。“气沉丹田”“呼吸深长”等技法，可以增大肺活量，调养气息，达到养生目的。科学研究已经证明，太极拳运动对人体的中枢神经系统、心脑血管系统、呼吸系统、消化系统等方面的功能，都有良好的促进作用。

三、太极拳练习要点

（一）心静体松

所谓“心静”，就是在练习太极拳时，思想上应排除一切杂念，不受外界干扰；所谓“体松”，并不是全身松懈疲沓，而是指在练拳时保持身体姿势正确的基础上，有意识地让全身关节、肌肉以及内脏等达到最大限度的放松状态。

（二）圆活连贯

“心静体松”是对太极拳练习的基本要求。而能否做到“圆活连贯”才是衡量一个人功夫深浅的主要依据。太极拳练习所要求的“连贯”是指多方面的。其一是指肢体的连贯，即所谓的“节节贯穿”。肢体的连贯是以腰为枢纽的。在动作转换过程中，则要求：对下肢，是以腰带胯，以胯带膝，以膝带足；对上肢，是以腰带背，以背带肩，以肩带肘，以肘带手。其二是动作与动作之间的衔接，即“势势相连”——前一动作的结束就是下一动作的开始，势势之间没有间断和停顿。而“圆活”是在连贯基础上的进一步要求，意指活顺、自然。

（三）虚实分明

要做到“运动如抽丝，迈步似猫行”，首先要注意虚实变换要适当，使肢体各部在运动中没有丝毫不稳定的现象。若不能维持平衡稳定，就根本谈不上“迈步如猫行”了。一般来说，下肢以主要支撑体重的腿为实，以辅助支撑或移动换步的腿为虚；上肢以体现动作主要内容的手臂为实，以辅助配合的手臂为虚。总之虚实不但要互相渗透，还需在意识指导下灵活变化。

（四）呼吸自然

太极拳练习中的呼吸方法有自然呼吸、腹式顺呼吸、腹式逆呼吸和拳势呼吸。以上几种呼吸方法，不论采用哪一种，都应自然、匀细，徐徐吞吐，要与动作自然配合。初学者宜采用自然呼吸法。

四、练拳注意事项

(1) 练拳时，应选择空气新鲜、环境幽雅之处，不宜在烈日、强风以及有阴湿霉气的地方练习。

(2) 衣着宽松，过饥、过饱、酒后不宜练拳，早起练拳时应先排清大小便。

(3) 练拳时，尽量做到动作与呼吸配合，呼吸以腹式呼吸为主。

(4) 练拳后，不可随即坐下或静卧，也不宜立即进食，出汗后应避冷风。

五、动作分解②

预备	
预备式	
动作方法	
身体自然站立，双脚并拢；双臂垂于体侧。	

② 本节动作示范者：杨惠燕，湖南软件职业技术大学人文素质教学部，体育教研室教师。

<table>
<tr><td>第一式
起势</td><td>
① ②-1 ②-2</td></tr>
<tr><td colspan="2">动 作 方 法</td></tr>
<tr><td colspan="2">① 身体自然直立，双脚开立，与肩同宽，脚尖向前；双臂自然下垂，双手放在大腿外侧；眼向前平视。
② 双臂慢慢向前平举，与肩同高、同宽，手心向下；双腿屈膝下蹲，同时，双掌轻轻下按置于腹前。</td></tr>
<tr><td>第二式
左右野马分鬃</td><td>
① ② ③-1 ③-2 ④

⑤-1 ⑤-2 ⑥</td></tr>
<tr><td colspan="2">动 作 方 法</td></tr>
<tr><td colspan="2">① 上体微右转，重心移到右腿上，同时，右臂收在胸前平屈，手心向下，左手经体前向右下画弧放在右手下，手心向上，双手呈抱球状，左脚收到右脚内侧，脚尖点地。
② 上体微向左转，左脚向左前方迈出一步，同时，上体向左转，左右手随转体慢慢分别向左上右下分开，左手高度与眼平，手心斜向上，肘微屈，右手落在右胯旁，肘微屈，手心向下。
③ 上体慢后坐，身体重心移至右腿，左脚外撇约 45 度，随后重心移至左腿；同时，左手翻掌心向下，左臂收在胸前平屈，右手向左上画弧放在左手下，两手心相对呈抱球状，右脚收到左脚内侧，脚尖点地。</td></tr>
</table>

<table>
<tr><td colspan="2">④ 脚向右前方迈出，呈右弓步；同时上体右转，左右手随转体分别慢慢向左下右上分开，右手高度与眼平，手心斜向上，肘微屈，左手落在左胯旁，手心向下。
⑤ 动作与③相同，只是左右相反。
⑥ 动作与④相同，只是左右相反。</td></tr>
<tr><td>第三式
白鹤亮翅</td><td> ①  ②</td></tr>
<tr><td colspan="2">动 作 方 法</td></tr>
<tr><td colspan="2">① 上体微向左转，左手翻掌心向下，右手向左上画弧，手心向上，与左手呈抱球状。
② 右脚跟进半步，上体后坐，身体重心移至右腿；左脚稍向前移，脚尖点地；同时，双手慢慢地分别向右上与左下分开，右手上提停于头部右侧（偏前），手心向左后方，左手落于左胯前，手心向下。</td></tr>
<tr><td>第四式
左右搂膝拗步</td><td> ①  ②  ③  ④
 ⑤  ⑥</td></tr>
</table>

<table>
<tr><td colspan="2" align="center">动 作 方 法</td></tr>
<tr><td colspan="2">① 右手经体前下落，由下向后上方画弧至右肩外侧，与耳同高，手心斜向上，左手由左下向上、向右下方画弧至胸前，手心斜向下；同时，左脚尖点地收至右脚内侧，目视右手。
② 上体左转，迈左脚呈左弓步，同时右手屈肘经右耳向前推出，左手向下由左膝前搂过落于左胯旁，指尖朝前；目视右手。
③ 上体慢慢后坐，重心移至右腿，左脚尖翘起微向外撇；随即左腿慢慢前弓，身体左转，重心移至左腿，右脚向左脚靠拢，脚尖点地。同时，左手向外翻掌由左后向上平举，手心向上。右手随转体向上、向左下画弧落于左肩前，手心向上，眼视左手。
④ 动作与①相同，只是左右相反。
⑤ 动作与②相同，只是左右相反。
⑥ 动作与③相同，只是左右相反。</td></tr>
<tr><td>第五式
手挥琵琶</td><td>
①　②</td></tr>
<tr><td colspan="2" align="center">动 作 方 法</td></tr>
<tr><td colspan="2">右腿跟进半步，上体后坐，身体重心移至右腿上，左脚略提起稍向前移，变成左虚步，脚跟着地，膝部微屈。同时，左手由左下向上举，高与鼻尖平，臂微屈；右手收回放在左肘里侧。眼视左手食指。</td></tr>
<tr><td>第六式
左右倒卷肱</td><td>
①　②　③　④

⑤　⑥　⑦　⑧　⑨</td></tr>
</table>

<table>
<tr><th colspan="2">动 作 方 法</th></tr>
<tr><td colspan="2">① 右手翻掌（手心向上）经腹前由下向上方画弧平举，臂微屈；左手随之翻掌向上，左脚跟落地，眼随着向右转体先右看，再转看左手。
② 右臂屈肘回收，右手由耳侧向前推出，手心向前；左手回收经左肋外侧向后上画弧平举，手心向上；左手随之再翻掌向上。
③ 同时，左腿轻轻提起向左后方退一步，脚尖先着地，然后慢慢踏实，重心在左腿上，呈右虚步。眼随转体左看，再转看右手。
④ 动作与①相同，只是左右相反。
⑤ 动作与③相同，只是左右相反。
⑥ 动作与①相同。
⑦、⑧、⑨动作重复③、④、⑤。</td></tr>
<tr><td>第七式
左揽雀尾</td><td>
① ② ③ ④ ⑤ ⑥ ⑦ ⑧ ⑨ ⑩</td></tr>
<tr><th colspan="2">动 作 方 法</th></tr>
<tr><td colspan="2">① 上体微向右转，同时，右手随转体向后上方画弧平举，手心向上，左手放松，手心向下；眼看左手。
② 上体继续右转，左手自然下落，逐渐翻掌经腹前画弧至右肋前，手心向上；右臂屈肘，手心转向下，收至右胸前，两手相对呈抱球状；同时，身体重心落在右腿上，左脚收到右脚内侧，脚尖点地；眼看右手。
③ 上体微向左转，左脚向左前方迈出，上体继续向左转，右腿自然蹬直，左腿屈膝，呈左弓步；同时，左臂向左前方伸出，高与肩平，手心向后；右手向右下落放于右胸旁，手心向下，指尖向前；眼看左前臂。
④、⑤ 上体微向左转，左手随即前伸翻掌向下；右手翻掌向上，经腹前向上、向前伸至左前臂下方；然后双手下捋，即上体向右转，双手经腹前向右后上方画弧，直至右手手心向上，高与肩齐，左臂平屈于胸前，手心向后；同时，身体重心移至右腿；眼看右手。</td></tr>
</table>

<table>
<tr><td colspan="2">⑥、⑦ 上体微向左转，右臂微屈折回，右手附于左手腕里侧，上体继续左转，双手同时向前慢慢挤出，左手心向右，右手心向前，左前臂要保持半圆；同时，身体重心逐渐前移变左弓步，眼看左手手腕部。
⑧、⑨ 左手翻掌，手心向下，右手经左腕上方向前、向右伸出，高与左手齐，手心向下，双手左右分开，宽与肩同；然后右腿屈膝，上体慢慢后坐，身体重心慢慢移至右腿上，左脚尖挑起；同时，双手屈肘回收至腹前，手心均向前下方，眼看前方。
⑩ 上势不停，身体重心慢慢前移；同时，双手向前，向上按出，掌心向前；左腿前弓呈左弓步，眼向前平视。</td></tr>
<tr><td>第八式
右揽雀尾</td><td>
①　②　③　④　⑤

⑥　⑦　⑧　⑨　⑩</td></tr>
<tr><td colspan="2">动 作 方 法</td></tr>
<tr><td colspan="2">① 上体后坐并向右转，身体重心移至右腿，左脚尖里扣。
② 右手向右平行画弧至右侧，然后由右下经腹前向左上画弧至左肋前，手心向上，左臂平屈胸前，左手掌向下与右手呈抱球状；同时，身体重心再移至左腿上，右脚收至左脚内侧；脚尖点地，眼看左手。
③～⑩ 动作同第七式“左揽雀尾”③～⑩，只是左右相反。</td></tr>
<tr><td>第九式
单鞭</td><td>
①-1　①-2　②　③</td></tr>
</table>

动 作 方 法

① 上体后坐，身体重心逐渐移至左脚上，右脚尖里扣；同时上体左转，双手（左高右低）向左画弧直至左臂平举，伸于身体侧，手心向左，右手经腹前运至右肋前，手心向后上方；眼看左手。

② 身体重心再渐渐移至右腿上，上体右转，左脚向右脚靠拢，脚尖点地；同时，右手向右上方画弧（手心由里转向外），至右斜前方时变勾手，略高于肩；左手向下经腹前向右上画弧停于右肩前，手心向里；眼看左手。

③ 上体微向左转，左脚向左前侧方迈出，右脚跟后蹬，呈弓步；在身体重心移向左腿的同时，左掌随上体继续左转慢慢翻转向前推出，手心向前，臂微屈，眼看左手。

第十式
云手

① ② ③ ④

⑤ ⑥

动 作 方 法

① 身体重心移至右腿上，身体渐向右转，左脚尖里扣，左手经腹前向右上画弧至右肩前，手心斜向后，同时右手变掌，手心向右前，眼看左手。

② 上体慢慢左转，身体重心随之逐渐左移，左手由脸前向左侧运转，手心渐渐向左方，右手由右下经腹前向左上画弧至左肩前，手心斜向后；同时右脚靠近左脚，呈小开步；眼看右手。

③ 上体再向右移，同时，左手往腹前向右上画弧至右肩前，手心斜向后；右手向右侧运转，手心翻转向右，随之左腿向左横跨一步，眼看左手。

④ 动作与②相同。

⑤ 动作与③相同。

⑥ 动作与②相同。

<table>
<tr><td>第十一式
单鞭</td><td>
①−1　①−2　②　③</td></tr>
<tr><td colspan="2">动 作 方 法</td></tr>
<tr><td colspan="2">动作与第九式相同。</td></tr>
<tr><td>第十二式
高探马</td><td>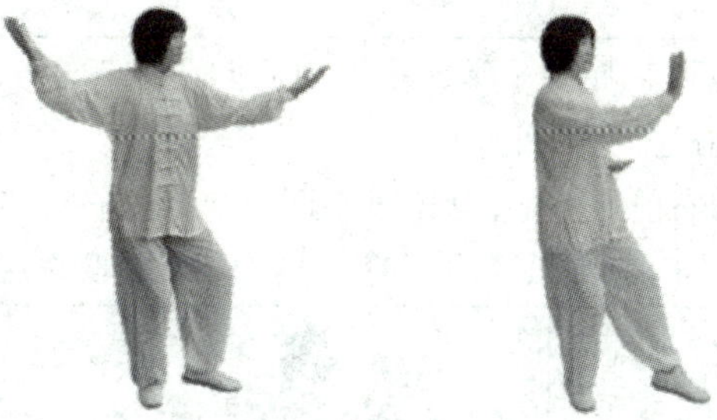
①　②</td></tr>
<tr><td colspan="2">动 作 方 法</td></tr>
<tr><td colspan="2">① 右脚跟进半步，身体重心逐渐后移至右腿上；右勾手变成掌，双手心翻转向上，双肘微屈，同时，身体微向右转，左脚渐渐离地，眼看左前方。
② 上体微向左转，面向前方，右掌经右耳旁向前推出，手心向前，手指与眼齐高，左手收至左侧腰前，手心向上，同时，左脚微向前移脚尖点地，呈左虚步；眼看右手。</td></tr>
<tr><td>第十三式
右蹬脚</td><td>
①　②　③</td></tr>
<tr><td colspan="2">动 作 方 法</td></tr>
<tr><td colspan="2">① 左手手心向上，前伸至右手腕背面，双手交叉，随即向两侧分开向下画弧，手心斜向下；同时，左脚提起向左前侧方迈步，身体重心前移，右脚自然蹬直，呈左弓步；眼看前方。
② 双手由外圆向里圆画弧，交叉合抱于胸前，右手在外，手心均向后；同时，右脚向左腿靠拢，脚尖点地；眼平看右前方。
③ 两臂左右画弧分开平举，肘部微屈，手心均向外，同时，右腿屈膝提起，右脚向右前方慢慢蹬出，眼看右手。</td></tr>
</table>

第十四式
双峰贯耳

① ②

动 作 方 法

① 右腿收回，屈膝平举，左手由后向前方下落至胸前，双手心均翻转向上；两手同时向下画弧分落于膝盖两侧，眼看前方。

② 右脚向右前方落下，身体重心逐渐前移呈右弓步，面向右前方；同时双手下落，慢慢变拳，分别从两侧向上向前画弧至面部前方，成钳形状，双拳相对，高与耳齐，拳眼都斜向内，眼看右拳。

第十五式
转身左蹬脚

① ② ③

动 作 方 法

① 左腿屈膝后坐，身体重心移至左腿，上体左转，右脚尖里扣；同时双拳变掌，由上向左右画弧分开平举，手心向前眼看左手。

② 身体重心再移至右腿，左脚收到右脚内侧，脚尖点地；同时，两手由外圈向里圈画弧合于胸前，左手在外，手心均向后，眼平看左方。

③ 双臂左右画弧分开平举，肘部微屈，手心均向外，同时，左腿屈膝提起左脚向左前方慢慢蹬出，眼看左手。

第十六式
左下势独立

① ② ③

动 作 方 法

① 左腿收回平屈，上体右转，右掌变成勾手，左掌向上、向右下画弧下落，立于右肩前，掌心斜向后，眼看右手。

② 右腿慢慢屈膝下蹲，左腿由内向侧（偏后）伸出，呈左仆步，左手下落（掌心向外）向下顺左腿内侧向前穿出，眼看左手。

③ 身体重心前移，以左脚跟为轴，脚尖尽量向外撇，左腿前弓，右腿后蹬，右脚尖里扣，上体微向左转体向前起身；同时，左臂继续向前伸出；掌心向右，右勾手下落，钩向上；眼看左手。右腿慢慢提起平屈，呈左独立步；同时右勾手变掌，并由后下方顺右腿外侧向前弧形提起，屈臂停靠于右腿上方，肘与膝相对，手心向左，左手落于左胯旁，手心向下，指尖向前，眼看右手。

第十七式
右下势独立

① ② ③

动 作 方 法

① 右脚下落于左脚前，脚掌着地，然后左脚前掌为轴脚跟转动，身体随之左转，同时，左手向后平举变成勾手，右掌随着转体向左侧画弧，立于左肩前，掌心斜向后，眼看左手。

②、③动作与“左下势独立”②、③相同，只是左右相反。

第十八式
左右穿梭

① ② ③ ④

动 作 方 法

① 身体微向左转，左脚向前方落步，脚尖外撇，右脚跟离地，双腿屈膝呈半坐盘式；同时，双手在左胸前呈抱球状（左上右下），然后右脚收到左脚的内侧，脚点地；眼看左前方。

② 身体右转，右脚向前方迈出，屈膝弓腿，呈右弓步；同时，右手由膝前向上举并翻掌在右额前，手心斜向上；左手先向左下再经体前向前推出，高度与鼻尖平，手心向前，眼看左手。

③ 身体重心略后移，右脚尖稍向外撇，随即身体重心再移至右腿，左脚跟进，停于右脚内侧，脚尖点地；同时，两手在右胸前成抱球（右上左下），眼看右前臂。

④ 动作与②相同，只是左右相反。

<table>
<tr><td>第十九式
海底针</td><td></td></tr>
<tr><td colspan="2">动 作 方 法</td></tr>
<tr><td colspan="2">右脚向前跟进半步，身体重心移至右腿，左脚稍向前移，脚尖点地，呈左虚步；同时，身体稍向右转，右手下落往体前向后、向上提到肩上耳旁，再随身体左转，从右耳旁斜向前下方插出，掌心向左，指尖斜向下；与此同时，左手向前、向下画弧落于左胯旁，掌心向下，指尖向前；眼看前下方。</td></tr>
<tr><td>第二十式
闪通臂</td><td></td></tr>
<tr><td colspan="2">动 作 方 法</td></tr>
<tr><td colspan="2">上体稍向右转，左脚向前迈出，屈膝弓腿呈左弓步；同时，右手由体前上提，屈臂上举，停于右额前上方，掌心翻转斜向上，拇指朝下；左手上提经胸前向前推出，高与鼻尖平，手心向前眼看左手。</td></tr>
<tr><td>第二十一式
转身搬拦捶</td><td>
①

②

③-1

③-2

④</td></tr>
</table>

动 作 方 法

① 上体后坐，身体重心移至右腿上，右脚尖里扣，身体向右后转，然后身体重心再移至左腿上；与此同时，右手随着转体向右、向下(变拳)往腹前画弧到左肋旁，拳心向下；左掌上于额前，掌心斜向上；眼看前方。

② 向右转体，右拳往胸前向前翻转伸出，拳心向上；左手落于左胯旁，掌心向下，指尖向前；同时，右脚收回后即向前迈出，脚尖外撇；眼看右拳。

③ 身体重心移至右腿上，左脚向前迈一步；左手往左侧向前、向上画弧拦出，掌心向前下方；同时，右拳向右画弧收到右腰旁，拳心向上，眼看左手。

④ 左腿前弓呈左弓步；同时右拳向前打出，拳眼向上，高与胸平，左手附于右前臂里侧；眼看右拳。

第二十二式
如封似闭

①　②　③

动 作 方 法

① 左手由右腕下向前伸出，右拳变掌，双手手心逐渐翻转向上并慢慢分开回收。

② 同时身体后坐，左脚尖翘起，身体重心移到右腿；眼看前方。

③ 双手在胸前向内翻掌，向下往腹前再向上，向前推出，腕与肩平，手心向前；同时，左腿前弓呈左弓步，眼看前方。

第二十三式
十字手

①　②-1　②-2

动 作 方 法

① 屈膝后坐，身体重心移向右腿，左脚尖里扣，向右转体；右手随着转体动作向右平摆画弧，与左手呈两臂侧平举，掌心向前，肘部微屈；同时，右脚尖随着转体稍向外撇，呈右侧弓步；看右手。

② 身体重心慢慢移至左腿，右脚尖里扣，随即向左收回，双脚距离与肩同宽，双腿逐渐蹬直，呈开立步；同时，双手向下经腹前向上画弧交叉合抱于胸前，双臂撑圆，腕高与肩平，右手在外，呈十字手，手心均向后；眼看前方。

<table>
<tr><td>第二十四式
收势</td><td>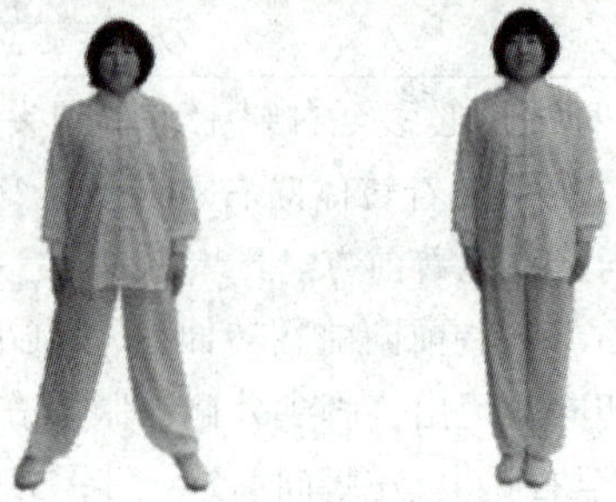
①　　　②</td></tr>
<tr><td colspan="2">动 作 方 法</td></tr>
<tr><td colspan="2">① 双手向外翻掌，手心向下，双臂慢慢下落，停于身体两侧眼看前方。
② 双脚还原。</td></tr>
</table>

24 式太极拳演示

第四节　八　段　锦

一、健身气功八段锦简介

八段锦源自我国古代导引术，其动作古朴优雅，健身效果明显，易学且安全。因其由 8 个动作组成，又如丝锦般华贵，故名八段锦。

二、八段锦的健身作用

八段锦是一项以形体活动为主，以呼吸吐纳及心神调节为辅的传统体育项目，由八个连贯流畅的动作组成，各个动作之间保持对称与和谐。该运动融合了中国传统医学观念中的阴阳五行、经络学说、脏腑辨证等理论，长期练习能起到改善气血运行、调节脏腑功能的作用，是中医养生和非药物治疗的重要手段，由于每式动作简单易学，有健身及预防疾病的作用。

三、八段锦的功法特点

（一）柔和缓慢，圆活连贯

柔和，是指习练动作不僵不拘，轻松自如，舒展大方。缓慢，指习练时身体重心平稳，虚实分明，轻飘徐缓。圆活，指动作路线带有弧形，不起棱角，不直来直往，符合人体各关节自然弯曲的状态。它是以腰脊为轴带动四肢运动，上下相随，节节贯穿。连贯，是要求动作的虚实变化和姿势的转换衔接，无停顿断续之处。既像行云流水连绵不断，又如春蚕吐丝相连无间，使人神清气爽，体态安详，从而达到疏通经络、畅通气血和强身健体的效果。

（二）松紧结合，动静相兼

松，指习练时肌肉、关节以及中枢神经系统、内脏器官的放松。在意识的主动支配下，逐步达到呼吸柔和、心静体松，同时松而不懈，保持正确的姿态，将这种放松程度不断加深。紧，是指习练中适当用力，且缓慢进行，主要体现在前一动作结束与下一动作开始之前。“八段锦”中的“两手托天理三焦”的上托、“左右开弓似射雕”的马步拉弓、“调理脾胃须单举”的上举、“五劳七伤往后瞧”的转头旋臂、“攒拳怒目增气力”的冲拳与抓握、“背后七颠百病消”的脚趾抓地与提肛等，都体现了这一点。紧，在动作中只是一瞬间，而松须贯穿动作的始终。松紧配合适度，有助于平衡阴阳、疏通经络、分解黏滞、滑利关节、活血化瘀、强筋壮骨、增强体质。

本功法的动与静主要是指身体动作的外在表现。动，就是在意念的引导下，动作轻灵活泼、节节贯穿、舒适自然。静，指在动作的节分处做到沉稳，特别是前面所讲八个动作的缓慢用力之处，在外观上看略有停顿之感，但内劲没有停，肌肉继续用力，保持牵引抻拉。适当的用力和延长作用时间，能够使相应的部位受到一定强度的刺激，有助于提高锻炼效果。

（三）神与形合，气寓其中

神，指人体的精神状态和正常的意识活动，以及在意识支配下的形体表现。“神为形之主，形乃神之宅。”神与形是相互联系、相互促进的整体。本功法每式动作以及动作之间充满了对称与和谐，体现出内实精神，外示安逸、虚实相生、刚柔相济，做到了意动形随、神形兼备。气寓其中，是指通过精神的修养和形体的锻炼，促进真气在体内的运行，以达到强身健体的功效。习练本功法时，要呼吸顺畅，不可强吸硬呼。

四、八段锦的习练要点

（一）松静自然

松静自然，是练功的基本要领，也是最根本的法则。松，是指精神与形体两方面放松。精神的放松，主要是解除心理和生理上的紧张状态；形体的放松，是指关节、肌肉及脏腑的放松。放松是由内到外、由浅入深的过程，使形体、呼吸、意念轻松舒适无紧张感。静，是指思想和情绪要平稳安宁，排除一切杂念。放松与入静是相辅相成的，入静可以促进放松，而放松又有助于入静，二者缺一不可。

自然，是指形体、呼吸、意念都要顺其自然。具体来说，形体自然，要合于法，一动一式要准确规范；呼吸自然，要莫忘莫助，不能强吸硬呼；意念自然，要“似守非守，绵绵若存”，过于刻意会造成气滞血瘀，导致精神紧张。需要指出的是，这里的“自然”决不能理解为“听其自然”“任其自然”，而是指“道法自然”，需要习练者在练功过程中仔细体会，逐步把握。

（二）准确灵活

准确，主要是指练功时的姿势与方法要正确，合乎规格。在学习初始阶段，基本身形的锻炼最为重要。本功法的基本身形，通过功法的预备势进行站桩锻炼即可，站桩的时间和强度可根据不同人群的不同健康状况灵活掌握。在锻炼身形时，要认真体会身体各部位的要求和要领，克服关节肌肉的酸痛等不良反应，为放松、入静创造良好条件，为学习掌握动作打好基础。在学习各式动作时，要对动作的路线、方位、角度、虚实、松紧分辨清楚，做到姿势工整，方法准确。

灵活，是指习练时动作幅度的大小、姿势的高低、用力的大小、习练的数量、意念的运用、呼吸的调整等，都要根据自身情况灵活掌握，特别是对老年人群和体弱者，更要注意。

（三）练养相兼

练，是指形体运动、呼吸调整与心理调节有机结合的锻炼过程。养，是通过上述练习，身体出现的轻松舒适、呼吸柔和、意守绵绵的静养状态。习练本功法，在求姿势工整、方法准确的同时，要根据自己的身体状况，调整好姿势的高低和用力的大小，对有难度的动作，一时做不好的，可逐步完成。对于呼吸的调节，可在学习动作期间采取自然呼吸，待动作练熟后再结合动作的升降、开合与自己的呼吸频率有意识地进行锻炼，最后达到“不调而自调”的效果。对于意念的把握，在初学阶段应放在注意动作的规格和要点上，动作熟练后要遵循“似守非守，绵绵若存”的原则进行练习。

养与练，是相互并存的，不可截然分开，应做到“练中有养，养中有练”。特别要合理安排练习的时间、数量，把握好强度，处理好“意”“气”“形”三者的关系。从广义上讲，练养相兼与日常生活也有着密切关系。能做到“饮食有节、起居有常”，保持积极向上的乐观情绪，将有助于练功效果，增进身心健康。

（四）循序渐进

“八段锦”对于初学者来说有一定的学习难度和运动强度。因此，在初学阶段，习练者首先要克服由于练功而给身体带来的不适，如肌肉关节酸痛、动作僵硬紧张、手脚配合不协调、顾此失彼等。只有经过一段时间和数量的习练，才会做到姿势逐渐工整，方法逐步准确，动作的连贯性与控制能力得到提高，对动作要领的体会不断加深，对动作细节更加注意，等等。

在初学阶段，本功法要求习练者采取自然呼吸方法。待动作熟练后，逐步对呼吸提出要求，习练者可采用练功时的常用方法——腹式呼吸。在掌握呼吸方法后，开始注意同动作进行配合，其中也存在着适应和锻炼的过程，不可急于求成。最后，逐渐达到动作、呼吸、意念的有机结合。

由于练功者在体质状况、对功法的掌握与习练上存在差异，其练功效果不尽相同。良好的练功效果是在科学练功方法的指导下，随着时间和习练数量的积累而逐步达到的。因此，习练者不要“三天打鱼，两天晒网”，应持之以恒，循序渐进，合理安排好运动量。

五、动作说明[③]

基本手型	 拳 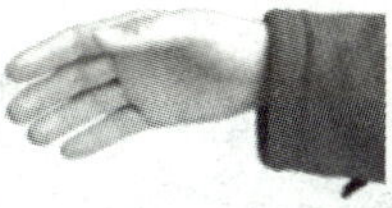 掌一  掌二  爪
基本步型	
动作方法	
拳：大拇指抵掐无名指根节内侧，其余四指屈拢收于掌心（即握固）。 掌一：五指微屈，稍分开，掌心微含。 掌二：拇指与食指竖直分开呈八字状，其余三指第一、第二指节屈收，掌心微含。 爪：五指并拢，大拇指第一指节，其余四指第一、第二指节屈收扣紧，手腕伸直。 马步：开步站立，双脚间距为本人脚长的 2～3 倍，屈膝半蹲，大腿高于水平。	

预备势	 ①  ②  ③  ④

③ 本节动作示范者：黄柳，湖南软件职业技术大学人文素质教学部，体育教研室教师。

动 作 方 法
① 双脚并步站立；双臂自然垂于体侧；身体中正，目视前方。 ② 随着松腰沉髋，身体重心移至右腿；左脚向左侧开步，脚尖朝前，双脚约与肩同宽；目视前方。 ③ 双臂内旋，双掌分别向两侧摆起，约与胯同高，掌心向后；目视前方。 ④ 上动不停。双腿膝关节稍屈；同时，双臂外旋，向前合抱于腹前呈圆弧形，与脐同高，掌心向内，双掌指间距约 10 厘米；目视前方。

动作要点：

(1) 头向上顶，下颌微收，舌抵上腭，双唇轻闭；沉肩坠肘，腋下虚掩；胸部宽舒，腹部松沉；收髋敛臀，上体中正。

(2) 呼吸徐缓，气沉丹田，调息 6 ～ 9 次。

易犯错误：

(1) 抱球时，大拇指上翘，其余四指斜向地面。

(2) 塌腰，跪腿，八字脚。

纠正方法：

(1) 沉肩，垂肘，指尖相对，大拇指放平。

(2) 收髋敛臀，命门穴放松；膝关节不超越脚尖，双脚平行站立。

功理与作用：宁静心神，调呼吸，内安五脏，端正身形，从精神与肢体上做好练功前的准备。

<table>
<tr><td>第一式
两手托天理三焦</td><td>
① ② ③ ④</td></tr>
<tr><td colspan="2">动 作 方 法</td></tr>
<tr><td colspan="2">① 接上式。双臂外旋微下落，双掌五指分开在腹前交叉，掌心向上；目视前方。
② 上动不停。双腿徐缓挺膝伸直；同时，双掌上托至胸前，随之双臂内旋向上托起，掌心向上；抬头，目视双掌。
③ 上动不停。双臂继续托，肘关节伸直；同时，下颏内收，动作略停；目视前方。
④ 身体重心缓缓下降；双腿膝关节微屈；同时，十指慢慢分开，双臂分别向身体两侧下落，双掌捧于前，掌心向上；目视前方。
本式托举、下落为一遍，共做三遍。</td></tr>
</table>

动作要点：

(1) 双掌上托要舒胸展体，略有停顿，保持抻拉。

(2) 双掌下落，松腰沉髋，沉肩坠肘，松腕舒指，上体中正。

易犯错误：双掌上托时，抬头不够，继续上举时松懈断劲。

纠正方法：双掌上托，舒胸展体缓慢用力，下颌先向上助力，再内收配合双掌上撑，力在掌根。

功理与作用：

(1) 通过双手交叉上托，缓慢用力，保持抻拉，可使“三焦”通畅、气血调和。

(2) 通过拉长躯干与上肢各关节周围的肌肉、韧带及关节软组织，对防治肩部疾患、预防颈椎病等具有良好的作用。

<table>
<tr><td>第二式
左右开弓似射雕</td><td>
①　②　③　④

⑤　⑥　⑦　⑧</td></tr>
<tr><td colspan="2">动 作 方 法</td></tr>
<tr><td colspan="2">① 接上式。身体重心右移；左脚向左侧开步站立，双腿膝关节自然伸直；同时，双掌向上交叉于胸前，左掌在外，双掌心向内；目视前方。
② 上动不停。双腿徐缓屈膝半蹲呈马步；同时，右掌屈指呈“爪”，向右拉至肩前；左掌呈八字掌，左臂内旋，向左侧推出，与肩同高，左腕掌心向左，犹如拉弓射箭之势；动作略停；目视左掌方向。
③ 身体重心右移；同时，右手五指伸开呈掌，向上、向右划弧，与肩同高，指尖朝上，掌心斜向前；左手指伸开成掌，掌心斜向后；目视右掌。
④ 上体不动。重心继续右移；左脚回收呈并步站立；同时，双掌分别由两侧下落，捧于腹前，</td></tr>
</table>

<table>
<tr><td>指尖相对，掌心向上；目视前方。
⑤～⑧动作与①～④相同，方向相反。
本式一左一右为 1 遍，共做 1 遍。
最后一个动作时，身体重心继续左移；右脚回收呈开步站立，与肩同宽，膝关节微屈；同时，双掌分别由两侧下落，捧于腹前，指尖相对，掌心向上；目视前方。</td></tr>
</table>

动作要点：

(1) 侧拉之手五指并拢屈紧，肩臂放平。

(2) 八字掌侧伸需沉肩坠肘，屈腕，竖指，掌心涵空。

(3) 年老或体弱者可自行调整马步高度。

易犯错误：端肩，弓腰，八字脚。

纠正方法：沉肩坠肘，上体直立，双脚跟外撑。

功理与作用：

(1) 展肩扩胸，可刺激督脉和背部俞穴；同时刺激手三阴三阳经等，可调节手太阴肺经等经脉之气。

(2) 可有效发展下肢肌肉力量，提高平衡和协调能力；增加前臂和手部肌肉力量，提高手腕关节及指关节的灵活性。

(3) 有利于矫正不良姿势，如驼背及肩内收，很好地预防肩、颈疾病等。

<table>
<tr><td>第三式
调理脾胃须单举</td><td>
①-1 ①-2 ② ③ ④ ⑤</td></tr>
<tr><td colspan="2">动 作 方 法</td></tr>
<tr><td colspan="2">① 接上式。双腿徐缓挺膝伸直；同时，左掌上托，左臂外旋上穿经面前，随之臂内旋上举至头左上方，肘关节微屈，力达掌根，掌心向上，掌指向右；同时，右掌微上托，随之臂内旋下按至右胯旁，肘关节微屈，力达掌根，掌心向下，掌指向前，动作略停；目视前方。</td></tr>
</table>

② 松腰沉髋，身体重心缓缓下降；双腿膝关节微屈；同时，左臂屈肘外旋，左掌经面前下落于腹前，掌心向上；右臂外旋，右掌向上捧于腹前，双掌指尖相对，相距约 10 厘米，掌心向上；目视前方。

③、④动作与①、②相同，方向相反。

本式一左一右为 1 遍，共做 1 遍。

最后一个动作⑤，双腿膝关节微屈；同时，右臂屈肘，右掌下按于右胯旁，掌心向下，掌指向前；目视前方。

动作要点：力在掌根，上撑下按，舒胸展体，拔长腰脊。

易犯错误：

掌指方向不正，肘关节没有弯曲度，上体不够展。

纠正方法：

双掌放平，力在掌根，肘关节稍屈，对拉拔长。

功理与作用：

(1) 通过左右上肢一松一紧的上下对拉 (静力牵张)，可以牵拉腹腔，对脾胃中焦肝胆起到按摩作用；同时可以刺激位于腹、胸胁部的相关经络以及背部俞穴等，达到调理脾胃 (肝胆) 和脏腑经络的作用。

(2) 可使脊柱内各椎骨间的小关节及小肌肉得到锻炼，从而增强脊柱的灵活性与稳定性，有利于预防和治疗肩、颈疾病。

<table>
<tr><td>第四式
五劳七伤往后瞧</td><td>
①-1

①-2

②

③-1

③-2

④</td></tr>
<tr><td colspan="2">动 作 方 法</td></tr>
<tr><td colspan="2">① 接上式。双腿徐缓挺膝伸直；同时，双臂伸直，掌心向后，指尖向下，目视前方。然后上动不停。双臂充分外旋，掌心向外；头向左后转，动作略停；目视左斜后方。</td></tr>
</table>

② 松腰沉髋，身体重心缓缓下降；双腿膝关节微屈；同时，双臂内旋按于髋旁，掌心向下，指尖向前；目视前方。

③ 动作与①相同，方向相反。

④ 动作与②相同，方向相反。

本式一左一右为 1 遍，共做 1 遍。

最后一个动作时，双腿膝关节微屈；同时，双掌捧于腹前，指尖相对，掌心向上；目视前方。

动作要点：

(1) 头向上顶，肩向下沉。

(2) 转头不转体，旋臂，双肩后张。

易犯错误：上体后仰，转头与旋臂不充分或转头速度过快。

纠正方法：下颌内收，转头与旋臂幅度宜大，速度均匀。

功理与作用：

(1) “五劳”指心、肝、脾、肺、肾五脏劳损；“七伤”指喜、怒、悲、忧、恐、惊、思七情伤害。本式动作通过上肢伸直外旋扭转的静力牵张作用，可以扩张牵拉胸腔、腹腔内的脏腑。

(2) 本式动作中往后瞧的转头动作，可刺激颈部大椎穴，达到防治“五劳七伤”的目的。

(3) 可增加颈部及肩关节周围参与运动肌群的收缩力，增加颈部运动幅度， 活动眼肌，预防眼肌疲劳以及肩、颈与背部等的疾患。同时，改善颈部及脑部血液循环，有助于解除中枢神经系统疲劳。

第五式 摇头摆尾去心火	 ① ② ③ ④  ⑤–1 ⑤–2 ⑥ ⑦

动 作 方 法
① 接上式。身体重心左移；右脚向右呈开步站立，双腿膝关节自然伸直；同时，双掌上托与胸同高时，双臂内旋，双掌继续上托至头上方，肘关节微屈，掌心向上，指尖相对；目视前方。 ② 上动不停。双腿徐缓屈膝半蹲呈马步；同时，双臂向两侧下落，双掌扶于膝关节上方，肘关节微屈，小指侧向前；目视前方。 ③ 身体重心向上稍升起，而后右移；上体先向右倾，随之俯身；目视右脚。 ④ 上动不停。身体重心左移；同时，上体由右向前、向左旋转；目视左脚。 ⑤ 身体重心右移，呈马步；同时，头向后摇，上体立起，随之下颌微收；目视前方。 ⑥、⑦动作与③、④相同，方向相反。 本式一左一右为 1 遍，共做 1 遍。 最后一个动作，身体重心左移，右脚回收呈开步站立，与肩同宽；同时，双掌向外经两侧上举，掌心相对；目视前方。随后松腰沉髋，身体重心缓缓下降。双腿膝关节微屈；同时屈肘，双掌经面前下按至腹前，掌心向下，指尖相对；目视前方。

动作要点：

(1) 马步下蹲要收髋敛臀，上体中正。

(2) 摇转时，颈部和尾闾对拉抻长，好似两个轴在相对运转，速度应柔和缓慢，动作圆活连贯。

(3) 年老或体弱者要注意动作幅度，不可强求。

易犯错误：

(1) 摇转时颈部僵直，尾闾摇动不圆活，幅度太小。

(2) 前倾过大，使整个上身随之摆动。

纠正方法：

(1) 上体侧倾与向下俯身时，下颌不要有意内收或上仰，颈椎部肌肉尽量放松伸长。

(2) 加大尾闾摆动幅度，应上体左倾尾闾右摆，上体前俯尾闾向后划圆，头不低于水平，使尾闾与颈部对拉拔长，加大旋转幅度。

功理与作用：

(1) 心火，即心热火旺的病症，属阳热内盛的病机。通过双腿下蹲，摆动尾闾，可刺激脊柱、督脉等；通过摇头，可刺激大椎穴，从而达到疏经泄热的作用，有助于祛除心火。

(2) 在摇头摆尾过程中，脊柱腰段和颈段大幅度侧屈、环转及回旋，可使整个脊柱的头颈段、腰腹及臂、股部肌群参与收缩，既提高了颈、腰、髋的关节灵活性，也增强了这些部位的肌肉力量。

<table>
<tr><td>第六式
双手攀足固肾腰</td><td>
①-1 ①-2 ②-1 ②-2 ③

④-1 ④-2 ④-3 ⑤-1 ⑤-2</td></tr>
<tr><td colspan="2">动 作 方 法</td></tr>
<tr><td colspan="2">① 接上式。双腿挺膝伸直站立；同时，双掌指尖向前，双臂向前、向上举起，肘关节伸直，掌心向前，目视前方。
② 双臂外旋至掌心相对，屈肘，双掌下按于胸前，掌心向下，指尖相对；目视前方。
③ 上动不停。双臂外旋，双掌心向上，随之双掌掌指顺腋下向后插；目视前方。
④ 双掌心向内沿脊柱两侧向下摩运至臀部；随之上体前俯，双掌继续沿腿后向下摩运，经脚两侧置于脚面；抬头，动作略停；目视前下方。
本式一上一下为 1 遍，共做 3 遍。
⑤ 做完 3 遍后，上体立起，同时，双臂向前、向上举起，肘关节伸直，掌心向前；目视前方。随后松腰沉髋，身体重心缓缓下降；双腿膝关节微屈；同时，双掌向前下按至腹前，掌心向下，指尖向前；目视前方。</td></tr>
</table>

动作要点：

(1) 反穿摩运要适当用力，至足背时松腰沉肩，双膝挺直，向上起身时手臂主动上举，带动上体立起。

(2) 年老或体弱者可根据身体状况自行调整动作幅度，不可强求。

易犯错误：

(1) 双手向下摩运时低头，膝关节弯曲。

(2) 向上起身时，起身在前，举臂在后。

纠正方法：

(1) 双手向下摩运要抬头，膝关节伸直。

(2) 向上起身时要以臂带身。

功理与作用：

(1) 通过前屈后伸可刺激脊柱、督脉以及命门、阳关、委中等穴，有助于预防生殖泌尿系统方面的慢性病，达到固肾壮腰的作用。

(2) 通过脊柱大幅度前屈后伸，可有效发展躯干前、后伸屈脊柱肌群的力量与伸展性，同时对腰部的肾、肾上腺、输尿管等器官有良好的牵拉、按摩作用，可以改善其功能，刺激其活动。

<table>
<tr><td>第七式
攒拳怒目增气力</td><td>
①　②　③-1　③-2　④

⑤　⑥-1　⑥-2　⑦</td></tr>
<tr><td colspan="2">动 作 方 法</td></tr>
<tr><td colspan="2">① 接上式，身体重心右移，左脚向左呈开步站立；双腿徐缓屈膝半蹲呈马步；同时，双掌握固，抱于腰侧，拳眼朝上；目视前方。
② 左拳缓慢用力向前冲出，与肩同高，拳眼朝上；目视左拳冲出方向。
③ 左臂内旋，左拳变掌，虎口朝下；目视左掌。左臂外旋，肘关节微屈；同时，左掌向左缠绕，变掌心向上后握固；目视左拳。
④ 屈肘，回收左拳至腰侧，拳眼朝上；目视前方。
⑤、⑥、⑦与②、③、④相同，方向相反。
本式一左一右为 1 遍，共做 1 遍。
最后一个动作，身体重心右移，左脚回收呈并步站立；同时，双拳变掌，自然垂于体侧；目视前方。</td></tr>
</table>

动作要点：

(1) 马步的高低可根据自己的腿部力量灵活掌握。

(2) 冲拳时要怒目瞪眼，注视冲出之拳，同时脚趾抓地，拧腰顺肩，力达拳面；拳回收时要旋腕，五指用力抓握。

易犯错误：

(1) 冲拳时上体前俯，端肩，掀肘。

(2) 拳回收时旋腕不明显，抓握无力。

纠正方法：

(1) 冲拳时头向上顶，上体立直，肩部松沉，肘关节微屈，前臂贴肋前送，力达拳面。

(2) 拳回收时，先五指伸直充分旋腕，再屈指用力抓握。

功理与作用：

(1) 中医认为，“肝主筋，开窍于目”。本式中的“怒目瞪眼”可刺激肝经，使肝血充盈，肝气疏泻，有强健筋骨的作用。

(2) 双腿下蹲十趾抓地、双手攒拳、旋腕、手指逐节强力抓握等动作，可刺激手、足三阴三阳十二经脉的俞穴和督脉等；同时，使全身肌肉、筋脉受到静力牵张刺激，长期锻炼可使全身筋肉结实，气力增加。

<table>
<tr><td>第八式
背后七颠百病消</td><td>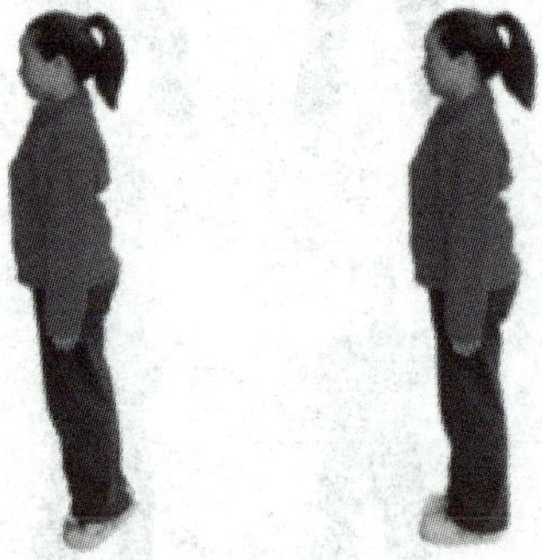
①　　②</td></tr>
<tr><td colspan="2">动 作 方 法</td></tr>
<tr><td colspan="2">① 接上式。双脚脚跟提起；头上顶，动作略停；目视前方。
② 双脚脚跟下落，轻震地面；目视前方。
本式一起一落为 1 遍，共做 3 遍。</td></tr>
</table>

动作要点：

(1) 上提时脚趾要抓地，脚跟尽力抬起，双腿并拢，百会穴上顶，略有停顿，要掌握好平衡。

(2) 脚跟下落时，咬牙，轻震地面，动作不要过急。

(3) 沉肩舒臂，周身放松。

易犯错误：上提时，端肩，身体重心不稳。

纠正方法：十趾抓住地面，双腿并拢，提肛收腹，肩向下沉，百会穴上顶。

功理与作用：

(1) 脚趾为足三阴、足三阳经交会之处，脚十趾抓地，可刺激足部有关经脉，调节相应脏腑的功能；同时，颠足可刺激脊柱与督脉，使全身脏腑经络气血通畅，阴阳平衡。

(2) 颠足而立可发展小腿后部肌群力量，拉长足底肌肉、韧带，提高人体的平衡能力。

(3) 落地震动可轻度刺激下肢及脊柱各关节内外结构，并使全身肌肉得到放松复位，有助于缓解肌肉紧张。

<table>
<tr><td>收势</td><td>
①　　②　　③</td></tr>
<tr><td colspan="2">动作方法</td></tr>
<tr><td colspan="2">① 接上式。双臂内旋，向两侧摆起，与髋同高，掌心向后；目视前方。
② 双臂屈肘，双掌相叠置于丹田处(男性左手在内，女性右手在内)。
③ 双臂自然下落，双掌轻贴于腿外侧；目视前方。</td></tr>
</table>

动作要领：体态安详，周身放松，呼吸自然，气沉丹田。

易犯错误：收功随意，动作结束后或心浮气躁，或急于走动。

纠正方法：收功时要心平气和，举止稳重。收功后可适当做一些整理活动，如搓手浴面和肢体放松等。

功理与作用：气息归元，放松肢体肌肉，愉悦心情，进一步巩固练功成果，逐渐恢复到练功前安静时的状态。

八段锦演示

第五节　舞　龙

一、舞龙运动简介

舞龙运动是指舞龙者在龙珠的引导下，手持龙具，随鼓乐伴奏，通过人体运动和姿势的变化，完成龙的游、穿、腾、跃、翻、滚、戏、缠、组图造型等动作和套式，充分展示龙的精、气、神、韵等内容的一项传统体育项目。

龙是我国古代的民族图腾，是中华民族的象征。舞龙运动伴随着龙的诞生和龙文化的发展而出现，是中华民族具有悠久历史的传统文化和体育项目，一直深受广大人民群众的喜爱并在民间广泛流传和开展。自 1992 年原国家体委研究拟定《全国舞龙竞赛规则》开始，舞龙运动正式纳入体育比赛项目并得到了进一步的推广和发展，目前已在全国 30 多个省、自治区和直辖市开展起来。特别是 1995 年中国龙狮运动协会和国际龙狮总会的正式成立，更标志着舞龙运动开始进入规范、有序的管理轨道并被世界所接受，已有 30 多个国家和地区加入国际龙狮总会，以世界舞龙锦标赛为代表的各种国际和国内舞龙赛事的不断举办，国外和国内舞龙爱好者的积极参与和技艺展示，充分体现了舞龙运动独有的体育和文化魅力，表明了这项运动广阔的发展空间和发展前景。

二、舞龙运动的功能

国家教原委颁发的《全国普通高校体育课程教学指导纲要》中明确指出："汲取世界优秀体育成果与继承弘扬我国民族传统体育相结合，要注意教材的时代性、多样性，并充分体现教材的民族特色和中国特色。"因此，学习舞龙这项运动，不仅是动作技能和身体素质、意志力方面的教育与锻炼，还能增进对各民族文化更直观和深入的了解，能激发起强烈的民族自豪感。

（一）民族凝聚功能

原国务院副总理钱其琛在其撰写的《深刻开掘和研究龙文化的精神内涵》一文中指出："从更为深层的意义上说，龙文化首先体现中华民族团结合力的精神内涵""龙的形象，最初就是中华民族团结合力的象征""舞龙和赛龙舟都需要运用集体的合力来完成，而无法运用单个人的力量完成，在这种集体的合作中，如果单个人的力量不能融入整个集体的节奏中去，所有人都会招致失败""龙是中华民族团结凝聚的象征，龙文化揭示了'团结就是力量'的真理"。

（二）弘扬文化功能

舞龙是我国民族传统体育运动，它的发展不仅促进了各个民族之间的团结，凝聚了各族人民之间的感情，而且对外也弘扬了我国优秀的传统"龙文化"。自中国龙狮协会成立以来，国内已成功举办过多次全国舞龙锦标赛、精英赛、农运会、国际龙狮邀请赛和世界舞龙锦标赛，以及龙狮运动技术研讨会等，这些龙文化活动确实起到了让世界了解中国，让中国走向世界的作用。总之，龙是中国文化中的重要角色，五洲四海，只要有华人的地方，就有龙的形象，龙是中华民族共同的精神财富和文化象征。

（三）健身功能

舞龙是一项需要体力和智慧同时投入的创作和表演活动。为了舞出龙的神韵，舞出龙的精神状态，龙头、龙尾和各节龙身之间要默契配合，技巧性很强。表演者须经过长期演练、磨合，认真体会，要练得"耳听六路，眼观八方"，才能把龙的潜跃翻滚、蜿蜒游动，舞得浑然一体。舞龙又是一种集武术、舞蹈艺术、民族鼓乐等综合因素于一体的体育项目。舞龙通过鼓乐的击打节奏将武术技术和舞蹈艺术有机结合起来，在变化多端的节奏中，舞龙者利用人体多种姿态，在动态行进和静态造型中将力度、幅度、速度、耐力等糅合于舞龙技巧当中，完成各种高难、优美的动作。

三、舞龙运动的基本技术

（一）基本握法

1. 正常位

双手持把，左（或右）臂轴微弯曲，手握于把位末端与胸同高，右（或左）臂伸直，手握于把的上端。

动作要点：挺胸、塌腰，手握把要平稳，把位与胸距离为一拳。

2. 滑把

一手握把端不动，另一手握把上下滑动。

动作要点：滑动要连贯均匀。

3. 换把

结合滑把动作，在滑动手接近固定手位时，双手转换，滑动手握把成固定手位，固定手位变成滑动手位。

动作要点：换手位时，要保持平稳，并随龙体轨迹运行，顺势把位上下换把。

（二）基本步法

1. 大八字步

静态：双脚脚跟间距一脚半，脚尖分开，对左、右前角。

动态：队员随着龙体的变化左右大幅度横移步。

2. 弓步

右脚（或左脚）向前迈出，屈膝，小腿垂直，脚尖朝前，左腿（或右腿）挺直，脚尖稍向内。重心在双腿中间，上身与右（或左）脚尖同一方向。

3. 马步

双腿平行开立，双脚间距离三个脚掌的长度，然后下蹲，脚尖平行向前，勿外撇。双膝向外撑，膝盖不能超过脚尖，大腿与地面平行。同时胯向前内收，臀部勿突出。

4. 跪步

单膝跪地，另一腿屈膝呈 90 度，上半身直立。

5. 小跑步

跑步时脚后跟先着地，身体重心前移，步伐小，频率快。

6. 圆场步

沿圆形路线行进，左脚上一步，脚跟靠在右脚尖前，脚跟先着地，再过渡至前脚掌，同时右脚跟提起。右脚做法同左脚，双脚动作保持在一条线上。动作要点：大腿上部相互靠拢，膝微屈放松，快走与慢走时都要求身体平稳。

7. 矮步

双腿半屈，背稍前倾并塌腰，勾脚尖迅速连续地以脚跟到脚尖滚动向前行进。每步大小约为本人的一个脚长。动作要点：挺胸、塌腰、身形正直。身体重心要平稳，不要有上下起伏现象。落步时，由脚跟迅速过渡到全脚掌。

8. 弧形步

双腿微屈，双脚迅速持续向前行进。每步大小稍比肩宽，走弧形线路。

动作要点：挺胸、塌腰、身体重心要平稳，并随龙体上下运动起伏进行。落步时，由脚跟迅速过渡到全脚掌，并注意方向转换、转腰。

（三）基本动作

根据动作形态舞龙可分为 8 字舞龙、游龙、穿腾、翻滚、组合造型 5 类动作。

1. 8 字舞龙

定义：是指运动员将龙体在人左右两侧交替做“8”字形环绕的舞龙动作，可快可慢，可原地行进，也可利用人体组成多种姿态以多种方法做 “8” 字形舞动。

要求：龙体运动轨迹要圆顺，人体造型姿态要优美。快舞龙要突出速度、力量，每个动作左右舞龙各不少于 4 次。

<table>
<tr><td>(1)“8 字”舞龙</td><td></td></tr>
<tr><td colspan="2">动 作 方 法</td></tr>
<tr><td colspan="2">全体队员“大八字步”呈“一”字形同向、背向、异向站位或“U”形站位，龙头面对龙体各把位作“8”字舞龙，可原地，可行进间，可磨转。行进间“8 字”舞龙是在龙珠引导下，龙头带领龙身各把位依次做向前、向后、向左、向右的移位。磨转“8 字”舞龙是以第 5 把为中心，顺（逆）时针磨转一周。
【动作要点】龙形轨迹圆顺，轴转流畅连贯。</td></tr>
<tr><td>(2) 挂腰舞龙</td><td></td></tr>
</table>

动 作 方 法
在龙珠引导下，龙头带领龙身各把位队员快速“8”字舞龙时，2、4、6、8 双数把位队员依次转身半蹲，双膝内扣，与 3、5、7、9 单数把位队员相对而立，同时 3、5、7、9 单数把位队员依次用双腿分别勾住 2、4、6、8 双数把位队员的腰部，身体悬空呈挂腰状，动作成型之后，每组两人身体稍后仰，顺势完成“8”字舞动。 【动作要点】转身—挂腰动作协调、连贯，一气呵成；挂腰者起跳勾腿要迅速、准确、轻巧，双脚踝关节勾紧；马步者扣膝，重心要稳；龙形顺畅。

2. 游龙

定义：指运动员较大幅度地奔跑游走，通过龙体快慢有序、高低起伏的左右行进，展现婉转回旋、左右盘翻、屈伸绵延等龙的动态特征。

要求：龙体遵循游、曲、弧线的规律运动，运动员协调地随龙体的起伏行进。

<table>
<tr><td>(1) 快速曲线起伏行进</td><td></td></tr>
<tr><td colspan="2">动 作 方 法</td></tr>
<tr><td colspan="2">在龙珠引导下，龙头带领龙身各把位逆时针 (或顺时针) 方向跑大圆场，行进中，通过各把位“直立高举龙”“矮步端龙”的不断变化，龙体做上下流线状起伏行进。
【动作要点】跑动中注意各把位前后之间的距离和速度的变化；龙形轨迹顺畅，龙体饱满，不塌肚，不脱节。</td></tr>
<tr><td colspan="2">(2) 快速矮步跑圆场越障碍 (矮步 2 周以上)</td></tr>
<tr><td colspan="2">动 作 方 法</td></tr>
<tr><td colspan="2">龙头带领龙身各把位顺时针或逆时针做快速矮步跑圆场上下起伏行进；在右侧平端龙珠，珠杆做反方向运动，龙头带领各把位依次跃过龙珠杆障碍。
【动作要点】龙珠杆平行于地面，龙珠接近地面，但不碰地；跳跃把杆时，起跳果断，空中收腿，落地轻巧；跃障碍时，保持龙形饱满、顺畅，龙体不塌肚、不松垮。</td></tr>
</table>

3. 穿腾

定义：龙体运动路线呈纵横交叉形式，龙珠、龙头、龙节依次在龙身下穿过，称“穿越”；龙珠、龙头、龙节依次在龙身上越过，称“腾越”。

要求：穿越和腾越时，龙形保持饱满，速度均匀，运动轨迹流畅，穿腾动作轻松利索，不碰踩龙体、不拖地、不停顿。

<table>
<tr><td colspan="2">(1) 首尾穿 (跃) 肚</td></tr>
<tr><td colspan="2">动 作 方 法</td></tr>
<tr><td colspan="2">在龙珠引导下，龙头带领各把位举龙 (或端龙) 逆时针 (或顺时针) 方向跑圆场，成圆后，龙头带领 2、3、4 把队员；龙尾带领 8、7、6 把队员同时从第 4 节、第 5 节龙身下 (或上) 依次穿 (或跃) 过，5 把队员顺势龙体运行方向，迅速解开疙瘩。
【动作要点】穿或越龙身时龙头龙尾所带队员要同步行进；保持龙形运行轨迹流畅圆顺，不脱节、不塌肚、不擦地。</td></tr>
<tr><td>(2) 快速连续穿越行进 (快腾进)</td><td></td></tr>
<tr><td colspan="2">动 作 方 法</td></tr>
<tr><td colspan="2">龙珠引龙体举龙行进，左转穿越第 4 节龙身，当第 1 节龙身到达 6 把队员脚下时，6 把队员迅速腾空起跳跃过第 1 节龙身，随后 7、8、9 把队员顺势依次腾跃第 2、3、4 节龙身，连续重复穿腾 3 次以上。
【动作要点】龙体必须一环扣一环，保持一个半环状；腾跃起跳果断，空中收腿，落地缓冲，随龙形轨迹前行；动作穿腾转换时，保持龙体顺畅，不碰踩龙体，不塌肚，不停顿、不擦地。</td></tr>
</table>

4. 翻滚

定义：龙体呈立圆或斜圆运动，展现龙的腾跃、缠绞的动势。当龙身运动到舞龙者脚下时，舞龙者迅速向上腾起，依次跳过龙身，称“跳龙动作”；龙体同时或依次做 360 度翻转，舞龙者利用腋翻、手翻等方法越过龙身，称“翻滚动作”。

要求：翻滚动作必须在不影响龙体运动速度、幅度、美感的前提下完成，难度较大，技术要求较高，龙体轨迹要流畅，龙形要圆顺，动作运用要准确规范。

<table>
<tr><td>(1) 快速连续螺旋跳龙 (4 次以上)</td><td></td></tr>
<tr><td colspan="2">动 作 方 法</td></tr>
<tr><td colspan="2">全体队员“大八字步”呈“一”字形同向站位。在龙珠引导下，龙头带领龙身各把位队员</td></tr>
</table>

<table>
<tr><td colspan="2">做顺时针或逆时针方向立圆状轨迹运行，当龙身依次运行到 2 至 9 把队员脚下时，2 至 9 把队员顺势依次迅速跳过第 2 至 8 节龙身（或跳过第 1 至 8 节龙身）。如此反复 3 次以上，使龙体连续螺旋翻转。
【动作要点】各把位在跳跃龙身时，起跳果断，空中收腿；龙体不可擦地；动作转换时保持龙体顺畅，不碰踩龙体，不塌肚，不停顿。</td></tr>
<tr><td>(2) 快速左右螺旋跳龙（左右各 3 次以上）</td><td></td></tr>
<tr><td colspan="2">动 作 方 法</td></tr>
<tr><td colspan="2">全体队员“大八字步”呈“一”字形同向站位。在龙珠引导下，龙头带领龙身各把位队员做顺时针方向立圆状轨迹运行，当龙身运行到脚下时，各把位队员迅速依次从龙身上跳过，当龙身运行到头顶上时，龙头顺势转逆时针方向立圆状轨迹运行，当龙身运行到脚下时，各把位队员迅速依次从龙身上跳过，如此反复“顺时针＋逆时针”为一组进行螺旋跳龙，做 3 组。
【动作要点】各把位在跳跃龙身时，起跳果断，空中收腿；顺逆转换在龙体上方位置；龙体不可擦地；动作转换时，保持龙体顺畅，不碰踩龙体，不塌肚，不停顿。</td></tr>
</table>

5. 组合造型

定义：龙体在运动中组成活动的图案和相对静止的造型。

要求：活动图案构图清晰，静止造型形象逼真，以形传神、以形传意。龙珠配合协调，组图造型连接和解脱时要紧凑、利索[④]。

“五角星”造型

“蝴蝶结”造型

“龙舟”造型

“寻珠”造型

④ 示范者：湖南软件职业技术大学校武术队队员。指导老师：体育教研室杨文涛。

“大横8字花”造型

“莲花”造型

四、舞龙的竞赛规则与裁判法

(一) 场地与器材

1. 场地

民间的舞龙活动通常在露天广场或舞台上进行，而竞赛场地为边长 20 米的正方形平整场地 (特殊情况下，面积不得小于 18 米 ×18 米)，要求地面工整、清洁，场地边线宽 0.05 米，边线内沿为比赛场地。边线周围至少有 1 米宽的无障碍区。

2. 器材

(1) 龙珠：球体直径 0.331 ～ 0.35 米，杆高 (含珠) 不低于 1.7 米。

(2) 龙头：龙头重量不得少于 3 千克。龙头外形尺寸：宽不少于 0.36 米；高不少于 0.6 米；长不少于 0.9 米；杆高不低于 1.25 米。龙头 (含杆高) 不低于 1.85 米。

(3) 龙体：以九节布龙参赛，龙身为封闭式圆筒形，直径 0.33 米至 0.35 米，全长不少于 18 米，龙身杆高 (含龙身直径) 不低于 1.6 米，两杆之间距离大致相等。

(4) 龙体、龙尾、龙珠的重量不作限制。

(5) 凡器材不符合规定的，不准许参加比赛。

(6) 传统套路竞赛的参赛人数，少年组、儿童组竞赛器材，技能舞龙竞赛方式等有关事宜，由主办方在竞赛规程中明确。

(二) 竞赛方法

舞龙比赛按竞赛类型分为单项赛、全能赛；按性别分为男子组、女子组；按年龄分为成年组 (18 周岁以上，含 18 周岁)、少年组 (12 ～ 17 周岁，含 12 周岁)、儿童组 (不满 12 周岁)；按比赛成绩分为等级赛；按比赛项目分为：规定套路、自选套路、传统项目、技能项目 (包括抽签舞龙、竞速舞龙和障碍舞龙) 和其他项目 (夜光龙、舞凤)。

比赛时间为 7 至 10 分钟，得分多者名次列前 (竞速舞龙和障碍舞龙比赛则以用时少者为胜)。

(三) 舞龙动作失误扣分细则

1. 轻微失误 (每次扣 0.1 分)

(1) 龙体轻微打折。

(2) 龙体运动与人体动作轻微脱节。
(3) 人体造型动作不到位。
(4) 躺地、起立时有附加支撑。
(5) 组图造型转换不够紧凑，解脱不够利索。
(6) 静态造型，龙体不饱满、形象不逼真。

2. 明显失误（每次扣 0.2 分）

(1) 龙体运动各节速度不统一，出现塌肚或脱节现象。
(2) 龙体运动幅度不统一，出现不合理的擦地。
(3) 队员失误相撞，碰踩龙身、龙杆，龙体出现短暂停顿。
(4) 队员上肩、上腿、搁脚、骑肩、叠背、滚背、挂腰等技术动作失误或滑落。
(5) 龙体运动由动到静、由静到动转换松散。
(6) 快舞龙时力量不足、速度不快。
(7) 单一动作次数不足。

3. 严重失误（每次扣 0.3 分）

(1) 动作失误，龙体出现不合理打结。
(2) 运动员动作失误倒地。
(3) 运动员动作失误脱把。

4. 其他失误

(1) 器材落地，每次扣 0.2 分。
(2) 器材损坏，扣 0.3 分。
(3) 服饰掉地，每件扣 0.1 分。
(4) 教练员以信号、叫喊等方式提醒本队场上队员，每次扣 0.1 分。
(5) 运动员出界，每人每次扣 0.1 分。
(6) 时间不足或超出规定时间 1 秒至 15 秒，扣 0.1 分；不足或超出规定时间 15.1 秒至 30 秒，扣 0.2 分；依此类推。
(7) 规定套路中出现漏做动作、增加动作，或改变动作顺序、路线、方向，每出现一次扣 0.3 分。

第十二章　啦啦操运动

学习目标

- 了解什么是啦啦操以及啦啦操的发展和作用
- 发展协调性、柔韧性和有氧耐力，树立自尊和自信；理解体育锻炼对身体形态和机能的影响

课程思政点

没有什么比梦想更值得坚持

——刘瑶，健美操运动员的向阳而生

同样都是20多岁，很多同龄大学生正在过着紧张又忙碌的学习生活，而刘瑶，这个笑容甜美看似平凡的女孩子，已经代表学校、代表国家参加了数十场啦啦操赛事并取得了优异的成绩。

故事的开端倒是充满着戏剧性，却在后来成为了一种属于自己的使命。

刘瑶和很多运动员一样，在机缘巧合之下走上了体育之路，从此便在体操房里度过了日日夜夜，怀揣着对青岛这座城市的向往，刘瑶考到了青岛大学。

青大健美操队伍是一支团结的队伍，训练中也是欢笑不断。这样一个温暖、有爱的团队让刘瑶知道，原来除了家乡还有另一个地方能感受到来自家一般的温暖和照顾，虽然身处他乡却并不感到孤独和迷茫。

从2018年全国健美操联赛精英组女单冠军开始，刘瑶开启了自己的夺冠之路，先后获得山东省学生健康活力大赛女子五人操大学组冠军、山东省第十四届学生运动会丙组女子五人操冠军、全国啦啦操冠军赛公开青年甲组小集体组集体花球自选动作冠军。

一个个冠军背后是夜以继日的努力和汗水，美丽的背后往往隐藏着痛苦，成长的路上也绝不会一帆风顺，行云流水的动作背后是刘瑶无数次的跌倒站起。短短几分钟的场

上表演，对于她来说却是长时间的积累。

没有什么比梦想更值得坚持，实现梦想的路，道阻且长，刘瑶无时无刻不以此激励着自己。每一名运动员都是通过无数次的练习才能站到如今的赛场上。是梦想的力量帮助她坚持了下来。一步一个脚印，向梦想迈进！只要敢做，什么时候都不算晚！

第一节 啦啦操概述

啦啦操是体育运动中的一个新兴项目，起源于美国，至今已经有100多年的历史。从最初为美式足球呐喊助威的活动，发展到现在成为世界范围内广受欢迎的一项体育运动。

一、啦啦操简介

啦啦操原名cheer leading。其中cheer的部分，有振奋精神，提振士气的意思。啦啦操是融健美操、舞蹈、音乐及各种技巧动作于一体的集体舞蹈，注重激情、活力和团队精神。它超越了健身操的范畴，追求最棒的舞蹈动作，听凭感觉天马行空，率性自由，毫无羁绊。啦啦操融体育与娱乐为一体，分为技巧和舞蹈两大类，技巧因空中翻腾、托举、搭金字塔等惊险刺激的表演而极具观赏性，舞蹈又分为爵士、街舞、花球三类。其中，花球表演历史最为悠久，在中国普及程度最高，CBA及一些大型体育活动中都可以看到手持花球的啦啦操表演。啦啦操主要通过团队积极向上、勇于拼搏的精神，去追求一种集体荣誉，形成一种团队精神。它还是一项让人感动的运动，它强调每一个位置的重要性，让每个人都能感受到他/她是队伍中重要的一分子，使集体中的每个人都拥有同样的目标。通过开展啦啦操运动，可以形成完整、独特的校园文化。

二、我国啦啦操发展概况

虽然啦啦操运动被引入我国仅有二十多年的历史，但它以其独有的魅力深受广大青少年和大学生们的喜爱。

2001年底，我国首次举办了全国大学生啦啦操比赛，此后从2002年起，啦啦操运动正式归属教育部大体协两操协会管理，2008年北京奥运会体育展示活动中，共有北京、广东、上海、黑龙江、陕西、新疆、西藏等全国21个省市自治区，及火车头体协、网络平台共计23个分赛区近万人参加入围赛，这次活动也借助奥运会的影响力把我国啦啦操运动的发展推向了高潮。2008年，国家体育总局体操运动管理中心把啦啦操比赛从技巧项目中独立出来，并成功举办了首届全国啦啦操锦标赛，2009年国家体育总局体操运动管理中心推出相关竞赛规程，并正式开展全国啦啦操联赛，从最初的6个赛区累计寥寥几千人，到2012年的一场总决赛就有3300多人，国家体育总局体操运动管理中心和教育部大体协开始共同主办这项赛事，为推进这一赛事，CCTV-5、《中国教育报》、腾讯网成为了中国啦啦操的战略合作伙伴，进行捆绑性深度合作。

啦啦操运动的火爆，也在一定程度上与校园足球相呼应，丰富了校园文化，教育部体卫艺司推出了“一校一球一操”活动，啦啦操运动也迅速在全国蔓延普及。据不完全统计，全国已有啦啦操注册运动员10万余人，有28个城市申请设立了“全国啦啦操实验区”，近3万所学校已经在大课间普及了啦啦操。

三、啦啦操定义

啦啦操：英文cheer leading，起源于美国。指在音乐的伴奏下，通过运动员集体完成复杂且高难度的基本手位与舞蹈动作、项目特有难度动作、过渡配合动作等，充分展示团队高超的运动技能技巧，体现青春活力、积极向上的团队精神，并努力追求团队荣誉感的一项体育运动。

四、啦啦操运动的特征

(一) 啦啦操表演形象的动感活力性

啦啦操运动充分体现着一种朝气蓬勃、健康向上的精神，因此，啦啦操队员必须拥有青春的形象、健康的体魄和健美的体型。男运动员要有明显的肌肉线条，体型匀称呈倒三角，女运动员要具有明快的肌肉曲线美，上下肢比例匀称，皮肤色泽光亮健康。所有的啦啦操队员要求五官端正、仪态端庄、青春靓丽，具有当代青少年的青春美和健康美。

(二) 啦啦操表演技术的风格突出性

技术特点是指啦啦操运动所特有的技术风格。啦啦操运动的技术特点不同于健美操和舞蹈，它更加体现所有肢体类动作通过短暂加速和定位制动来实现其特有的力度感，适当的慢板动作是允许的，但只作为过渡动作出现。要求运用啦啦操基本手位、步伐、跳跃并结合多种舞蹈元素、口号等，通过多种空间、方向、队形、节奏的变化展示出啦啦操运动的项目特征。

(三) 啦啦操表演组织的团结协作性

啦啦操运动是以集体形式展开活动的。国际全明星啦啦操协会规定：参赛人员性别不限，参赛人数为6～30人。只有在人数上达到一定要求，才能编排具有更多创造性、更多复杂技巧及更多层次的动作，完成更多的空间转换及队形变换，才能真正体现啦啦操运动的无限魅力。啦啦操运动在技能上，需要队员间技术、经验的交流以实现技能的实施和默契的配合。啦啦操运动在拖举、抛接、金字塔组合中彰显出队员的团结协作，为了队伍的整体机能得到最大限度的发挥，强调队员之间的相互激励、相互配合，以争取团队目标的实现。

五、啦啦操分类

（一）场地啦啦操

(1) 技巧啦啦操：因空中翻腾、托举、搭金字塔等惊险、刺激的表演而极具观赏性。

(2) 舞蹈啦啦操：分为爵士、街舞、花球三类，其中，花球表演历史最为悠久，在中国普及程度最高，CBA 及一些大型体育活动都可以看到手持花球的啦啦操表演。

(3) 赛间表演啦啦操：根据所参加的表演与比赛的目的预先设计、编创和排练好的成套啦啦操，在各种比赛休息间隙进行表演，为参赛队伍加油鼓劲，活跃赛场气氛，提高比赛观赏性。

（二）看台啦啦操

(1) 徒手看台啦啦操：指在看台上不借助其他道具和器械，仅仅通过肢体的技巧动作以及团队的配合展示来完成啦啦操表演的一种体育运动。

(2) 道具看台啦啦操：指在看台上借助一定的道具，如花球、花环、彩旗等作为载体进行啦啦操表演的一种团队体育运动。

六、啦啦操竞赛的种类和内容

（一）啦啦操竞赛的种类

啦啦操竞赛种类包括全国锦标赛、冠军赛、系列赛、联赛分站赛、联赛总决赛、联赛公开赛、大奖赛、全国体育大会啦啦操比赛等各种赛事活动。

（二）啦啦操竞赛的内容

啦啦操竞赛内容分为根据国际规则创编的啦啦操自选动作比赛、根据我国国内规则创编的啦啦操规定动作比赛，以及全国校园课间啦啦操、广场操、啦啦之星等比赛。

（三）啦啦操自选动作比赛

啦啦操自选动作比赛主要分为两大类：技巧啦啦操和舞蹈啦啦操。啦啦操自选动作比赛内容多样，给予参赛队更多的施展空间，提升了比赛的精彩程度。

(1) 技巧啦啦操：根据翻腾、金字塔、抛接等动作的难易程度分为 1 ～ 6 个等级，分为集体技巧啦啦操和小团体技巧啦啦操 (4 ～ 5 人) 两个比赛项目。

(2) 舞蹈啦啦操：主要以集体比赛为主，分为花球、街舞、爵士舞、自由舞蹈。

（四）啦啦操规定动作比赛

啦啦操规定动作比赛是根据我国的国情特设比赛内容，具体分为两类：舞蹈啦啦操和技巧啦啦操。啦啦操规定动作是针对不同年龄段、不同水平以及不同人群设计的，动作以有氧运动为主，简单易学，健康向上，内容丰富多彩，有利于提升团队精神及增强身体素质，适合不同水平练习人群的需要。

技巧啦啦操分为三个等级，分别是技巧啦啦操一级、技巧啦啦操二级和技巧啦啦操三级。

舞蹈啦啦操分为三个项目，分别是花球啦啦操、街舞啦啦操和爵士舞啦啦操。

第二节　啦啦操基本手位

啦啦操的 36 手位

下A　上A　上V　下V　加油　T

动 作 方 法

1. 下 A：双臂斜下举，分别与脊柱呈 30 度夹角，拳心紧贴相对。

2. 上 A：双臂斜上举，分别与脊柱呈 30 度夹角，拳心紧贴相对。

3. 上 V：双臂侧上举，分别与脊柱呈 45 度夹角，但不能完全张开，应置于双耳斜前方 45 度，拳心朝外。

4. 下 V：双臂侧下举，分别与脊柱呈 45 度夹角，且与肩呈 45 度角，拳心朝下。

5. 加油：双手握拳式胸前击掌，肘关节朝下，双拳略低于下颚。

6. T：双臂侧平举，但没有完全张开，分别与肩呈 30 度夹角，拳心朝下。

短T　W　上L　下L　斜线　K

① 示范者：彭文静，湖南软件职业技术大学经济管理学院，大数据与会计 2104 班学生。

动 作 方 法

7. 短 T：双臂侧平举，于胸前平屈，小臂略低于肩，双拳相对，拳心朝下。

8. W：双臂侧上举，于肩上平屈，大小臂呈 90 度夹角，拳心相对。

9. 上 L：一臂前平举，略低于肩，拳心朝内；另一臂侧平举，与肩呈 30 度夹角，拳心朝下。

10. 下 L：一臂前上举，与脊柱呈 30 度夹角，拳心朝内；另一臂侧平举，与肩呈 30 度夹角，拳心朝下。

11. 斜线：一臂侧上举，与脊柱呈 45 度夹角，拳心朝外；另一臂侧下举，与脊柱呈 45 度夹角，拳心朝下。

12. K：一臂前上举，与脊柱呈 45 度夹角，拳心朝内；另一臂前下举，与脊柱呈 45 度夹角，拳心朝内，双拳拳眼相对。

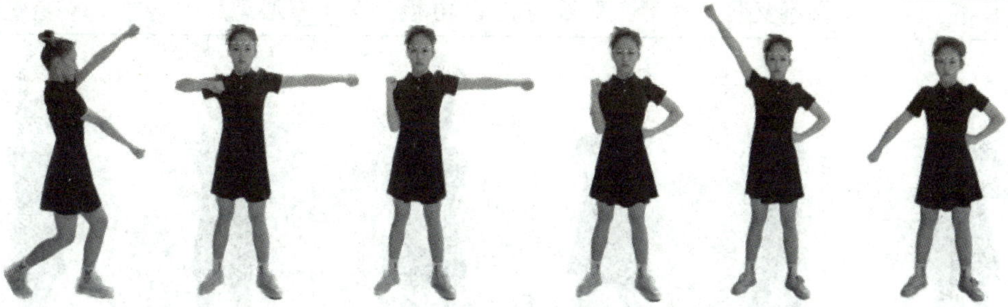

侧K　弓箭　小弓箭　短剑　侧上冲拳　侧下冲拳

动 作 方 法

13. 侧 K：手臂动作同 K，身体向一侧转动，呈后腿弯曲弓步。

14. 弓箭：一臂胸前平屈，肘关节朝外，小臂略低于肩；另一臂侧平举，与肩呈 30 度夹角。

15. 小弓箭：一臂侧平举，与肩呈 30 度夹角，拳心朝下；另一臂胸前屈，肘关节朝下拳心朝内。

16. 短剑：一手握拳叉腰，手臂与肩呈 30 度夹角，拳心朝后；另一臂胸前屈，肘关节朝下，拳心朝内。

17. 侧上冲拳：一手握拳叉腰，手臂与肩呈 30 度夹角，拳心朝后；另一臂侧上举，与脊柱呈 45 度夹角，拳心朝前。

18. 侧下冲拳：一手握拳叉腰，手臂与肩呈 30 度夹角，拳心朝后；另一臂侧下举，与脊柱呈 45 度夹角，拳心朝下。

斜上冲拳　斜下冲拳　高冲拳　R　上M　下M

动作方法
19. 斜上冲拳：一手握拳叉腰，手臂与肩呈 30 度夹角，拳心朝后；另一臂斜上冲拳，与脊柱呈 30 度夹角，拳心朝外。 20. 斜下冲拳：一手握拳叉腰，手臂与肩呈 30 度夹角，拳心朝后；另一臂斜下举，与脊柱呈 30 度夹角，拳心朝下。 21. 高冲拳：一臂前上举，与脊柱呈 30 度夹角，拳心朝内；另一手握拳叉腰，手臂与肩呈 30 度夹角，拳心朝后。 22. R：一臂斜下举，与脊柱呈 30 度夹角，拳心朝下；另一臂侧上举，头后屈肘，肘节朝外，拳心紧贴后脑勺。 23. 上 M：双臂侧上举，于肩上平屈，肘关节朝外，手腕向下屈，指尖触肩。 24. 下 M：双手握拳叉腰于髋部，双臂与肩呈 30 度夹角，拳心朝后。

曲臂X　高X　前X　低X　X　上H

动作方法
25. 屈臂 X：双臂屈肘交叉于胸前，拳心朝后。 26. 高 X：双臂交叉斜上举于额头前上方，分别与脊柱呈 30 度夹角，拳心朝前。 27. 前 X：双臂交叉前平举，略低于肩，拳心朝下。 28. 低 X：双臂交叉斜下举，分别与脊柱呈 30 度夹角，拳心朝下。 29. X：双臂侧上举，于头后平屈，肘关节朝外，双拳相对，拳心紧贴后脑勺。 30. 上 H：双臂前上举与肩同宽，分别与脊柱呈 30 度夹角，拳心相对。

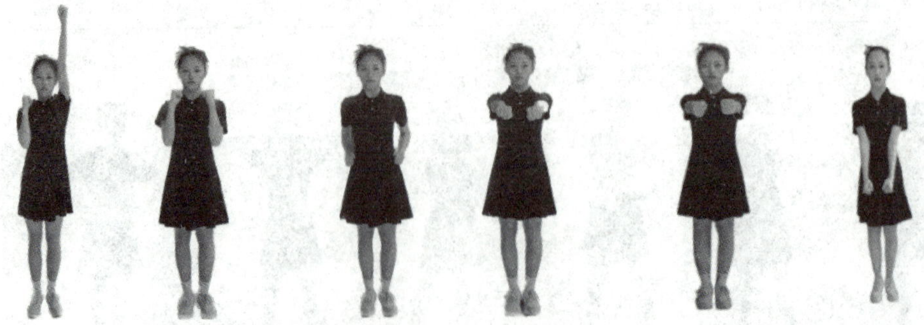

小H　屈臂H　后M　前H(拳心向下)　前H(拳心向下)　下H

动作方法
31. 小 H：一臂前上举，与脊柱呈 30 度夹角，拳心朝内；另一臂胸前平屈，肘关节朝下，拳心朝内。 32. 屈臂 H：双臂屈肘平行收于胸前，拳心相对。 33. 后 M：双臂屈肘平行向身后伸展，双手握拳收于腰侧，拳心相对。 34. 前 H(拳心向下)：双臂前平举，与肩同宽，双手握拳，拳心向下。 35. 前 H(拳心相对)：双臂前平举，与肩同宽，双手握拳，拳心相对。 36. 下 H：双臂前下举，分别与脊柱呈 30 度夹角，拳心相对。

第三节 啦啦操的基本套路

啦啦操规定套路

<table>
<tr><th colspan="3">第三套花球啦啦操示范套路（大学）</th></tr>
<tr><td rowspan="4">组合一动作
第 1 组 8 拍</td><td colspan="2">
1 2 3 4
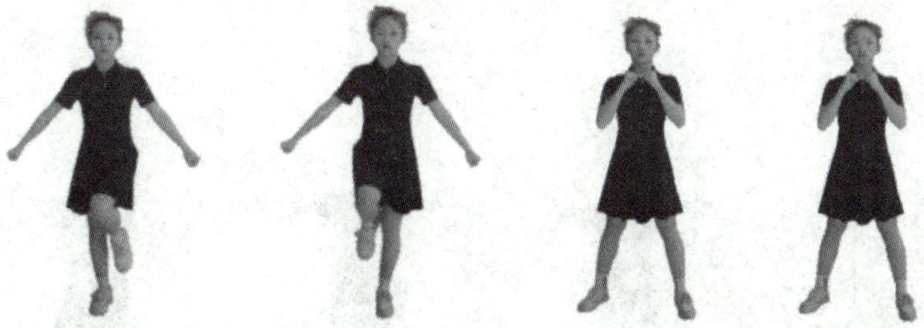
5 6 7 8</td></tr>
<tr><td colspan="2">动 作 方 法</td></tr>
<tr><td>手臂</td><td>1 ～ 2 拍上 v、3 ～ 4 拍加油、5 ～ 6 拍下 V、7 ～ 8 拍加油</td></tr>
<tr><td>步法</td><td>1 ～ 6 拍左脚开始踏步、7 ～ 8 拍分腿站立</td></tr>
</table>

组合一动作 第 2 组 8 拍	 1 2 3 4 5 6 7 8	
	动 作 方 法	
	手臂	1～2 拍屈肘、3～4 拍上 A、5～6 拍小弓箭、7～8 拍下 H
	步法	1～2 拍马步、3～4 拍分腿站立、5～6 拍马步、7～8 拍并腿站立

第 3 组 8 拍同第 1 组 8 拍动作相同方向相反。

第 4 组 8 拍同第 2 组 8 拍动作相同方向相反。

组合二动作 第 1 组 8 拍	 1 2 3 4 5 6 7 8	
	动 作 方 法	
	手臂	1～2 拍 W、3～4 拍屈臂 X、5～6 拍 W、7～8 拍下 H
	步法	1～6 拍踏步、7～8 拍并腿站立

<table>
<tr><td rowspan="4">组合二动作
第 2 组 8 拍</td><td colspan="2"></td></tr>
<tr><td colspan="2">动 作 方 法</td></tr>
<tr><td>手臂</td><td>1 ～ 2 拍侧 K、3 ～ 4 拍斜线、5 ～ 6 拍加油、7 ～ 8 拍下 H</td></tr>
<tr><td>步法</td><td>1 ～ 6 拍分腿站立、7 ～ 8 拍并腿站立</td></tr>
</table>

第 3 组 8 拍同第 1 组 8 拍动作相同方向相反。

第 4 组 8 拍同第 2 组 8 拍动作相同方向相反。

<table>
<tr><td rowspan="4">组合三动作
第 1 组 8 拍</td><td colspan="2"></td></tr>
<tr><td colspan="2">动 作 方 法</td></tr>
<tr><td>手臂</td><td>1 ～ 3 拍击掌转圈、4 拍加油、5 ～ 6 拍 T、7 ～ 8 拍下 H</td></tr>
<tr><td>步法</td><td>1 ～ 3 拍左转身踏步、4 拍并腿站立、5 ～ 6 拍弓步、7 ～ 8 拍并腿站立</td></tr>
</table>

<table>
<tr><td rowspan="4">组合三动作
第 2 组 8 拍</td><td colspan="2">
</td></tr>
<tr><td colspan="2">动 作 方 法</td></tr>
<tr><td>手臂</td><td>1 ～ 2 拍屈臂 X、3 ～ 4 拍上 V、5 拍斜下冲拳、6 拍侧下冲拳、7 ～ 8 拍下 H</td></tr>
<tr><td>步法</td><td>1 ～ 6 拍分腿站立、7 ～ 8 拍并腿站立</td></tr>
</table>

第 3 组 8 拍同第 1 组 8 拍动作相同方向相反。

第 4 组 8 拍同第 2 组 8 拍动作相同方向相反。

<table>
<tr><td rowspan="4">组合四动作
第 1 组 8 拍</td><td colspan="2">
</td></tr>
<tr><td colspan="2">动 作 方 法</td></tr>
<tr><td>手臂</td><td>1 ～ 4 拍叉腰、5 ～ 8 拍上 V</td></tr>
<tr><td>步法</td><td>1 ～ 3 拍吸腿跳、4 拍并腿、5 ～ 7 拍吸腿跳、8 拍并腿</td></tr>
</table>

<table>
<tr><td rowspan="4">组合四动作
第 2 组 8 拍</td><td colspan="2"></td></tr>
<tr><td colspan="2">动 作 方 法</td></tr>
<tr><td>手臂</td><td>1 ～ 2 拍小弓箭、3 ～ 4 拍上 H、5 ～ 6 拍小弓箭、7 ～ 8 拍上 H</td></tr>
<tr><td>步法</td><td>1 ～ 2 拍马步、3 ～ 4 拍并腿、5 ～ 6 拍马步、7 ～ 8 拍并腿</td></tr>
</table>

第 3 组 8 拍同第 组 8 拍动作相同方向相反。

第 4 组 8 拍同第 2 组 8 拍动作相同方向相反。

<table>
<tr><td rowspan="4">衔接动作
第 1 组 8 拍</td><td colspan="2">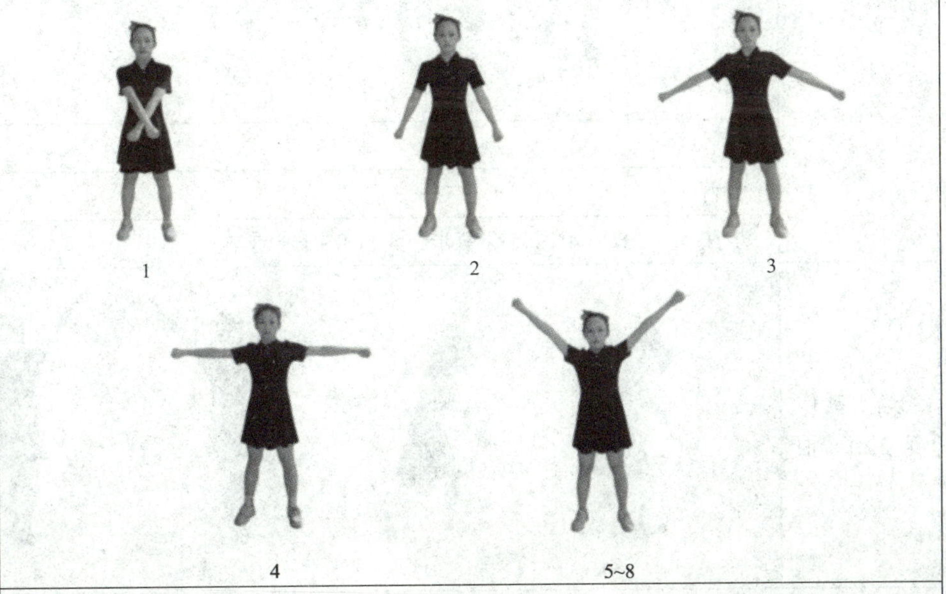</td></tr>
<tr><td colspan="2">动 作 方 法</td></tr>
<tr><td>手臂</td><td>1 拍低 X、2 拍下 V、3 拍两侧向下发力、4 拍 T、5 ～ 8 拍上 V</td></tr>
<tr><td>步法</td><td>1 ～ 8 拍分腿站立</td></tr>
</table>

<table>
<tr><td rowspan="4">衔接动作
第 2 组 4 拍</td><td colspan="2">
1 2 3 4</td></tr>
<tr><td colspan="2">动 作 方 法</td></tr>
<tr><td>手臂</td><td>1 ～ 4 拍屈臂将花球抱于胸前</td></tr>
<tr><td>步法</td><td>1 ～ 4 拍踏步弯腰</td></tr>
</table>

<table>
<tr><td rowspan="4">组合五动作
第 1 组 8 拍</td><td colspan="2">
1 2 3 4
5 6 7 8</td></tr>
<tr><td colspan="2">动 作 方 法</td></tr>
<tr><td>手臂</td><td>1 ～ 4 拍上 L、5 ～ 8 拍 R</td></tr>
<tr><td>步法</td><td>1 ～ 4 拍转身踏步、5 ～ 8 拍分腿站立</td></tr>
<tr><td>组合五动作
第 2 组 8 拍</td><td colspan="2">
1 2 3 4</td></tr>
</table>

	 5　6　7　8	
	动 作 方 法	
	手臂	1～2 拍 R、3～4 拍上 V、5～6 拍 R、7～8 拍上 V
	步法	1～2 拍弓步、3～4 拍并腿、5～6 拍弓步、7～8 拍并腿

第 3 组 8 拍同第 1 组 8 拍动作相同方向相反。

第 4 组 8 拍同第 2 组 8 拍动作相同方向相反。

组合六动作第 1 组 8 拍	 1　2　3　4  5　6　7　8	
	动 作 方 法	
	手臂	1～2 拍大 T、3～4 拍高冲拳、5～6 拍斜下冲拳、7～8 拍下 H
	步法	1 拍分腿、2 拍前交叉、3～4 拍分腿、5～6 拍屈膝，左腿膝关节内扣、7～8 拍并腿站立
组合六动作第 2 组 8 拍	 1　2　3　4	

<table>
<tr><td rowspan="4"></td><td colspan="2">
5 6 7 8</td></tr>
<tr><td colspan="2">动 作 方 法</td></tr>
<tr><td>手臂</td><td>1 ～ 2 拍右手收于腰间，左手向左下方发力 2 次、3 ～ 4 拍右手不动，左手向左上方发力 2 次。5 ～ 6 拍左手收于腰间，右手向右下方发力 2 次、7 ～ 8 拍左手不动，右手向右上方发力 2 次。</td></tr>
<tr><td>步法</td><td>1 ～ 4 拍分腿站立，屈膝内扣，重心在右边
5 ～ 8 拍分腿站立，屈膝内扣，重心在左边</td></tr>
</table>

第 3 组 8 拍同第 1 组 8 拍动作相同方向相反。

第 4 组 8 拍同第 2 组 8 拍动作相同方向相反。

<table>
<tr><td rowspan="4">组合七动作
第 1 组 8 拍</td><td colspan="2">
1 2 3 4
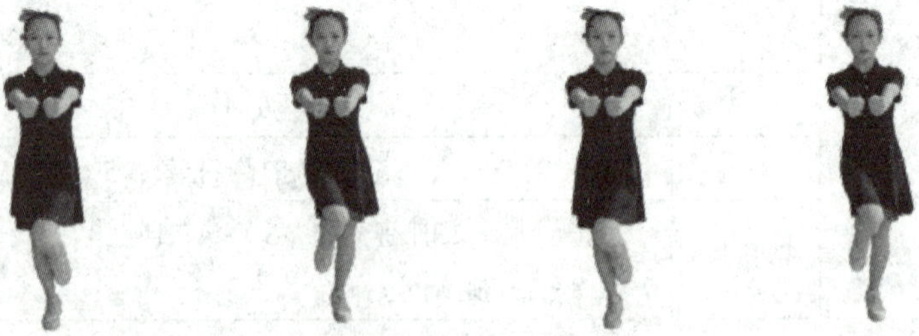
5 6 7 8</td></tr>
<tr><td colspan="2">动 作 方 法</td></tr>
<tr><td>手臂</td><td>1 ～ 2 拍斜线、3 ～ 4 拍加油、5 ～ 8 拍前 H</td></tr>
<tr><td>步法</td><td>1 ～ 4 拍分腿站立、5 ～ 8 拍踏步</td></tr>
</table>

<table>
<tr><td rowspan="4">组合七动作
第 2 组 8 拍</td><td colspan="2"></td></tr>
<tr><td colspan="2">动 作 方 法</td></tr>
<tr><td>手臂</td><td>1～2 拍头上比心、3～4 拍双臂弯曲收于腹前、5～6 拍弓箭、7～8 拍下 H</td></tr>
<tr><td>步法</td><td>1～3 拍踏步、4 拍并腿、5～6 拍分腿站立、7～8 拍并腿站立</td></tr>
</table>

第 3 组 8 拍同第 1 组 8 拍动作相同方向相反。

第 4 组 8 拍同第 2 组 8 拍动作相同方向相反。

<table>
<tr><td rowspan="4">组合八动作
第 1 组 8 拍</td><td colspan="2">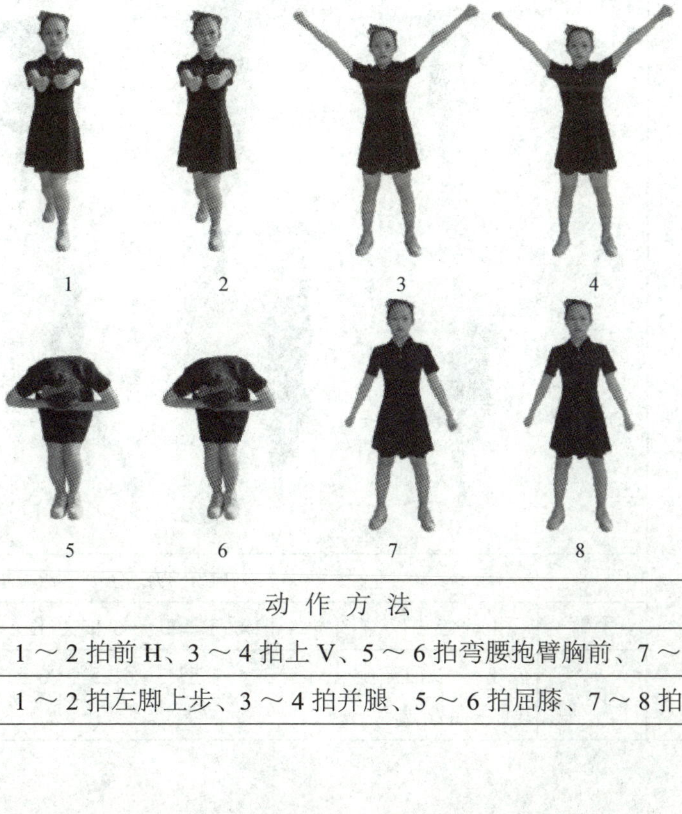</td></tr>
<tr><td colspan="2">动 作 方 法</td></tr>
<tr><td>手臂</td><td>1～2 拍前 H、3～4 拍上 V、5～6 拍弯腰抱臂胸前、7～8 拍下 V</td></tr>
<tr><td>步法</td><td>1～2 拍左脚上步、3～4 拍并腿、5～6 拍屈膝、7～8 拍分腿站立</td></tr>
</table>

<table>
<tr><td rowspan="4">组合八动作
第 2 组 8 拍</td><td colspan="2">
</td></tr>
<tr><td colspan="2">动 作 方 法</td></tr>
<tr><td>手臂</td><td>1 ～ 4 拍左侧斜上方搓花球、5 ～ 6 拍斜下冲拳，7 ～ 8 拍下 H</td></tr>
<tr><td>步法</td><td>1 ～ 4 拍分腿站立、5 ～ 6 拍双腿弯曲，左腿膝关节内扣、7 ～ 8 拍并腿站立</td></tr>
</table>

第 3 组 8 拍同第 1 组 8 拍动作相同方向相反。

第 4 组 8 拍同第 2 组 8 拍动作相同方向相反。

<table>
<tr><td>组合九动作
第 1 组 8 拍</td><td colspan="2">
</td></tr>
<tr><td rowspan="3"></td><td colspan="2">动 作 方 法</td></tr>
<tr><td>手臂</td><td>1 ～ 2 拍 T、3 ～ 4 拍短 T、5 ～ 6 拍上 H、7 ～ 8 拍屈臂收于侧腰</td></tr>
<tr><td>步法</td><td>1 ～ 2 拍左腿上步、3 ～ 4 拍弓步、5 ～ 6 拍吸腿、7 ～ 8 拍分腿站立，重心在左边</td></tr>
</table>

<table>
<tr><td rowspan="4">组合九
动作
第 2 组 8 拍</td><td colspan="2">
1 2 3 4

5 6 7 8</td></tr>
<tr><td colspan="2">动 作 方 法</td></tr>
<tr><td>手臂</td><td>1 ～ 2 拍 W、3 ～ 4 拍屈臂平行于面前、5 ～ 8 拍叉腰</td></tr>
<tr><td>步法</td><td>1 ～ 2 拍马步、3 ～ 4 拍并腿站立、5 ～ 8 拍小马跳</td></tr>
</table>

第 3 组 8 拍同第 1 组 8 拍动作相同方向相反。

第 4 组 8 拍同第 2 级 8 拍动作相同方向相反。

第十三章 瑜伽运动

学习目标

- 了解什么是瑜伽以及瑜伽的发展历史
- 掌握基础瑜伽体式，能够自主进行瑜伽练习

课程思政点

中国第一瑜伽老人

第五季中国达人秀曾经出现过一位62岁才开始练瑜伽的老者，这位老人叫沈维德，也有人称他为“中国第一瑜伽老人”。在节目里老人因为做出了很多高难度的瑜伽动作而在网上爆红。但是更让人称奇的是这位老人的身体素质以及精神面貌。

沈维德老人出生于1928年，是一位上海的退休机械工程师，从62岁开始自学瑜伽，至今已有30多年。如今他以90多岁的高龄，在中国达人秀的舞台上，用精彩的表演，高难度的瑜伽动作，赢得了全场观众的喝彩。

沈维德退休前在上海华东电子仪器厂做工程师。他退休前的大部分时间是在病魔缠身的痛苦中度过的。当时他患有心脏病、高血压、胆结石，还曾因胃出血住院五次，甚至面临瘫痪的危险。1990年一个偶然的机会，他接触到了瑜珈。刚开始练功时，由于年龄大，全身骨节非常僵硬，但沈维德硬是凭着一股求生的欲望，坚持苦练，这一练就是30多年。

他每天坚持练习瑜伽两小时以上，并将其融入行走坐卧之中。经过这么多年的瑜伽练习，沈老的身体素质以及精神面貌，对比绝大部分同龄人都有非常明显的改善。可以说沈老用实际行动证明了，练习瑜伽没有性别的限制，更没有年龄的限制。

经过上海中医药大学相关机构的测试，沈老目前的生理年龄比实际年龄年轻18岁，这也得益于沈老对瑜伽数十年如一日的坚持。沈老说：“我修习瑜伽仅4年，前后就判若两人。当周围的人看到我轻而易举地将双腿交叉放到脑后，然后用双手将整个身体腾

空托起时，不禁发出阵阵喝彩。大家都感到惊讶，说我不像是一位老人，同时他们也怀疑我的年龄是否真实。他们或许认为，上了年纪的人骨头都硬了，怎么还能做得出这么难的动作？有些人甚至不相信我是退休后才开始练瑜伽的。其实，我并非天生就这么柔软，这都是修习瑜伽的结果。瑜伽使人筋脉柔软，肢体伸缩自如，且肌肉有弹性。”

沈老用 30 多年来对瑜伽的热爱和坚持，让自己的身体、精神获得了比同龄人更好的状态。

第一节　瑜伽的起源与发展历史

一、瑜伽的起源

瑜伽起源于印度，相传最初是喜马拉雅山脉附近的苦行僧无意间发现，许多动物在患病后，没有外界的治疗，而是通过自身的一些自然方式促进身体恢复，于是在观察自然界的动植物以后，通过模仿这些自然的生物身体疗愈的过程，而创造和发明了一整套身心疗愈的运动体系。距今已有几千年的流传历史。

二、瑜伽的定义

什么是瑜伽？没有吃过的糖的小孩，永远无法准确描述糖的甜蜜。因此，没有练习过瑜伽的运动者，也没有资格定义瑜伽。现在，最广泛以及备受肯定的一种对瑜伽的定义为：瑜伽是一种由呼吸法、体位和冥想方法组成的一整套调养身心的运动方式。

三、瑜伽的发展历史

瑜伽运动的发展一般被分为四个时期，第一为前古典时期，这一时期是公元前 5000 年～公元前 2000 年左右，没有太多的文字记载，主要是通过静坐、冥想以及苦修来进行瑜伽练习。

第二个时期为古典时期。公元前 1500 年左右，出现了一批经典文献，至今流传。其中有《吠陀经》《奥义书》《薄伽梵歌》以及瑜伽之父帕坦伽利创作的《瑜伽经》。

第三个时期为后古典时期。这一时期产生的“瑜伽奥义书”有二十一部。也产生了禁欲、节食、七轮、体位法等瑜伽练习方式。

第四个时期为现代发展时期。瑜伽运动发展到今日，已成为全世界非常流行、参与人数非常多的一项全球性运动。也出现了非常多的瑜伽分支练习方法，如热瑜伽、阴瑜伽、阿斯汤嘎瑜伽等。联合国把每年的 6 月 21 日定为世界瑜伽日，呼吁更多的人参与到瑜伽运动中来。

四、瑜伽练习的误区

1. 只有身体柔软的人才能练习瑜伽

经常练习瑜伽会让身体越来越柔软，并不是只有身体柔软的人才能练习瑜伽。身体僵硬的练习者会收获更多的练习体验，进步速度也会更快。

2. 瑜伽是只有女性才能参与的运动

在中国，参与瑜伽运动的确实更多是女性，但并非只有女性才能参与。在欧美国家，有更多男性参与其中，目前世界顶尖的瑜伽大师几乎都是男性。男性在瑜伽练习中也具有很大的优势。

3. 瑜伽运动能治百病

虽然瑜伽运动对很多的身体不适有缓解作用，例如能够缓解肩周炎、腰肌劳损等，但当身体出现疾病时，还是需要去医院进行治疗，不能讳疾忌医。

4. 动作难度越高，效果越好

每个人的基础程度不同，所以并不是动作难度越高，效果越好。在自己身体的舒适范围内进行练习，同样能够达到锻炼的最佳效果。练习应因人而异，量力而行。

5. 协调性不好，不能练瑜伽

瑜伽运动是比较缓慢的运动方式，对协调性没有太多的要求，根据呼吸的节奏，慢慢跟随练习就很好。

第二节　瑜伽呼吸法

一、胸式呼吸

胸式呼吸是主要启用胸腔段进行呼吸的方式，也是日常中使用最多的呼吸方式，在没有特意练习的情况下，大多数时候，我们所说的深呼吸（胸腔明显起伏）便是胸式呼吸。

【练习方式】吸气时，保持腹部不动，胸腔隆起；呼气时，腹部不动，胸腔下陷呼出气体。

【练习功效】胸式呼吸可以镇静心脏，净化血液，改善循环。

二、腹式呼吸

腹式呼吸是瑜伽中零基础练习者使用较多的一种呼吸方式。

【练习方式】吸气时，胸腔位置保持不动，腹部有控制地随吸气缓慢扩张向外；呼气时，胸腔不动，腹部有控制地收缩向内，挤压气体向外排出。

【练习功效】增大肺活量，改善心肺功能，改善腹部脏器的功能。

三、完全式呼吸

完全式呼吸是胸式呼吸和腹式呼吸的结合。

【练习方式】吸气时，先引导气息下沉，让腹部先隆起，当腹部充盈气体以后，慢慢让胸腔扩展，让吸气更加深长；呼气时，先下沉胸腔，让胸腔的气体先排出，再慢慢下沉腹腔，让腹部的气体最后排出体外。

【练习功效】增加氧气供应，血液得到净化，还能强化腹肌，使意识集中，身心放松、宁静。

呼吸的方法并非一朝一夕就能完成，需要长期持久地进行练习。在练习呼吸时，尽量选择空气清新的外部环境，可以任意选择一种舒适的体位，站立、坐立、仰卧等都可以，只要是身体正直，能够让气息自由进出身体的姿势都可以。随着有意识地引导呼吸的练习，气息能够变得更加的深长，每次呼吸所能摄取的最大吸氧量也会慢慢增加。

第三节　瑜伽的基本坐姿[①]

一、简易坐

练习方法	小腿交叉，双脚放于大腿下方，背部挺直，双手自然放于双膝之上。适合初学者练习
练习要领	坐骨向下头顶向上延伸，腰背部挺直，双膝自然放松下沉
练习功效	补养加强两髋、两膝和两踝，平衡整个身体的气息

① 示范者：伍睿雯，湖南软件职业技术大学人文素质教学部，体育教研室教师。

二、至善坐

练习方法	左脚跟重叠右脚跟，将右脚趾插入左侧大小腿之间，左脚趾插入右侧大小腿之间
练习要领	坐骨向下头顶向上延伸，腰背部挺直，双膝自然放松下沉
练习功效	镇定安详，对脊柱下半段和腹部器官有补养增强的作用

三、莲花坐

练习方法	右脚踝放在左侧大腿根部上方，脚背贴住左侧大腿面。左脚踝放在右侧大腿根部，左脚背贴住右侧大腿面，双膝下沉，挺直背部
练习要领	腰背部挺直，腹部微收，双膝自然放松下沉
练习功效	滋养中枢神经，焕发整个神经系统的活力，降低血压

第四节　瑜伽的基础体式

一、山式

练习方法	双脚并拢站立，身体直立，双手自然下垂，平视前方
练习要领	大腿肌肉收紧，收腹，挺胸，锁骨展开，脊柱向上延伸
练习功效	提升呼吸效率，改善体型，消除背部疼痛，集中精神

二、坐姿山式

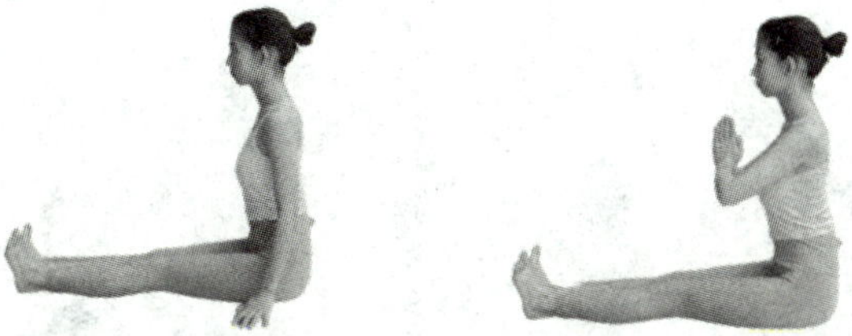

练习方法	以坐立的姿势坐于瑜伽垫上，双腿伸直，双脚并拢。吸气，从坐骨开始立直脊背向上；呼气，双肩下沉，远离双耳
练习要领	脚趾回勾，大腿肌肉收紧，收腹，沉肩，脊柱向上延伸
练习功效	提升专注力，增强意志力，缓解焦虑情绪，强化腰背部力量

三、摩天式

练习方法	山式站姿，双手在体前十指相扣。吸气，双手沿身体前侧向上翻转，至手臂伸直，掌心朝天，同时，双脚脚跟离地；呼气，沉肩，收腹，保持均匀呼吸。
练习要领	掌根带动脊柱向上伸展，肩部下沉，腹部收紧
练习功效	伸展腹部肌群和肠道脏器，活跃消化系统，缓解便秘

四、风吹树式

练习方法	山式站姿，双手在腹前十指交叉。吸气，双手沿身体前侧向上翻转至掌心朝天；呼气，肩膀下沉，身体向左(右)侧弯
练习要领	腿部收紧，骨盆正对前方，侧腰不过分挤压
练习功效	补充全身精力，驱散睡意，促进淋巴液流动，帮助排毒

五、直角式

练习方法	山式站姿，双手在腹前十指交叉。吸气，脊柱向上延展，双手于头顶上方；呼气，上半身以髋为折点向前向下移动，至上半身平行于地面。眼睛看手，肩膀远离耳朵，自然呼吸
练习要领	腿部和腹部收紧，上半身平行于地面，后脑勺和脊柱在同一延长线上
练习功效	有助于矫正驼背、脊柱弯曲和双肩下垂，美化四肢线条

六、直角转动式

练习方法	在直角式最终动作的基础上，吸气，原地延展脊柱；呼气，上身向左侧或者右侧水平扭转到最大极限，手臂尽量向前，掌跟前推。吸气，还原回正
练习要领	手臂在双耳两侧，引领身体向前，上半身平行于地面，掌跟用力向前推
练习功效	有助于矫正不良体态，消除身体紧张，使身体变得轻盈

七、幻椅式

练习方法	山式站姿，双脚与髋同宽。吸气，双手掌心相对，与肩同宽，高举过头；呼气屈双膝，重心放脚跟，膝盖髌骨和脚趾同方向，且不超过脚尖。呼吸均匀
练习要领	膝盖不超过脚尖，腹部收紧，双手在双耳两侧
练习功效	纠正腿型不正，美化身体线条，美化肩颈部形态

八、三角伸展式

练习方法	山式站姿，双脚打开三倍肩宽，双臂侧平举。吸气脊柱延展，左脚左转 90 度，右脚掌向内 30 度，髋摆正，脊柱向上；呼气眼睛看右手，推髋向右，身体向左向下伸展并侧屈，至左手放于左小腿上方，右手指向天空。回正后做反方向动作
练习要领	足弓上提，骨盆朝正前方，两侧伸展，手臂垂直于地面
练习功效	强化腿部力量，均匀发展腿部根基，增强脚踝力量，强健胸部

九、加强侧伸展式

练习方法	山式站姿，右(左)脚后撤一步，使双脚打开2倍肩宽，髋部摆正。吸气，脊柱伸展；呼气以髋为折点上身向前向下做前屈，使身体靠近左(右)腿前侧。延伸脊柱，呼吸放松
练习要领	大腿收紧，髌骨上提，髋部摆正，脊柱延伸
练习功效	纤细腿部线条，伸展腿部韧带，降低心率，平静情绪

十、侧角伸展式

练习方法	山式站姿，双脚打开3倍肩宽，左脚外开90度，右脚内收30度。吸气，双臂侧平举，脊柱向上伸展；呼气，屈左膝，身体向左向下。左膝盖指向左脚趾，且不超过左脚尖，右腿伸直。左手放在左脚掌外侧，右臂顺着右耳指向天空。沉髋至左侧大腿水平于地面，身体拮抗发力。回正后做反方向动作
练习要领	屈膝腿和手臂之间产生拮抗，大腿用力稳定骨盆不往下沉
练习功效	滋养脊椎和脊柱神经，增加血液对背部和脊柱神经的血液供应

十一、蹲式

练习方法	山式站姿，双脚间隔1.5倍肩宽，脚掌自然朝外，双手胸前合十。吸气，腿肌收缩，脊柱伸展；呼气，收腹屈双膝下蹲，至大腿平行于地面，膝盖指向脚尖。保持呼吸顺畅，大腿持续发力
练习要领	大腿肌肉收紧，核心稳定，头顶心向上拔高
练习功效	增强腿部肌肉耐力，加强核心力量，打开髋部

十二、铲斗式

练习方法	山式站姿，双脚打开比髋宽。吸气，手臂同肩宽高举过头顶，五指并拢回勾手腕；呼气，上半身前弯，让手臂、头部、上半身在双腿之间随呼吸前后摆动
练习要领	坐骨朝向天花板方向，身体放松
练习功效	伸展背部腿部肌肉，放松所有内脏器官，增强血液循环

十三、花环式

练习方法	山式站姿，双脚脚跟并拢，脚尖分开。吸气，双臂前平举，呼气屈膝，身体向前，坐骨向下，膝盖向两侧打开；吸气手臂向前伸展，呼气双手绕过双膝环抱向脚后跟，头部向前向下放松，呼吸自然
练习要领	骨盆区域放松，前额尽量寻找向地面
练习功效	滋养脊柱神经，改善踝关节的柔韧性，缓解经期疼痛

十四、坐角式

练习方法	坐姿，双脚大大分开，脚趾回勾，双腿伸直。吸气延展脊柱；呼气，身体向前向下，双手自然放在体前
练习要领	勾脚尖，脚后跟蹬，大腿肌肉收紧，身体腹部向地面沉
练习功效	伸展腿部，促进骨盆区域血液循环，缓解坐骨神经痛

十五、束角式

练习方法	坐姿，双脚掌心相对放于耻骨前侧，双膝自然分开，贴近地面，双手抓住双脚前侧。吸气，延展身体；呼气，保持背部挺直，身体向前向下去贴近地面
练习要领	脚掌心相对，脚内侧可以分开，髋部放松，双膝下沉
练习功效	打开髋部，缓解生理期不适

十六、简易脊柱转式

练习方法	直角坐姿，屈左膝放在右大腿外侧，右手肘在左膝外侧对抗，左手放于身后地面，吸气延展脊柱，呼气身体一节节扭转向后。回正后做反方向动作
练习要领	脚、手、肘和膝盖做对抗，肩胛骨下沉，身体扭转向后
练习功效	灵活脊柱，按摩腹内脏器，消除便秘，减少腹部多余脂肪

十七、单腿背部伸展式

练习方法	直角坐姿，收右脚，脚掌贴在左大腿内侧，左腿伸直回勾。吸气，双臂上举带动身体直立向上；呼气，直背向前向下，双手去抓左脚，腹部贴近大腿。回正后做反方向动作
练习要领	胸腔打开，腹部尽力去靠近大腿
练习功效	伸展单侧腿部韧带和对侧后腰背肌肉，柔软身体

十八、坐姿侧伸展式

练习方法	坐姿，双腿分开约90度，右脚折叠收回，右脚跟靠近耻骨。左脚伸直回勾。吸气，双臂侧平举；呼气身体延伸向左侧弯曲，尽量用右手抓左脚，左手放在右腹部前侧。回正后做反方向动作
练习要领	坐骨坐实地面，脚趾回勾，大腿肌肉收紧，身体在额状面侧弯
练习功效	减少腰腹部赘肉，缓解久坐引起的腰部肌肉酸胀

十九、半船式

练习方法	直角坐姿，屈双膝，启动核心，吸气脊柱向上，呼气抬双脚离开地面至小腿平行于地面，双手直臂放于双腿两侧，保持均匀呼吸
练习要领	腹部收紧，背部尽量保持挺直
练习功效	按摩腹内脏器，强化腹部力量，塑形腹部线条

二十、猫式

练习方法	四脚板凳式，吸气双手推地，坐骨指向天花板，腰椎向下，抬头，绕肩向后；呼气，坐骨向下，收小腹卷尾骨，腰椎、脊柱一节节向上隆起，低头眼看肚脐，腹部尽力内收
练习要领	脊柱放松，手臂不超伸，颈部后侧不过分挤压
练习功效	滋养脊柱，缓解背痛，调理经期紊乱

二十一、虎式

练习方法	四脚板凳式，在猫式伸展的基础上，吸气勾右脚掌，蹬腿向后向上；呼气，在猫式呼气的基础上，收右腿右脚，绷脚，让右膝去找额头，右脚悬空。回正后做反方向动作
练习要领	背部尽量上拱，腹部收紧，脚尖离地，前额尽力去触碰膝盖
练习功效	减少髋部和大腿区域的赘肉，灵活滋养脊柱神经

二十二、战士一式

练习方法	站姿面对垫子短边方向，右脚向后撤一大步，右脚脚掌踩地。骨盆朝向左脚方向。吸气，双手直臂上举；呼气，收腹屈左膝向下，到左侧大腿水平于地面。回正后做反方向动作
练习要领	膝盖正对脚趾，前方小腿垂直于地面，核心收紧，骨盆中正
练习功效	减少腹部腿部的多余脂肪，增强人的平衡感，集中注意力

二十三、战士二式

练习方法	站姿面对垫子短边方向，右脚向后撤一大步，右脚掌垂直于垫子长边。身体和骨盆转向垫子长边。吸气，双手侧平举；呼气，屈左膝，到左侧大腿水平于地面。眼睛看向左手。回正后做反方向动作
练习要领	左(右)侧膝盖正对左(右)侧脚趾，大腿尽量外旋，双手向两端延伸
练习功效	强壮腿部，消除小腿痉挛，全身塑形

二十四、战士三式

练习方法	山式站姿面对垫子短边方向，吸气，双手侧平举，呼气，抬右脚向后向上，同时，上半身和右腿呈一直线向下折叠。直到身体和右腿都水平于地面。左腿伸直不动。回正后做反方向动作
练习要领	两坐骨在同一平面，头和脚向两个方向用力伸展
练习功效	使全身和大脑都保持机敏，腿部肌肉更为匀称和强健

舞韵瑜伽《我和我的祖国》

第五节　瑜伽拜日式

拜日式

①山式

②敬礼式

③站立后弯式

④站姿前屈式

⑤骑马式

⑥斜板式

⑦眼镜蛇式

⑧下犬式

动 作 方 法

① 山式：双脚并拢站立，身姿挺拔，双手放于大腿两侧。

② 敬礼式：站姿山式，双手置于体前，吸气，双手合十呈祈祷式。

③ 站立后弯式：吸气，双手向上带脊柱向后；呼气，收小腹，头带动颈椎、胸椎一节节向后向下，保持顺畅呼吸。吸气，双脚用力，起身站直。

④ 站姿前屈式：吸气，身体直立；呼气收小腹，以髋关节为轴，上半身延展向下，双手放在双肩的下方按地。吸气，抬头延展脊柱；呼气收腹，让身体去贴靠大腿前侧。保持呼吸均匀。

⑤ 骑马式：山式站姿，吸气，双脚间隔一条腿长的距离前后站立；呼气，前腿屈膝，后腿膝盖到脚背落地，双手放在前脚掌两侧。吸气，双手于头顶合十；呼气，沉髋，降重心向下，充分伸展腹股沟区域。

⑥ 斜板式：山式站姿，吸气，双手撑地，双脚跳向后。呼气，双手与肩同宽，双腿用力，双脚并拢，腹部用力，启动核心，整个身体呈斜面支撑状态，保持呼吸均匀。

⑦ 眼镜蛇式：俯卧在地面，双手放在胸腔两侧。吸气，背部首先发力，再启动手臂力量，延展身体上半段，直至伸直手臂，耻骨贴紧地面；呼气，放松双肩，延展头颈部。

⑧ 下犬式：俯卧在地面，双手放在胸腔两侧。吸气，脚趾回勾，双手用力推地面；呼气，在保持臀部送达身体最高点的状态下，眼睛看向脚趾，肩膀打开，脊柱延展，自然呼吸。

由下犬式收脚回到骑马式，再收脚回到站姿前屈式，然后回到站立后弯式，最后回到敬礼式。

瑜伽拜日式

第六节　瑜伽休息术

瑜伽休息术一般是在练习完体式以后进行的身心放松方式，这个过程能够主动引导身体自然放松，让身心舒适，能量得到修复。

瑜伽休息术口令词：

以仰卧的姿态，舒适地躺在瑜伽垫（任何舒适的体位都可以）上，双脚微分，双手放在身体两侧，掌心朝上，身体摆正到最舒适的位置。放松呼吸，放松身体。现在，顺着你轻柔的呼吸，引导放松的意念，跟随语音开始主动想象身体的放松。

放松的意识来到脚趾，感受每个脚指头正在放松；放松的意识来到双脚脚掌，脚掌正在放松；放松脚踝；小腿肚的肌肉正在放松；膝关节放松；大腿的肌肉正在舒适地放松；臀部的肌肉放得很松很松；骨盆的区域正在放松；整个背部的肌肉贴着地面，感受放松；整个脊柱从下往上一节一节正在放松；随着轻柔的呼吸，感受腹腔和胸腔柔软而放松；肩膀放得很松很松；双臂放松；手腕、手指和手掌正在放松；放松的意识来到脖子，脖子舒适而放松；放松后脑勺；放松整个面部肌肉；放松头部，最后，放松两眉之间的眉心，让所有的情绪都释放，感受身体的放松。

你的身体变得很轻很轻，轻得像一片洁白的羽毛，没有任何压力，没有任何束缚，随着微风在空中轻轻地来回飘荡，来回放松……

随着放松的呼吸，你的身体开始慢慢回落地面，身体舒适地躺在地面，动动脚指头，动动手指头，身体意识开始苏醒，放松的感觉持续在身体内部流淌。

附　录

一、体育锻炼与营养

二、体育锻炼与心理健康

三、体育文化